Anonymous

Die Deutschen in Amerika und die deutsch-amerikanischen Friedensfeste im Jahr 1871

Anonymous

Die Deutschen in Amerika und die deutsch-amerikanischen Friedensfeste im Jahr 1871

ISBN/EAN: 9783744634113

Hergestellt in Europa, USA, Kanada, Australien, Japan

Cover: Foto ©ninafisch / pixelio.de

Weitere Bücher finden Sie auf **www.hansebooks.com**

Die Deutschen in Amerika

und

die deutsch-amerikanischen

Friedensfeste

im Jahr 1871.

Eine Erinnerungs-Schrift

für die Deutschen

diesseits und jenseits des Oceans.

New York, 1871.

Verlags-Expedition des deutsch-amerikanischen Conversations-Lexicons.

General-Agent: Friedrich Gerhard.

(P. O. Box 4001.)

National
Lebens Versicherungs Gesellschaft
von New-York.

No. 212 Broadway,

stellt Policen in allen neuen Formen aus und bietet ebenso günstige Bedingungen als irgend eine andere Gesellschaft der Vereinigten Staaten.

Dividenden werden jährlich nach der ersten Jahres-Prämie erklärt und können durch Zahlung der Prämie, Reduction des Darlehens oder Erhöhung des Versicherungs-Betrages erfolgen.

Alle unsere Policen sind nach fünf jährlichen Zahlungen unverfallbar.

Police Inhaber nehmen an dem jährlichen Gewinn der Gesellschaft theil und haben eine Stimme bei der Wahl und Verwaltung der Gesellschaft.

Alle Policen haben, wenn die Prämie in baar bezahlt worden ist, nach drei oder mehr jährlichen Zahlungen, einen B a a r w e r t h, und nach fünf oder mehr jährlichen Zahlungen wird an deren Stelle ein Annuitäts Bond für so viele Jahre gewährt, als jährlich Baar-Prämien ausgezahlt worden sind.

Für Ausstellung der Policen oder ärztliche Untersuchung werden keine Gebühren berechnet.

Alle Policen sind nach dem Princip des Nichtverfallbarkeitsgesetzes von Massachusetts unverfallbar.

Edward A. Jones, Präsident.   **J. O. Halsey,** Vice-Präsident.
J. A. Mortimore, Sekretär.   **Charles G. Pearson,** Ass.-Sekr.

Man spreche vor oder sende nach Circularen.

Agenten verlangt.

Superintendent der deutschen Abtheilung: **M. Morgenthau & Co.**

Die Deutschen in Amerika

und

die deutsch-amerikanischen

Friedensfeste

im Jahr 1871.

Eine Erinnerungs-Schrift

für die Deutschen

diesseits und jenseits des Oceans.

New York, 1871.

Verlags-Expedition des deutsch-amerikanischen Conversations-Lexicons.

General-Agent: Friedrich Gerhard.

(P. O. Box 4001.)

ENTERED according to Act of Congress, in the year 1870, by Prof. ALEXANDER J. SCHEM, in the office of the Librarian of Congress, at Washington.

Die durch den Deutsch-Französischen Krieg unter den Deutschen in Amerika veranlaßte Bewegung wird in Amerika sowohl wie in Deutschland allgemein als die bedeutendste Manifestation des deutschen Geistes, die bisher in der Neuen Welt stattgefunden hat, anerkannt. Die Friedensfeste namentlich, in denen die Bewegung ihren Gipfelpunkt erreichte, haben durch ihre Großartigkeit die kühnsten Erwartungen weit übertroffen. Der Zweck der nachfolgenden Blätter ist, durch eine gedrängte Geschichte der ganzen Bewegung und eine übersichtliche Beschreibung der bedeutendsten Friedensfeste die Erinnerung an die Tage, die Hunderttausenden von Deutsch-Amerikanern unvergeßlich sein werden, zu bewahren. Möge es ihnen gelingen, zur dauernden Kräftigung des deutschen Bewußtseins in Amerika beizutragen!

I.

Geschichtliche Uebersicht der deutsch-patriotischen Bewegung in Nordamerika.

Der Norddeutsche Reichstag erklärte in der Adresse vom 20. Juli 1870, mit welcher er die Mittheilung des Königs von Preußen hinsichtlich der am Tage zuvor erfolgten Kriegs= erklärung Frankreichs beantwortete: „Ein Gedanke, ein Wille bewegt in diesem ernsten Augenblick die deutschen Herzen. . . . Von den Ufern des Meeres bis zum Fuße der Alpen erhob sich unser Volk auf den Aufruf seiner einmüthig zusammenstehenden Fürsten."

Der Ruf, sich wie ein Mann gegen den französischen Frevelmuth zu erheben, drang über die Grenzen Deutschlands hinaus; über die Berge und über die Meere fort schallte er überall dorthin, wo deutsche Herzen schlugen. Es war nicht ein Krieg der deutschen Fürsten wider Napoleon III. Das deutsche Volk wurde ohne jeden Grund in seinen heiligsten Rechten angetastet. Darum sah jeder deutsche Mann den Krieg als seine eigenste Sache an. Wie es in Deutschland selbst dieser Frage gegenüber keine Preußen und Bayern, keine Hessen und Sachsen mehr gab, so gab es unter den in fremden Ländern angesiedelten Deutschen keine Republikaner und Monarchisten mehr: Alle waren einzig und allein Deutsche, weil es galt Deutschland's Integrität und Selbstbestimmungsrecht gegenüber den frechen Geheißen französischer Anmaßung zu wahren.

Die Deutschen Amerika's zollten nicht nur ihre lebendigsten Sympathien der Sache Deutschlands; sie fühlten sich in dieser Frage als einen integrirenden, lebendigen Theil der Einen deutschen Nation. Wie beschränkt auch die selbstthätige Theilnahme war, welche ihnen die weite Entfernung vom Kriegstheater und ihre Pflichten als Bürger eines anderen Staates gestatteten, so haben sie doch, von Anfang an bis zuletzt, im Geist und Gemüth den ganzen Kampf so heiß mitgekämpft, als Diejenigen, welche ihn thatsächlich ausfochten. Deutschland war „kein Opfer zu schwer", weil alle die idealen Güter auf dem Spiele standen, um die Jahrhunderte lang schmerzvoll gerungen worden war. Die Deutsch=Amerikaner standen im Herzen zu diesem Kampfe nicht als Amerikaner, sondern als Deutsche, weil sie diese idealen Güter als ihr unveräußerliches Erbtheil mit in die Fremde genommen haben.

Sobald die Nachricht von dem Ausbruch des Krieges nach den Vereinigten Staaten gelangt war, wurde es daher allerwärts von den Deutschen als selbstverständlich angesehen, daß sie dem Kampfe nicht müßig zuschauen dürften, sondern Deutschland thatkräftig zur Seite stehen müßten, in der Weise und in dem Maße, als es ihnen die Verhältnisse gestatte= ten. Es bedurfte dazu nicht der Anregung von Einzelnen; in allen Schichten der Bevölke= rung war es ein spontaner, dem unmittelbaren Gefühl entspringender Gedanke, und die Thätigkeit der Einzelnen, die an die Spitze der Bewegung traten, war darauf beschränkt, ihm in der rechten Weise zum Ausdruck zu verhelfen. An verschiedenen Orten wurden daher auch gleichzeitig, bereits vor dem Bekanntwerden der förmlichen Kriegserklärung, die einleitenden Schritte gethan. Eine Anzahl hervorragender Bürger trat zusammen, um sich über die zu ergreifenden Maßnahmen zu verständigen. Ueberall entschied man sich dafür, zunächst eine Volksversammlung zu berufen, damit sich die herrschende Stimmung in un= zweideutigster und der Bedeutung der Sache angemessener Weise kundgebe. Deutschland sollte wissen, daß seine in der Fremde weilenden Söhne mit ungetheiltem Herzen zu ihnen stünden, und das „Glück auf zum furchtbaren Waffengang für die gerechte, heilige Sache des gesammten deutschen Volkes!" von den Millionen Deutschen Amerika's sollte die ernste Freudigkeit derer erhöhen, die in erster Linie für dieselbe einzutreten hatten.

Obgleich man bei der hochgehenden Stimmung des Augenblicks überall die Zeit zu den nöthigen Vorbereitungen auf's Aeußerste beschränkt war, so waren die Versammlungen doch, sowohl was die Zahl der Theilnehmer als was den Geist anlangt, von dem sie beseelt wurden, so imponirend, daß sie einen bedeutenden Eindruck auf die Amerikaner machten. Es ist passend, gerade dieses zu ihrer Charakterisirung anzuführen, weil man in ihnen mit Recht einen Reflex der in Deutschland herrschenden Stimmung sah. Diese Stimmung aber trug ein Gepräge, das selbst Denen, welche die militärischen Fähigkeiten der Franzosen am meisten überschätzten und gewohnt waren, die Thatkraft des deutschen Volkes auf's Niedrigste anzuschlagen, kein Zweifel darüber blieb, daß dieser Krieg das größte Wagniß sei, in welches Napoleon III. sich je gestürzt hatte.

Sechs Gedanken waren es, die den Text aller Reden bildeten.) Die Behauptung Napoleon's, daß die Candidatur des Prinzen Leopold von Hohenzollern für den spanischen Thron Frankreich zum Kriege zwinge, wurde als eine so widersinnige und so verächtliche Lüge zurückgewiesen, daß selbst der Name Vorwand eine zu ehrenhafte Bezeichnung für sie sei. Der wahre Grund des Krieges sei das Wanken des Napoleonischen Thrones, in welches derselbe seit der unglücklichen Expedition nach Mexico und namentlich seit der politischen Erstarkung Deutschlands durch den siegreichen Krieg Preußens im Jahre 1866 gerathen. Die Sache Deutschlands sei daher in jeder Hinsicht absolut gerecht, da das deutsche Volk nicht verpflichtet sei, in seiner alten politischen Ohnmacht zu verharren, weil der Napoleonische Cäsarismus nur unter dieser Voraussetzung Bestand haben könne, und weil sich das französische Volk einbilde, von jeher und für alle Zeiten von dem Geschick das Recht erhalten zu haben, eine hochfahrende Vormundschaft über die europäische Staatenfamilie und ganz besonders über Deutschland auszuüben. (Der Krieg werde mithin, trotz der ausdrücklichen gegentheiligen Behauptung Napoleon's, nicht gegen Preußen oder gar gegen den König von Preußen, sondern gegen das gesammte deutsche Volk geführt, und das gesammte deutsche Volk sei daher auch in Pflicht und in Ehre gehalten, in dem ihm frevelhaft aufgedrungenen Kriege auf's Einmüthigste zusammenzustehen. Und so tief der Deutsche seinem innersten Wesen nach den Krieg verabscheue, so müsse derselbe doch nun, da er einmal unvermeidlich geworden, mit ganzer Energie und mit Einsetzung aller Kräfte geführt werden, und das Wort Friede dürfe nicht eher wieder auf deutsche Lippen kommen, als bis der Krieg so vollständig zu Gunsten Deutschlands entschieden worden, daß die Franzosen es auf lange Zeit hinaus nicht wieder wagen würden, aus verletzter Eitelkeit, aus Eroberungssucht und einem barbarischen Vergnügen an dem Ringen um blutigen Lorbeer sich in so verbrecherischer Weise an seinem Frieden zu vergreifen. Das aber könne nur geschehen, wenn es sich nicht blos jetzt stark erweise, sondern auch stark bleibe, und stark bleiben könne es nur allein, wenn es im Geiste einig bleibe und der Einigkeit im Geiste einen festen und bleibenden Ausdruck in seiner politischen Gestaltung verschaffe.

Die Posten, welche nähere Nachrichten über die Vorgänge auf der anderen Seite des Oceans brachten, zeigten, daß dieses die Gedanken seien, die in Deutschland selbst von den verschiedenen Volksvertretungen, von der ganzen Presse und von der Masse des Volkes als der Grund bezeichnet wurden, auf den sich das Volk in dem beginnenden Riesenkampfe stellen müsse, ein Grund, der sich als unerschütterlich erweisen werde, weil strengste Wahrheit, ernsteste Sittlichkeit und der Geist wahrer Civilisation die Elemente seien, aus denen er bestände. Und die gleiche Uebereinstimmung waltete in den Vermuthungen über den unmittelbaren Gang der Kriegsereignisse ob. Kein Redner machte sich einer affectirten Geringschätzung des Feindes oder eitler Ruhmrednerei über die Wehrkraft Deutschlands schuldig. Einige sprachen sogar direct die Befürchtung aus, daß die ersten Schlachten Niederlagen der Deutschen sein würden. Alle aber hegten die festeste Zuversicht, daß allendlich Deutschland den Sieg behalten würde, weil das Volk fest entschlossen sei, nicht eher wieder das Schwert gegen den Pflug zu vertauschen, als bis das Feld ihm gehöre. Tiefster Ernst, gemessene Würde und ruhiges Selbstvertrauen, wie sie nur dem wahren Manne eigen sind, waren vom ersten Augenblick an hier ebenso wie drüben der charakteristische Grundton der Stimmung. Ein Amerikaner, welcher der ersten Massenversammlung in New-York beigewohnt hatte, äußerte nach derselben: „Wir haben es bisher stets als nahezu selbstverständlich angesehen, daß in einem Conflict zwischen Frankreich und Deutschland jenes die Oberhand behalten würde. Was ich heute gesehen habe, hat es mir mehr als zweifelhaft gemacht, daß diese Ansicht sich bewahrheiten wird. Wenn Napoleon meint, daß er es nur mit der preußischen Armee zu thun haben würde, so hat er sich schwer geirrt. Es steht ihm in der That das ganze deutsche Volk gegenüber, und es geht mit furchtbarer Entschlossenheit in den Kampf. Ein solches Volk ist unbesiegbar; wahre Ehre und tief empfundene Pflicht reißen es mit der unwiderstehlichen Gewalt eines Sturmes in den Kampf fort; eine bloße Armee, die nur durch äußere Disciplin zusammengehalten wird und als einzigen Impuls die Ruhmsucht hat, kann ihm nicht Stand halten. Wie muß es in Deutschland aussehen, wenn die Deutschen Amerika's so mächtig von diesen Gefühlen bewegt werden!"

Es lag auf der Hand und wurde auch wiederholt ausgesprochen, daß der Sieg oder die

Niederlage Deutschlands einen beträchtlichen Einfluß auf das Ansehen der in der Fremde angesiedelten Deutschen ausüben würde. Das allein hätte hingereicht, einerseits das ganz allgemeine Gefühl zu erklären, daß die Schlachten drüben in Wahrheit für alle Deutschen geschlagen würden, und andererseits es lebendig zum Bewußtsein zu bringen, daß es im eigentlichen Sinne des Wortes eine Pflicht sei, den Sympathien für Deutschland auch in Thaten Ausdruck zu geben. Darüber waltete keine Meinungsverschiedenheit ob, daß dieses geschehen müsse, und selbst über die Art und Weise, wie es geschehen sollte, herrschte nur eine Ansicht. Anfänglich hörte man wohl ganz gelegentlich von einigen unausführbaren Vorschlägen. Die gemüthliche Erregung war im ersten Augenblick zu groß, als daß sie nicht bei Einzelnen momentan den Sieg über die ruhige Erwägung hätte davontragen sollen. Hier und da fielen wohl Aeußerungen, die eine Theilnahme in directester Weise für geboten erklärten und zu dem Zweck die Bildung von deutsch-amerikanischen Regimentern anriethen. Etwas häufiger ward von der Ausrüstung von Kriegsfahrzeugen gesprochen, da jede Hülfe in dieser Hinsicht dankenswerth erschien, weil man sich kein Hehl darüber machen konnte, daß die junge deutsche Flotte der französischen nicht gewachsen sei. Allein diese und ähnliche Vorschläge fanden nirgendwo auch nur für einen Augenblick lebhafte Unterstützung von Seiten der Masse der deutschen Bevölkerung, und schon nach den ersten Wochen hörte man nichts mehr von ihnen. Theils war man sich bewußt, daß Alles, was in solcher Weise auch bei den äußersten Anstrengungen geleistet werden könne, so geringfügig sein müsse, daß es bei den ungeheuren Proportionen, welche der Kampf unstreitig annehmen würde, nicht mit irgend erheblichem Gewicht in die Wagschale fallen könne; theils ließen sich die Urheber dieser Vorschläge gern darüber belehren, daß jede derartige Theilnahme an dem Kriege eine grobe Verletzung der Neutralität sein würde. Einer solchen aber wollte man sich um keinen Preis schuldig machen, theils weil man sich weder berechtigt fühlte, die sittlichen Verpflichtungen gegen das alte Vaterland so weit auszudehnen, daß man darüber die Pflichten gegen den eigenen Staat aus den Augen verlor, noch auch der Ansicht sein konnte, daß man mit einer solchen widerrechtlichen Hülfe — auch vorausgesetzt, daß sie angenommen würde — Deutschland einen wirklichen Dienst leisten würde. So wenig diese Projecte zu irgend einer Bedeutung zu gelangen vermochten, so verdienten sie doch gerade um dieses letzten Momentes willen erwähnt zu werden, da auch hierin wiederum ganz allgemein und sehr bestimmt die Forderung gestellt ward, daß die deutsche Sache nicht dadurch schlechter gemacht werden dürfe, daß man in irgend einem Punkt, und wäre es der geringfügigste, von dem allerstrictesten Recht abwiche. Diese Ansicht kam an verschiedenen Orten in den von den Massenversammlungen angenommenen Beschlüssen zu einem bestimmten Ausdruck, indem in ihnen erklärt ward, daß man sich in den thatkräftigen Sympathien gegenüber Deutschland auf's Strengste innerhalb der von dem Völkerrecht gezogenen Schranken halten werde. Die amerikanische Presse hob diese Beschlüsse ganz besonders hervor, und zwar nicht nur, weil in ihnen eine gewisse Garantie dafür geboten worden, daß den Vereinigten Staaten keine Verlegenheiten bereitet werden würden; soweit die deutsche Sache nicht geradezu feindlich war, wies sie — oft die Umtriebe der Fenier als Parallele aufführend — mit richtigem Tact scharf darauf hin, wie sich auch hierin wiederum der tiefe sittliche Ernst zu erkennen gebe, mit dem die Deutschen in jeder Hinsicht an die große Frage heranträten, von deren Lösung die Zukunft ihrer Nation abhänge.

Diesen Beschlüssen gemäß war man demnach, von der nachhaltigen und möglichst energischen moralischen Unterstützung abgesehen, in der selbstthätigen Theilnahme an dem Kriege auf rein humanitärische Bestrebungen beschränkt. Das unmittelbare praktische Resultat der Versammlungen war überall die Bildung von patriotischen Hülfsvereinen, die es sich zur Aufgabe machten, Sammlungen zum Besten der Verwundeten und im Felde Erkrankten sowie der Hinterbliebenen der Gefallenen zu veranstalten. An einigen Orten begann man sogleich im Drange des ersten Eifers Bazars, Concerte, Volksfestlichkeiten u. dergl. m. zu diesem Zwecke zu veranstalten. Allein man wurde bald der Ueberzeugung, daß man darin weder praktisch klug noch der Bedeutung der Sache entsprechend gehandelt habe, und bedauerte es nicht, gleich anderen Orten diese Mittel sich bis zuletzt vorbehalten zu haben. Im Allgemeinen trat gleich von Anfang an, und nach kurzer Zeit überall bestimmt der Gedanke hervor, daß die Sammlungen möglichst den Charakter einer freiwilligen Besteuerung tragen müßten. Von einigen Seiten her wurde sogar zu verschiedenen Malen der Vorschlag gemacht, wirklich eine graduirte Steuer in vollkommen systematischer Weise anzulegen; jeder Deutsche, der sich überhaupt activ an der patriotischen Bewegung betheiligen wolle, sollte sich nach seinem eigenen Gutbefinden in eine der verschiedenen Steuerklassen einschreiben lassen. Allein es blieb bei den Vorschlägen, vielleicht zum Theil weil es überall an von früher her bestehenden allgemeinen deutschen Organisationen fehlte; die in verschiedenen Städten von den leitenden Ausschüssen der Hülfsvereine gemachten Versuche jetzt solche fest gegliederte und wirklich allgemeine Organisationen zu schaffen, schlugen theils aus diesem Grunde, theils aber wohl auch deswegen fehl, weil sie es in ihren Entwürfen in dem einen oder anderen Stück versehen haben mochten. Während man aber so in dieser Hinsicht nicht über die Pläne hinauskam, oder doch nur sehr theilweise Erfolge erzielte, war man sich darüber allerwärts von Hause aus vollkommen klar, daß man es nicht bei einer einmaligen Sammlung bewenden lassen dürfe, sondern sich für die Dauer des Krieges organisiren müsse, wie lange dieselbe auch währen möge.

Anfänglich war die Rede davon, die Sammlungen auch auf Materialien aller Art auszudehnen, die in den Lazarethen von Nutzen sein könnten. Einige Zeitungen brachten von Sachverständigen verfaßte und sehr in's Einzelne gehende Unterweisungen darüber, was voraussichtlich von besonderem Werth sein würde, und wie Verbandstücke u. s. w. beschaffen sein müßten, um praktisch verwendbar zu sein. Man entschied sich jedoch zuletzt dafür, sich ganz auf Geldsendungen zu beschränken, theils weil nach dem Urtheile der Aerzte, die sich in dieser Hinsicht im amerikanischen Bürgerkriege reiche Erfahrungen gesammelt hatten, ein großer Theil der eingelieferten Gegenstände aus dem einen oder dem anderen Grunde doch unbrauchbar sein würde, theils weil Lagerungs-, Verschiffungs- und Verwaltungskosten vermuthlich so groß sein würden, daß sie nicht im Verhältniß zu den geleisteten Diensten ständen. Man war der Ansicht, daß sich durch das bare Geld in den Händen der in Deutschland gegründeten Hülfsgesellschaften, die sich jeden Augenblick auf's Genaueste über die wirklichen Bedürfnisse unterrichten konnten, ungleich viel dankenswerthere Resultate erzielen ließen. Ebenso verweigerten es die Hülfsvereine, den im Anfang sehr zahlreich einlaufenden Petitionen von Militärpflichtigen Folge zu geben, die sich ihrer Pflicht gemäß stellen wollten, aber entweder nicht die Mittel hatten, selbst die Ueberfahrtskosten zu bestreiten, oder ihre Familie mittellos zurücklassen mußten. Die Statuten aller der Hülfsvereine autorisirten die leitenden Ausschüsse nur, Gelder zum Besten der Verwundeten und im Felde Erkrankten und der Wittwen und Waisen der Gefallenen zu sammeln. Außerdem war man der Ueberzeugung, daß das Geld in dieser Weise viel besser verwendet sei, als wenn man unter verhältnißmäßig großen Kosten einige wenige Soldaten hinüberschickte; die Wünsche der Einzelnen, so berechtigt und anerkennenswerth sie an sich sein mochten, konnten gegenüber dem allgemeinen Interesse nicht in Anschlag kommen. Nur in einigen außerordentlichen Fällen wurden Ausnahmen von der Regel gemacht, die Kosten aber dann nicht aus der allgemeinen Kasse bestritten, sondern durch besondere Sammlungen für den speciellen Zweck gedeckt. Dagegen beschloß der Hülfsverein von New-York — und einige andere Vereine folgten später seinem Beispiel — Aerzte auf seine Kosten hinüberzuschicken, falls denselben eine Anstellung in der deutschen Armee zugesichert würde. Auf eine deswegen von dem norddeutschen General-Consul an den Bundeskanzler gerichtete Anfrage antwortete dieser sogleich telegraphisch, daß dies Anerbieten mit Dank angenommen würde. Es wurden von New-York im Laufe des Krieges eine Anzahl von Aerzten (42) hinübergeschickt, von denen eine große Majorität bis zum Abschluß der Friedenspräliminarien in den Lazarethen thätig gewesen ist. So weit bis zur Zeit Nachrichten von ihnen eingelaufen sind, ist nur einer den Anstrengungen erlegen.

Fast gleichzeitig mit dem Beginn der Organisation von Hülfsvereinen in den einzelnen Orten wurde in verschiedenen Städten der Verbindung sämmtlicher Vereine zu bewerkstelligen. Bestimmte Vorschläge wurden zunächst nicht gemacht, aber mancherlei schien darauf hinzudeuten, daß der Gedanke in dem Publikum soviel Anklang finden würde, daß ein Versuch in der Richtung gemacht zu werden verdiene. Der Hülfsverein von New-York ergriff endlich die Initiative, obwohl er sich nicht verhehlte, daß ein vollständiges Gelingen wohl kaum zu hoffen stehe. Die von ihm erlassene Aufforderung war eine doppelte: zunächst Zusammenschluß der Hülfsvereine der einzelnen Staaten zu einer unter einheitlicher Leitung stehenden Organisation, und dann Herstellung eines Verbandes zwischen den so organisirten Hülfsvereinen der Staaten. Ueber die Motive zu dieser Aufforderung sprach sich der Hülfsverein wie folgt aus: „Es scheint fast überflüssig zu sein, auf die weittragenden Folgen hinzuweisen, welche ein derartiges Zusammenwirken der vier Millionen Deutschen Amerikas haben würde. Das Bewußtsein in festgeschlossenen Reihen nach einem Plane zur Verwirklichung der gleichen Zwecke zu arbeiten, würde nicht allein jeden Einzelnen zu energischerer und ausdauernderer Thätigkeit anspornen, sondern auch in Deutschland und in Frankreich, nach entgegengesetzter Richtung hin, einen ungleich größeren und nachhaltigeren Eindruck machen, als wenn die Deutschen jedes Ortes oder selbst jedes

Staates ohne Zusammenhang mit den anderen Organisationen handeln. Und einen nicht minder tiefen und bleibenden Eindruck würde ein planmäßiges Zusammenwirken aller schon gebildeten oder noch zu bildenden Hülfsvereine auf die Amerikaner machen. Ihre Sympathie gehört uns schon jetzt in solchem Maße, daß es nur noch eines verhältnißmäßig geringen Anstoßes bedarf, um sie zu solcher Höhe zu steigern, daß sie sich nicht nur in Worten, sondern auch in Werken bethätige und ein wirklich bedeutendes Gewicht zu Gunsten Deutschlands in die schwankende Wagschale des Krieges werfe." Um diese Organisation in Staaten-Hülfsvereinen und einem Hülfsvereine der Vereinigten Staaten zu erzielen, wurden sämmtliche Hülfsvereine aufgefordert, einen Repräsentanten zu einem am 18. August in Chicago abzuhaltenden Delegatentage zu schicken. Man hatte ein so frühes Datum gewählt, weil man, ohne gerade genügende Gründe dafür geben zu können, ziemlich allgemein ein gewisses Gefühl hatte, als würde der Krieg rasch entschieden werden. Nach den Erfahrungen von 1866 war man der Ueberzeugung, daß Preußen mit äußerster Energie und Raschheit handeln würde und man wollte in der Thätigkeit, die man sich vorgesetzt, nicht hinter den Ereignissen drüben zurückbleiben. Außerdem wollte man verhüten, daß nicht irgendwo Schritte gethan würden, die einen Anschluß an die erstrebte einheitliche Organisation schwierig oder unmöglich machen könnten. Wahrscheinlich wäre es jedoch für den Erfolg des Unternehmens besser gewesen, wenn ein späteres Datum für den Delegatentag angesetzt worden wäre. Die großen, in der ersten Begeisterung vielleicht unterschätzten Schwierigkeiten, die sich der Ausführung des Projectes entgegenstellten, hätten vermuthlich bei einer eingehenderen Darlegung der Gründe, welche zur Aufstellung desselben geführt, in höherem Grade beseitigt werden können. Obgleich die begeisterte Vereinigung aller Theile Deutschlands hier einen so mächtigen Wiederhall gefunden hatte, daß die Augen unwillkürlich auch gleich auf die eigenen Verhältnisse gelenkt wurden, so war doch das Interesse doch so vorherrschend auf den Kampf drüben fixirt, daß man sich an vielen Orten die Bedeutung des Vorschlages nicht recht zum Bewußtsein brachte. Selbst ein bedeutender Theil der Presse würdigte gar nicht, von welchem Belang das moralische Moment sein würde, das in einem einheitlichen Zusammenwirken der Millionen von Deutsch-Amerikanern gelegen hätte. Man legte von diesen Seiten her nur darauf Gewicht, daß die aufgebrachten Geldmittel so rasch als möglich nach Deutschland befördert wurden, und brachte gar nicht in Anschlag, daß bei der gewaltigen Opferfreudigkeit, die allerwärts in Deutschland zu Tage trat, die Noth in den ersten Wochen unmöglich so groß werden könne, daß man nicht im Stande sein würde, ihr auch ohne auswärtige Hülfe zu begegnen. Ferner stieß man sich an den größeren Verwaltungskosten, die eine derartige Gesammtorganisation bedingte, und brachte nicht in Anschlag, daß dieselben durch die größere Energie, zu der mindestens an vielen Orten die Hülfsvereine angespornt worden wären, mehr als eingebracht werden würden. Ueberhaupt konnte man sich im Allgemeinen nicht dazu entschließen, die Sammlungen nach den bei gewöhnlichen bürgerlichen Geschäften geltenden Grundsätzen und Regeln zu betreiben, man meinte darin einen Widerspruch mit dem Geiste sehen zu müssen, der alle Deutschen in der großen und heiligen Sache beseelen müsse. Das vortreffliche Beispiel, welches die praktischen Amerikaner während des Bürgerkrieges durch die Organisation und Verwaltung der Sanitary Commission geliefert, fand keine Nachahmung; der reine Idealismus, der sich nicht zu einer Würdigung der realen Verhältnisse und Interessen in der richtigen Weise und im richtigen Maße verstehen mag, trug den entschiedensten Sieg davon. Daß die Kosten, welche eine geschäftsmäßige Betreibung der Sammlungen und eine umfassende und anhaltende Agitation von den verschiedenen Centren aus eine Kapitalanlage gewesen wäre, die sich zehnfach bezahlt hätte, wurde nicht als Moment anerkannt, welches entscheiden müsse, oder gar vollständig unberücksichtigt gelassen. Die größten Schwierigkeiten erwuchsen jedoch aus den Zweifeln, daß die Verwirklichung des Projectes möglich sei. Bei der bisher vollständigen Zusammenhangslosigkeit der Deutschen der verschiedenen Städte, und vollends der verschiedenen Staaten, schien die Herstellung einer Verbindung zwischen ihnen — zu welchem Zweck es auch sei — so schwierig, daß man sich in vielen Orten lediglich oder vorwiegend aus diesem Grunde dafür entschied, lieber den Versuch gar nicht zu wagen.

Trotz aller dieser Ursachen, die dem Vorschlage des New-Yorker Hülfsvereins nur sehr geringen Erfolg versprachen, versammelten sich am 18. August in der Turnhalle zu Chicago die Delegaten von vierzig bis fünfzig Hülfsvereinen aus verschiedenen Theilen der Union. Nach der Wahl eines provisorischen Präsidenten und der Prüfung der Vollmachten organisirte sich die Versammlung definitiv durch die Wahl eines Bureau's und schritt dann sogleich zur Berathung der Frage, welche die Berufung der Convention veranlaßt hatte. Ein Beschlußfassungsausschuß wurde ernannt, um der Convention am Nachmittag eine Vorlage zu machen. Die Debatte, welche sich nach Einbringung derselben entspann, drehte sich fast ausschließlich um zwei Punkte. Einige Delegaten theilten mit, daß ihre Constituenten die Absicht gehabt, die von ihnen aufgebrachten Gelder lediglich zur Unterstützung der Hinterbliebenen der Gefallenen und der Familien armer Landwehrleute zu verwenden; der Staat habe die Verpflichtung für die Verwundeten zu sorgen und bei der Vorzüglichkeit des deutschen Armeewesens dürfe man erwarten, daß dieses in genügender Weise geschehen würde. Da aber die Majorität der Delegaten erklärte, daß die Executiv=Ausschüsse ihrer Vereine auf's Bestimmteste gehalten seien, einen Theil der Gelder für die Verwundeten und im Felde Erkrankten zur Verwendung zu bringen, und da außerdem mit großem Nachdruck darauf hingewiesen wurde, daß bei den ungeheuren Proportionen, welche der Krieg angenommen, auch die beste Militärverwaltung unmöglich in der Weise für die zahllosen Verwundeten und Erkrankten Sorge tragen könne, als zu wünschen stände, und daß billig Denen zuerst Hülfe geboten werden sollte, die ihr Leben für das Vaterland in die Schanze geschlagen, so wurden die anfänglich gemachten Einwendungen mit großer Bereitwilligkeit fallen gelassen, da man um dieser Frage willen nicht die ganze Sache scheitern lassen wollte. Einige Schwierigkeiten bereitete auch die Frage; wem die Gelder zur schließlichen Verwendung übergeben werden sollten. Als aber der Berichterstatter des Beschlußfassungsausschusses erklärte die bestimmte Versicherung geben zu können, daß das Central=Comitee in Berlin nicht nur für die Angehörigen Preußens oder des Norddeutschen Bundes Sorge trage, sondern seine Thätigkeit sich über sämmtliche deutsche Staaten ausdehne, wurde auch der Punkt zur Befriedigung Aller erledigt.

Die einstimmig angenommenen Beschlüsse waren durch die nachstehenden Bemerkungen eingeleitet: „Der Krieg des Kaisers der Franzosen gegen das deutsche Volk ist ein Krieg der Gewalt gegen das Recht. Selbst der haltlose Vorwand zum Angriffe ist ein Attentat auf das freie Selbstbestimmungsrecht des spanischen Volkes und stempelt dabei die Principien, auf denen angeblich der Thron der Napoleoniden ruht, zu Lügen. Und dem Vorwand zum Kriege entspricht der Endzweck desselben: die Erhaltung der napoleonischen Dynastie. Die Interessen der civilisirten Welt, welche in den Völkern und nicht in den Cäsaren die Träger der Weltgeschichte sieht, sind an den Sieg der deutschen Waffen geknüpft. Wo nicht Eifersucht, Eigennutz oder Haß das Urtheil trüben, gehört darum Deutschland die ungetheilte Sympathie. Deutschland ficht die Sache der vorwärts strebenden Menschheit aus, indem es seine Ehre gegen die frechen Geheiße Napoleon's III., seine theuer erkaufte Machtstellung gegen die eifersüchtige Furcht des französischen Volkes, und seine Grenzen gegen die Legionen von Frankreichs Kaiser vertheidigt. Die Deutschen Amerika's haben sich daher sofort für verpflichtet gehalten, nicht nur mit ihrem Fühlen und ihren Worten, sondern auch mit der That zum alten Vaterland zu stehen, einmüthig und fest vereint, wie Deutschland selbst." Die Beschlüsse selbst forderten die Deutschen der Vereinigten Staaten auf, sich allerorts für die Dauer des Krieges in organisirten Hülfsvereinen zusammenzuschließen, in jedem Staate eine namentlich genannte Stadt als Vorort aller Hülfsvereine desselben anzuerkennen, und sich für Zweigvereine des „deutschen patriotischen Hülfsvereines der Vereinigten Staaten" zu erklären. Durch die Executiv=Ausschüsse der verschiedenen Vororte sollten alle im Staate gesammelten Gelder an den Executiv=Ausschuß des Hülfsvereines von New-York gesandt werden, der zur General=Agentur der Gesammtorganisation ernannt wurde. Der General=Agentur ward aufgegeben, die Gelder an das Central=Comité in Berlin zu schicken, und zwar mit der ausdrücklichen Instruction, sie nur zur Unterstützung der Wittwen und Waisen gefallener deutscher Soldaten und der Verwundeten und im Felde Erkrankten zu verwenden. Dr. Fr. Kapp wurde zum Repräsentanten des deutschen patriotischen Hülfsvereines der Ver. Staaten in Berlin ernannt und das Central=Comité ersucht, ihn in dieser Eigenschaft als Mitglied zur Theilnahme an seinen Berathungen einzuladen. Herr Kapp wurde aufgefordert, im Central=Verein darauf hinzuwirken, daß namentlich die ärmere Klasse der unmittelbar durch den Krieg Betroffenen von den Geldern des genannten Vereines unterstützt würden. Als leitender Grundsatz wurde dabei aufgestellt, daß die Vertheilung der Gelder in nicht allzu kleinen Beträgen erfolgen sollte, „damit Fälle wirklicher Noth in entsprechender Weise gelindert werden könnten."

Nachdem der Beschlußfassungsausschuß noch beauftragt worden war, eine Adresse an das amerikanische Volk zu verfassen und im Namen der Delegatenversammlung zu erlassen, vertagte sich die Convention sine die. Eine große Anzahl der Delegaten verweilte jedoch noch einen Tag länger in Chicago, da der Executiv=Ausschuß des dortigen Hülfsvereines auf den nächsten Abend eine Massenversammlung berufen hatte. Dieselbe sollte der Convention einen würdigen Abschluß geben und durch die Anwesenheit und active Betheiligung der De=

legaten bis auf einen gewissen Grad für einen Ausdruck der von allen Deutsch=Amerikanern gehegten Ansichten gelten.

Die Versammlung, die in der größten Halle Chicago's abgehalten wurde, entsprach in jeder Hinsicht dem besonderen Charakter, den man ihr beizulegen wünschte. Den Beschlüssen und Reden lagen im Wesentlichen dieselben Gedanken zu Grunde, die in den unmittelbar nach dem Ausbruch des Krieges gehaltenen Versammlungen die leitenden gewesen waren. Mochte auch der Ton freudigster Siegeszuversicht etwas schärfer hindurchklingen, als in den einen Monat zuvor gehaltenen Reden, so waren es doch nach wie vor tiefster Ernst und das Bewußtsein, daß Deutschland zwar eine große und heilige, aber doch unendlich schwere Pflicht erfülle, die vor Allem die Stimmung charakterisirten. Damit stand der lange anhaltende Beifall im Einklang, der da ausbrach, als einer der Redner in eindringlichen Worten darauf hinwies, daß es sich nicht darum handele, nur vom Ueberfluß einen kärglichen Pfennig zu geben. „Seit Jahrhunderten haben unsere Dichter mit dem ganzen Feuer ihrer Begeisterung das goldene Naß gepriesen, welches uns die Rebenhügel des deutschen Rheines spenden. Und welcher deutsche Mann wüßte es nicht zu schätzen! Aber so köstlich es ist, ich kenne ein weit köstlicheres: den Schweiß, der bei ernster Arbeit von des Mannes Stirne rinnt. Was aber ist selbst dieser Schweiß gegen die heiße Thräne, den der Schmerz um den gefallenen Sohn, Gatten oder Vater in das Auge preßt, was gegen das Lebensblut, das einmal vergossen, nicht um Welten wieder gekauft werden kann! Wir vermögen nichts zu geben, als Geld, das heißt den Schweiß unserer Arbeit. Deutschland muß zu diesem noch Blut und Thränen hingeben. Meint Ihr, es habe deren übrig?! O p f e r gilt es in dieser Zeit zu bringen. Kommt uns das nicht zum Bewußtsein, können wir uns nicht zu dieser Höhe in unserem Thun aufschwingen, dann zeigen wir uns nicht ganz des deutschen Namens würdig."

Noch mehr aber verdient ein anderer Gedanke, den einer der Redner ausführte, erwähnt zu werden, weil der stürmische Jubel, der plötzlich das ernste Schweigen der Versammlung durchbrach, deutlich bekundete, daß der Kernpunkt von alle dem getroffen war, was jeden Einzelnen bei dem Blick auf das furchtbare Ringen drüben bewegte. „Eine I d e e ist es, die Frankreich mit unwiderstehlicher Gewalt zu Boden wirft; die Idee der Einheit Deutschlands, nach deren Realisirung das deutsche Volk seit nahezu zwei Jahrtausenden bald mehr, bald minder bewußt gerungen. Sie schalten uns idealistische Träumer. Sie hatten ein Recht uns zu verspotten, daß wir unsere nationale Idee so schlecht zu verwirklichen verstanden; Thoren waren sie, da sie begannen die Idee selbst zu verlachen, oder gar zu begeifern. Jetzt, da sie realisirt wird, jetzt zeigt es sich, von welch einer großartigen Gewalt sie ist. Die Idee ist das einzig bleibende in dem ewigen Wechsel des Seienden; sie ist es, die den Menschen erst wahrhaft zum Menschen macht; sie allein kann die ganze Summe der geistigen und sittlichen Kräfte des Menschen in Action versetzen. Ungezählte Millionen gäbe Napoleon III. in diesem Augenblick, wenn er für dieselben eine einzige kleine Idee kaufen könnte, die seinen Armeen als Panier im Schlachtgraus dem Weg zum Siege wiese; ein Panier, das nie zu Boden sinken, von keiner Feindeshand entrissen werden kann! Aber Napoleonischer Cäsarismus und solche Ideen sind einander widersprechende Begriffe. Was er als Ideen dem französischen Volke geboten, sind After=Ideen, die widrigen Zerrbilder von Ideen. Die Idee ist ihrer innersten Natur nach sittlich; der Napoleonische Cäsarismus ist seiner innersten Natur nach unsittlich)."

Das idealistische Moment bildete in der That so sehr den Kern= und Angelpunkt der ganzen Bewegung, daß man sich fast zweifelnd fragen könnte, ob das wirklich die Leute seien, die seit Jahren und Jahrzehnten in der Schule des amerikanischen Realismus gestanden. Je mehr man sich im Laufe der Jahre daran gewöhnt, an den Fleischtöpfen des Realismus festzusitzen, desto vollständiger gab man sich nun dem Idealismus hin. Da der Proceß einer richtigen Verbindung und Durchsetzung des deutschen Idealismus mit dem amerikanischen Realismus im Allgemeinen in der deutsch=amerikanischen Bevölkerung noch in der Entwickelung begriffen ist, so war es vor dem Ausbruch des Krieges durchaus keine seltene Erscheinung, daß der deutsche Idealismus bespöttelt, und selbst einer scharfen oder gar bitteren Kritik unterworfen wurde, obwohl nicht selten gerade in diesen Kritikern der Idealismus noch immer so vorherrschend war, daß sich keine wirkliche Verschmelzung desselben mit dem Realismus hatte vollziehen können, sondern sie unvermittelt neben einander standen, oder nur gleichsam mechanisch verknüpft waren. Es war daher, als würden Geist und Gemüth plötzlich von einer unsichtbaren, aber schwer drückenden Fessel befreit, als der deutsche Idealismus sich in dem furchtbar realen „Aufeinanderplatzen" der Leiber mit so überwältigender Kraft zur Geltung brachte. Die Erkenntniß, der die Ereignisse von 1866 zuerst den

Boden bereitet hatten, kam jetzt mit der vollsten Klarheit zum Durchbruch; man begriff, daß der Idealismus nicht nur an sich durchaus nicht bedinge, daß ein Volk in den realistischen Bestrebungen eine Aschenbrödelstellung einnehme, sondern daß er unentbehrlich sei, um in dem realen Leben alle die Kräfte eines Volkes in die höchste Action zu versetzen. Und da es sich in diesem Falle um die Idee der nationalen Einigung Deutschlands handelte, die Jedem an's Herz gewachsen und für die Mancher gelitten, so mischte sich kein Tropfen Wermuth in die freudige Begeisterung; der Opfer, mit denen die Verwirklichung der Idee erkauft werden mußte, gedachte man mit Schmerz, aber der Schmerz erregte keine Bitterkeit. Was Deutschland seit 1866 an berechtigtem, heilsamem Realismus hinsichtlich der großen deutschen Frage gelernt, das war auch an den Deutsch-Amerikanern nicht verloren gegangen. Und da sie außerdem den Realismus, der ihnen hier durch das tägliche geschäftliche Getreibe so tief eingeimpft wird, natürlich in höherem oder geringerem Grade auch an die Beurtheilung aller anderen Dinge herantragen, so trug ihre Haltung während des ganzen Krieges im Allgemeinen so entschieden das Gepräge selbstbewußter Ruhe und Klarheit, wie es nur dem Realisten eigen ist. Und andererseits war der Idealismus so offenbar das bewegende Princip in allen ihren Schritten, daß durch die ganze Bewegung derselbe Zug von Jugendfrische und kindlicher Unmittelbarkeit geht, der in Deutschland die Erhebung von 1848 in ihren ersten Stadien charakterisirte. Darum werden die Deutsch-Amerikaner stets auf die Jahre 1870 und 1871 mit Stolz zurückblicken, nicht nur, weil Deutschland in ihnen so Großes errungen, sondern auch, weil sie sich durch die Stellung, die sie geistig und gemüthlich zu dem Kampfe einnahmen, als würdige Söhne Deutschlands bewährt haben.

Beide Momente, das idealistische sowie das realistische, traten auch in der Adresse scharf hervor, welche das obenerwähnte Beschlußfassungscomité im Auftrage und im Namen der Chicago-Convention an das amerikanische Volk erließ. Die Adresse begann mit einer Hinweisung darauf, daß Lügen und brutale Gewalt den Thron Napoleons aufgerichtet und ihn stützten, das Kaiserreich ist der Krieg. . . . Nur so lange Frankreich anderen Nationen Gesetze dictiren kann, vermag es der Schmach zu vergessen, daß es auf dem eigenen Boden nur von Gehorsam weiß." Die Suprematie Frankreichs in Europa aber hänge nach dem offenen Bekenntniß beider Napoleone von einem kraftlosen Deutschland ab. Die Wahrheit dieser Behauptung werde sich jetzt zum zweiten Male bestätigen, indem das einmüthig zusammenstehende deutsche Volk jetzt die Macht des dritten wie einst die des ersten Napoleon brechen würde. Napoleon selbst habe erklärt: „Ein großes Volk, das für eine gerechte Sache ficht, ist unbesiegbar." Nur in Deutschland aber gebe es hinsichtlich dieses Kampfes keine Meinungsverschiedenheit und nur seine Sache sei gerecht, darum unterliege der Ausgang des Kampfes auch keinem Zweifel. Und dieser Ausgang des Kampfes werde eine Errungenschaft für die ganze civilisirte Welt sein, denn „Deutschland einmal aus freiem Willen einig, heißt ein einiges Deutschland für immer, und ein einiges Deutschland ist die sicherste Garantie für den Frieden Europas. Ein breiter Wall läge es zwischen den Staaten, deren Ehrgeiz am meisten zu fürchten wäre, zu stark, um leicht angegriffen zu werden, während es selbst durch den Charakter seines Volkes genügende Sicherheit dafür böte, daß es die Rechte der Nachbarstaaten achten würde;" „das deutsche Volk hat nie nach etwas Anderem verlangt, als in Frieden auf seinem Boden zu hausen." Schwerer wiegende Gründe als irgend ein anderes Volk habe das amerikanische, Deutschland seine ungetheilten Sympathien zu schenken. „Die Vereinigten Staaten haben zuerst die beiden Principien proclamirt, daß die Souveränetät nicht in den Fürsten, sondern in dem Volke ruhe, und daß kein Volk das Recht habe, sich in die inneren Angelegenheiten eines anderen zu mengen." Noch in der mexicanischen Angelegenheit hätten sie diese Grundsätze Napoleon gegenüber geltend gemacht. Ohne inconsequent zu sein und mit ihrer früheren Geschichte in Widerspruch zu treten, könnten sie jetzt nicht zu Napoleon stehen, denn Deutschland vertheidige in diesem Kriege diese beiden Principien. Auch „das Phantom des europäischen Gleichgewichts" stelle die Sachlage nicht in ein anderes Licht. „Fürsten haben das künstliche Balancirungssystem erfunden, das fast täglicher Berichtigungen bedarf. Die Völker bedürfen seiner nicht; ihr Interesse erfordert nur einen ununterbrochenen und unbewaffneten Frieden. Nur das napoleonische System des bewaffneten Friedens fordert das gewaltsame Niederhalten eines Volkes, weil ein anderes nicht gleichen Schritt mit ihm zu halten vermag. Königen mag es frommen, Nachbarstaaten zu schwächen, den Völkern aber ist desto besser gedient, je kräftiger alle ihre Mitvölker sich nach jeder Richtung hin entwickeln."— Nachdem so nachgewiesen worden, daß Deutschland für dieselben Principien kämpfe, welche den Kern- und Angelpunkt der ganzen amerikanischen Geschichte bilden," ging die Adresse zur Erörterung der thatsächlichen Beziehungen über, die zwischen den Vereinigten Staaten einerseits und Deutschland und Frankreich andererseits obgewaltet hätten. Einige amerikanische Zeitungen haben sich nicht entblödet, der deutschen Sache zum Schaden die Geister jener „Hessen" heraufzubeschwören, welche während des Unabhängigkeitskrieges auf Seiten Englands fochten. Wissen sie nicht, oder wollen sie nicht wissen, daß jene Unglücklichen gleich Schlachtvieh verkauft worden, und daß nicht nur die besten Männer Deutschlands, sondern auch das gesammte Volk dem Verbrechen geflucht haben? Ist es billig dem deutschen Volk die Frevel einiger deutschen Fürsten zur Last zu legen, die vor hundert Jahren begangen wurden? Und jenen Hessen gegenüber stellen jene Zeitungen die Namen Lafayette und Ludwig XVI., um an die „Dankbarkeit" zu erinnern, welche Amerika Frankreich schulde; aber sie reden kein Wort von jenen zur Zeit im Lande angesiedelten Deutschen, welche vom ersten bis zum letzten Augenblick an der Seite der Amerikaner fochten, kein Wort von Steuben und de Kalb, kein Wort von Friedrich dem Großen, dem ältesten, treuesten und uneigennützigsten Freunde der aufstrebenden Republik. „Wozu aber brauche man ein Jahrhundert weit zurückzugreifen, wenn das furchtbar großartige Gestern lebendig vor unsern Augen steht. Napoleon habe während des amerikanischen Bürgerkrieges mit geschäftigen Händen gewühlt, den erhofften Untergang der Republik zu beschleunigen. Das deutsche Volk dagegen habe die lebhaftesten Sympathien für die Sache der Union und der Freiheit gehegt, und, wir Deutsche Amerika's haben von dem Tage von Bull Run bis zu dem von Appomattox an Eurer Seite gefochten, geblutet und gesiegt. Wir fordern keine Dankbarkeit von Euch, denn wir thaten nur unsere Pflicht. Aber wir erwarten jetzt, daß Ihr mit uns sympathisiren werdet, wie jede unserer Fibern mit Euch sympathisirte, als das Leben der Union gefährdet war. Und unsere persönliche Sache ist es in der That, um die jetzt in Europa gerungen wird. Jene deutschen Soldaten sind Fleisch von unserm Fleisch und ihr Blut fließt, damit die Gräber unserer Väter nicht geschändet werden und die Selbstständigkeit und Freiheit unserer Brüder gewahrt bleibe. Oder glaubt Ihr, daß wir mit Gleichgültigkeit auf das Resultat dieses Krieges blicken konnten, weil wir hier in Sicherheit und Bürger eines andern Staates sind? Wehe diesem Lande, wenn dem so wäre, denn wer das Land seiner Geburt und Jugend zu vergessen vermag, kann nie ein Herz für sein Adoptiv-Vaterland haben." Die Theilnahme der Vereinigten Staaten an dem Kriege werde nicht gewünscht; wäre es denkbar, daß von irgend einer Seite dazu gerathen würde, so würden die Deutschen Amerika's selbst auf strengster Beobachtung der Neutralität bestehen. Aber diese hindern die Amerikaner so wenig als die Deutsch-Amerikaner ihren Sympathien in Thaten Ausdruck zu geben.—„Die Napoleoniden werden stets zu Schanden werden, weil sie in allen ihren Berechnungen die gewaltige Macht sittlicher Gefühle und Ideen nicht in Anschlag gebracht haben. Die sittlichen Gefühle und Ideen, und nicht das Zündnadelgewehr werden den Kampf entscheiden. Je entschiedener darum das sittliche Gefühl der Welt sich für Deutschland ausspricht, desto unerschütterlicher wird das deutsche Heer in dem Bewußtsein stehen, daß es die Sache der Welt verficht, indem es für den eigenen Boden und die eigene Ehre kämpft. Liegt jetzt das Urtheil Deutschlands und Amerikas nach derselben Seite hin, so ist der Spruch der Geschichte über diesen Krieg schon im Voraus gefällt. Ist es aber Eure wie unsere Sache, für welche unsere Brüder streiten, dann bekundet auch Ihr Eure Ueberzeugung durch Thaten. Verschließt nicht jetzt Eure Hand, die stets geöffnet gewesen, wo es Schmerzen zu lindern und Thränen zu trocknen galt; Ihr selbst habt es erfahren, um wie viel ruhiger und freudiger der Soldat dem Feinde in's Auge schaut, wenn er weiß, daß der Verwundeten im Lazareth und der Wittwen und Waisen der Gefallenen gedacht werden wird. Das Bewußtsein, die Leiden der Opfer des Krieges gelindert zu haben, wird Euch genügen, aber es liegt in der Natur der Sache, daß die moralische, sowie die materielle Unterstützung, welche Amerika Deutschland angedeihen läßt, hundertfach vergolten werden wird, denn dieser Krieg kann nur mit der vollständigen Vernichtung aller „Napoleonischen Ideen" und mit der bleibenden Schöpfung eines einigen Deutschland endigen, was für Jahre und Jahrzehnte den Frieden Europas sicher stellt."

Es schien gerechtfertigt, einen so ausführlichen Auszug aus der Adresse zu geben, weil dieselbe in der That in allen wesentlichen Hinsichten den Ansichten Ausdruck gab, welche so gut wie ausnahmslos alle Deutsch-Amerikaner hegten. Wie wohlbegründet dieselben waren, ging am deutlichsten aus der Kritik der deutsch-feindlichen Blätter der anglo-amerikanischen Presse, wie z. B. der „New-York World", über die Adresse hervor. Alle die wesentlichen Punkte wurden vollständig mit Stillschweigen übergangen, oder mit einigen witzelnden Bemerkungen abgemacht. Das Schwergewicht der ganzen Kritik lag in der Behauptung, daß die Verdienste Steuben's und Kalb's um die Republik nur Frankreich, und nicht Deutschland in Rechnung zu schreiben seien, denn Kalb sei französischer Officier gewesen und auch

Steuben habe sich nach Frankreich wenden müssen, um seine Dienste den Vereinigten Staaten widmen zu können; alle Bemühungen, den Amerikanern eine Schwärmerei für die Hessen einzuflößen, seien vergeblich.

Zu solchen Waffen mußten die Blätter ihre Zuflucht nehmen, die immer noch nur von französischen Siegen zu berichten hatten, als bereits längst die Einschließung von Paris vollendet war. Wie ihre unaufhörlichen giftigen Ausfälle von den Deutschen aufgenommen wurden, braucht nicht erst gesagt zu werden. Im Allgemeinen neigten sich die demokratischen Blätter der anglo-amerikanischen Presse mehr oder minder entschieden Frankreich zu, und die republikanischen Deutschland. Es gab jedoch auch republikanische Zeitungen – vorzüglich der radikalen Fraction angehörig – die mit größter Energie für Frankreich Partei ergriffen. Für die Haltung der deutschen Presse war es dabei charakteristisch, daß sie um so schonungsloser und um so derber ihren deutsch-feindlichen Collegen zu Leibe ging, wenn dieselben ihrer eigenen politischen Partei angehörten. Und wie die Presse, so stand auch das gesammte deutsche Publicum. So z. B. ging das General-Comité der deutschen demokratischen Unionspartei zu New York so weit zu beschließen, „daß Recht, Wahrheit und Ehre uns gebieten würden, einer jeden politischen Association abzusagen, von der solche rechts- und ehrwidrige Ansichten und Grundsätze, wie die eines Theiles der demokratischen Presse, gut geheißen werden konnten."

Wie die Stellung der Einzelnen nicht dadurch beeinflußt ward, aus welchem Theile Deutschlands sie stammten, oder welchen Ansichten sie früher hinsichtlich der deutschen Politik gehuldigt, so übte auch die Parteistellung in der amerikanischen Politik nicht den geringsten Einfluß aus; während der ersten Stadien des Krieges gab es in Bezug auf die deutsch-französische Frage nur Deutsche unter den Deutsch-Amerikanern, da man Diejenigen, welche stets selbst den größten Nachdruck auf ihre „internationale" Stellung legen, doch wohl kaum als Deutsche, oder Amerikaner, oder als Deutsch-Amerikaner, sondern eben nur als Internationale ansehen kann. Erst als dem französischen Kaiserreich durch die Schlacht und die Capitulation von Sedan ein Ende gemacht worden war, ließ sich das nicht mehr ganz ohne Einschränkung sagen. Ein Theil der „Radicalen" und der „Social-Reformer" wurde durch den Namen der „Republik", gegen die jetzt der Kampf geführt wurde, zu dem Glauben gebracht, daß die ganze Streitfrage eine wesentliche Veränderung erfahren habe. Die Radicalen, die es schon früher für angezeigt gehalten hatten, mit großem Nachdruck auf die Stellung König Wilhelm's und Bismarck's in den Jahren 1848 und 1849 hinzuweisen, thaten das jetzt mit doppelter Energie und wollten das bis dahin eroberte Terrain einfach von Deutschland behalten sehen, oder befürworteten auch eine Politik der weitestgehenden Großmuth, welche die Herzen des französischen Volkes gewinnen und die beste Garantie für einen dauernden Frieden geben würde. Die „Social-Reformer" und „Arbeiter", soweit der Sturz des Kaiserreiches einen bestimmenden Einfluß auf ihre Ansichten ausübte, gingen meist weiter. Die extremste (aber verschwindend kleine) Fraction derselben hatte in der That von Anfang an eine entschieden feindselige Haltung gegenüber der patriotischen Bewegung beobachtet. Schon den 29. Juli erließ ein Comité derselben im Manifest an die „Mitarbeiter", in dem es unter Anderem heißt: „Der jetzige Krieg ist ein Kampf, der von zwei Despoten angezettelt worden ist und geführt werden wird, nur im Interesse der Fürsten und nur zu dem Zweck festzustellen, welcher der beiden Polizei- und Militärstaaten, Preußen oder Frankreich, die erste Rolle in Europa spielen soll......Eine Ausdehnung des Norddbundes über ganz Deutschland bedeutet nichts als Einführung der Säbelherrschaft Preußens in allen Gauen unseres ehemaligen Vaterlandes...,....wir glauben behaupten zu dürfen, dieser Krieg sei gegen uns, das arbeitende Volk, gerichtet. Während des Kampfes hoffen die Fürsten unsere Organisation zu vernichten oder zu schwächen...Der sogenannte deutsch-französische Feldzug (ist) ein Krieg der Despoten gegen das erwachende Gefühl der Arbeiter....Das Joch der Unterdrückung, das gemeinsame Loos der Lohnsclaverei hat uns vereint, lassen wir uns nicht durch Fürstenränke verunreinigen....Arbeiter, bedenkt, ehe Ihr Eure Geldbeutel jetzt plündern laßt zur einseitigen Unterstützung Verwundeter, daß bald die Zeit kommen kann, wo wir Gelegenheit haben werden, die Kämpfer für unsere Sache zu unterstützen. Ihr aber, die Ihr beabsichtigt, dem Rufe Preußens zu folgen, Eurer Militärpflicht zu genügen, Euch rufen wir zu: Folgt keiner Fahne im Kampf gegen Volksinteressen."—Diese Anschauungen und Gesinnungen dienten nur dazu, die tiefgehende Begeisterung der großen Masse der Deutschen in desto helleres Licht zu stellen. Diese und ähnliche sich im Laufe des Krieges wiederholenden Kundgebungen der „Social-Reformer" und „Arbeiter" riefen anfänglich entschiedene Proteste von vielen Arbeitern hervor und bewogen endlich viele derselben sich vollständig von diesen besonderen Arbeiterverbindungen loszusagen. „Die Arbeiter Union" zu New-York, das Hauptorgan derselben, mußte eingehen, weil sich ihre Abonnentenzahl infolge ihrer Haltung gegenüber der patriotischen Bewegung mit reißender Geschwindigkeit verminderte. Die Versuche, die hochgehende Stimmung zur Gleichgültigkeit herabzudrücken und den alten Groll gegen König Wilhelm und Bismarck neu anzufachen, schlugen vollständig fehl. Anfänglich erregten sie vielfach heftige Erbitterung; später wurden sie nur noch belächelt und gaben dem Witz ein reiches Feld ab. Selbst die große Majorität der nicht ganz unbeträchtlichen Anzahl Derjenigen, die nach wie vor die Monarchien Deutschlands lieber heute als morgen in eine einheitliche Republik verwandelt sehen würden und deren schroffe Beurtheilung König Wilhelm's und Bismarck's durch die Vorgänge der letzten fünf Jahre kaum irgend gemildert worden ist, stand vom ersten bis zum letzten Augenblick fest zum alten Vaterland. Sie hielten ohne jedes Schwanken die inneren Angelegenheiten Deutschlands und die Frage zwischen Deutschland und Frankreich scharf auseinander. Sie sahen diese nicht als einen „von Despoten angezettelten Krieg" an, und sie erkannten sie vollkommen als diejenige an, die bis zu ihrer befriedigenden Lösung die maßgebende sein müßte; die zu erwartende Regelung jener flößte ihnen mancherlei Befürchtungen für die Zukunft ein, aber in dem einen Punkt stimmten auch sie vollkommen mit der Majorität überein, daß sie die gesicherte Einigung Deutschlands für eine große Errungenschaft hielten, obgleich dieselbe unter einer Kaiserkrone, und nicht unter einem republikanischen Congreß erfolgen würde. Sie waren sich ebenso wohl wie alle die Gemäßigteren bewußt, wie viel Deutschland darunter gelitten, daß das Mögliche über dem Ringen nach dem Wünschenswerthen außer Acht gelassen worden, und keinen Augenblick verfielen sie in den Fehler, diesem jetzt wiederum das Wort zu reden. Nur sehr Wenige waren von Natur und durch Gewohnheit so unfähig, politische Fragen realistisch zu beurtheilen, daß sie nicht, in Uebereinstimmung mit der ungeheuren Majorität des deutschen Volkes, in den wesentlichsten Punkten mit den deutscherseits maßgebenden Persönlichkeiten vollkommen übereingestimmt hätten. Man konnte oft das offene Bekenntniß ablegen hören, wie sich die furchtbar großartige Realität der sich abspiegelnden Ereignisse siegreich gegenüber dem angeborenen und durch das ganze Leben mit Liebe gehegten und gepflegten Idealismus geltend mache.

Am schärfsten trat diese nüchterne realistische Beurtheilungsweise in Bezug auf die voraussichtliche Erwerbung von Elsaß und eines Theiles von Lothringen zu Tage; und zu gleicher Zeit behauptete doch auch gerade in dieser Frage der Idealismus in vollstem Maße sein Recht. So lange die Wiedereroberung der ehemaligen deutschen Gebiete nur als eine sehr entfernte Möglichkeit bestand, hörte man es verhältnißmäßig häufig als eine zweifelhafte Frage bezeichnen, ob Republikaner, ohne ihren Grundsätzen ungetreu zu werden, dieselbe billigen könnten. Diese Zweifel entsprangen aus dem Grundsatz der unbeschränkten Volkssouveränetät und des Selbstbestimmungsrechtes der Völker, nach dem es den Bewohnern der betreffenden Gebiete zugestanden werden müsse, darüber zu entscheiden, welchem Staate sie angehören wollten; wie eine allgemeine Volksabstimmung diese Frage entscheiden würde, unterlag aber selbstverständlich nicht dem geringsten Zweifel. Je länger aber der Krieg währte, desto mehr drängte sich natürlich auch die Frage auf, ob die vierzig Millionen Deutsche vernünftiger Weise für verpflichtet erachtet werden könnten, sich der Gefahr einer baldigen Wiederholung eines solchen Krieges auszusetzen, weil Elsaß und Lothringen es vorzögen, bei Frankreich zu bleiben; mit anderen Worten, ob das Recht Deutschlands auf Selbstschutz nicht mindestens ebenso schwer wiege, als das Recht der Bewohner von Elsaß und Lothringen auf Selbstbestimmung hinsichtlich ihrer staatlichen Zugehörigkeit, vorausgesetzt, daß Deutschland in der That durch den Besitz dieser Gebiete gesicherter vor Angriffen von Frankreich dastehen würde. Was das übrige Frankreich anlangte, so hatte man nie geglaubt, daß ihm gegenüber derartige Bedenken obzuwalten hätten; ohne jeden triftigen Grund habe es den Krieg begonnen, unbestreitbar sei er in der Absicht, seine Grenzen bis an den Rhein auszudehnen, und es geschehe ihm daher nur sein Recht, wenn es eine recht harte Buße zu zahlen habe. Freilich theilten Elsaß und Lothringen die Schuld an dem Frevel, doch glaubte man nicht hierin eine Rechtfertigung für die Verletzung jenes Princips finden zu dürfen. Dagegen ward der kleinen Anzahl Derjenigen, die sich hier in einem Dilemma mit ihren Anschauungen befanden, die Lösung der Schwierigkeit dadurch wesentlich erleichtert, daß die Rücksichten der Zweckmäßigkeit eine sehr erhebliche Unterstützung durch das Nationalitätsprincip erfuhren, daß hier mit Fug zur Anwendung gebracht werden durfte. Für die große Majorität der Deutsch-Amerikaner hatte hinsichtlich dieser Frage nie eine Schwierigkeit existirt. Die ausschließliche Verantwortlichkeit Frankreichs für den Krieg und die Thatsache, daß Elsaß und Lothringen einst deutsches Gebiet gewesen, war ihnen eine vollkommen zureichende Rechtfertigung für die Wiedereroberung derselben. Eine andere kleine Minorität legte auf den zweiten Umstand insofern kein Gewicht, als er nicht— wenn der Ausdruck gestattet ist — als Rechtsgrund angeführt werden kann, da man ebenso wohl noch einige Jahrhunderte weiter zurückgehen könne, bis man schließlich damit endige, alle Besitztitel der verschiedenen Staaten auf ihre gegenwärtigen Gebiete in Frage zu stellen. Dagegen erschien es ihnen vollkommen selbstverständlich, daß Deutschland nicht nur das Recht, sondern auch die Pflicht habe, Elsaß und Lothringen zu behalten, wenn es dadurch den ewigen Eroberungsgelüsten Frankreichs einen starken Wall entgegensetze. War somit auch das Raisonnement in manchen Beziehungen sehr verschieden, so kamen doch schließlich alle zu dem gleichen Schluß: Elsaß und Deutsch-Lothringen müssen bei Deutschland bleiben, und wo die Sprachgrenze nicht mit der für wünschenswerth gehaltenen strategischen Grenze übereinstimmt, da sollte der letzteren der Vorzug gegeben werden.

Es stand nicht lange an, so wurde diesen Gesinnungen in emphatischer Weise Ausdruck gegeben. Die Erklärung der Republik in Paris hatte einen schlechten Eindruck auf die Amerikaner gemacht. Vielen von ihnen kam es gar nicht in den Sinn zu fragen, wie diese „Republik" entstanden, welchen Boden im Volk und welche Aussicht auf Bestand sie habe, wie die selbstgesetzten Leiter derselben ihre Macht gebrauchten, und wie weit oder ob überhaupt das Republik oder Nicht-Republik auf die französisch-deutsche Frage einen Einfluß habe. Die einfache Thatsache, daß Frankreich sich jetzt Republik nannte, war ihnen ein vollgültiger Beweis dafür, daß die Rollen vertauscht worden, Frankreich nunmehr unter dem Panier der Freiheit kämpfe, das deutsche Volksheer aber über Nacht zu Prätorianerhorden der gekrönten Despoten geworden. Das verdroß die Deutsch-Amerikaner nicht wenig, weil sie empfindlich fühlten, wie sehr der Republikanismus der Vereinigten Staaten dadurch bloßgestellt wurde, daß so viele Amerikaner heute für schwarz ansahen, was sie gestern für weiß erklärt, und umgekehrt, lediglich weil ihnen das Wort „Republik" in die Ohren tönte. Außerdem fürchtete man, daß der moralische Eindruck, den dieser Umschwung in den Ansichten der Amerikaner ausüben konnte, nachtheilige Folgen von mehr oder minder Belang für die deutsche Sache haben könnte. Diese Befürchtungen wurden dadurch noch bedeutend erhöht, daß von Seiten her, die für wohl unterrichtet gehalten werden mußten, mit großem Nachdruck geäußert ward, daß man eines Versuches der neutralen Mächte gewärtig sein müsse, einen Druck zu Gunsten Frankreichs auf Deutschland auszuüben. Da man in New-York triftige Gründe zu der Annahme hatte, daß es den maßgebenden deutschen Persönlichkeiten wünschenswerth erschiene, die Deutsch-Amerikaner diesen Möglichkeiten gegenüber ihre Ansichten in unzweideutiger Weise und mit möglichstem Nachdruck aussprächen, wie sie es beim Ausbruch des Krieges gethan hatten, so wurde ohne Verzug dem entsprechend gehandelt. Das General-Comité des New-Yorker Hülfsvereines erließ zunächst eine Adresse „An das deutsche Volk". Nachdem in derselben zuerst darauf hingewiesen, was Deutschland durch seine aus freiem Willen vollzogene Einigung und durch die Vernichtung des Napoleonischen Kaiserreiches für sich sowohl, als für die übrige Welt vollbracht, heißt es in ihr weiter : „Doppelt ist....der Dank, den du Welt...Deutschland schuldet. Wir, die da stolz sind, Deutsche zu sein, wir zollen ihn aus vollstem, überströmendem Herzen. Uns war es nicht vergönnt, mit in den heiligen Kampf hinauszuziehen. Im Geiste aber haben wir heiß mit All-Deutschland gestritten und schmerzvoll mit Denen gelitten, deren Blut und Leben der Preis für den unvergänglichen Sieg gewesen. Wir haben reichen Theil an den Früchten des Kampfes. Auf den ganzen Erdenrund ist der deutsche Name geadelt, seit das deutsche Volk sich durch die thatsächliche Einigung Deutschlands zum Range einer Nation erhoben, und seit die neugeborene Nation durch die Vernichtung des französischen Kaiserreiches den ihr gebührenden Rang unter den Völkern der Welt eingenommen. Auch für uns hat daher Deutschland gestritten, gelitten und gesiegt, denn deutsch ist unser Blut, unser Fühlen und unser Denken. Darum ist es unser unbestreitbarstes Recht und unsere heiligste Pflicht, mit ganzer Kraft unsere Stimme zum feierlichen Protest zu erheben, wenn der Versuch gewagt würde, durch unberufene Einmischung—von welcher Seite sie auch kommen möge—den theuererkauften Siegespreis zu verkürzen. All-Deutschland halten jetzt die deutschen Heere. „All-Deutschland", rufen wir darum mit ihnen, „bleib es immerdar".

„Was seit drei Jahrhunderten und darüber Frankreich an deutschem Boden geraubt, bis auf den letzten Fußbreit bleib' es nun beim einen deutschen Reich. Wer dem entgegen zu treten trachtet, ist Europa's Frieden und Freiheit feind, denn All-Deutschland ist des Friedens und der Freiheit beste Gewähr. Das Wohl der Welt verlangt, daß sie für immer Frankreichs Obhut entzogen werden, welchen Namen dasselbe auch führen mag. Nur

Thoren urtheilen nach Namen und vergessen der Thatsachen. Republiken mögen so zügel=
los sein, als Cäsarenreiche, und französische Republiken waren es, auf denen der erste und
der dritte Napoleon ihren Thron aufrichteten. Das Frankreich, das um den bloßen Namen
der Republik, zu dem allein die deutschen Waffen ihm verholfen, im Augenblick der tiefsten
Demüthigung sich mit Lorbeeren zu bekränzen und zu jubeln vermag, bietet wahrlich keine
Garantie, weder für den Frieden noch für die Freiheit.

„Frankreich stimmte der freblen Eroberungspolitik des Kaisers zu, und die Männer,
welche jetzt an der Spitze der französischen Republik stehen, wissen nur von der einen Auf=
gabe, den nutzlosen Kampf fortzuführen. Sie, wie ganz Frankreich sind mithin ebenso ver=
antwortlich für den Krieg, als Napoleon III. Selbst Bürger einer wahren Republik
stehen wir daher einmüthig zu dem deutschen Volk, das sich in diesem gewaltigen Ringen
einen Frieden erkämpft, dessen Frucht wahre Freiheit sein wird und muß; und wie Ein
Mann verharren wir mit unseren deutschen Brüdern bei dem Ruf: All=Deutschland soll es
sein!"

Da man aber namentlich wünschte, den Amerikanern nicht den geringsten Zweifel darüber
zu lassen, daß ihre Ansichten über den „Firma=Wechsel" in Frankreich keineswegs von ihren
deutschen Mitbürgern getheilt würden, und daß der leiseste Versuch einer auch nur diploma=
tischen Intervention zu Gunsten Frankreichs von diesen einmüthig und auf's Entschiedenste
verdammt werden würde, so ließ das General=Comité es nicht bei der Adresse bewenden,
sondern berief eine Massenversammlung auf einen der nächsten Tage. Die von der Ver=
sammlung gefaßten Beschlüsse sprachen dieselben Gedanken aus, die in der Adresse enthalten
waren, nur war die allgemeine Form dieser zu einer Reihe fest umschriebener Propositionen
präcisirt. Es ward nicht mehr nur im Allgemeinen von ehemaligen deutschen Gebieten ge=
sprochen, sondern Elsaß und Deutsch=Lothringen namentlich als die Entschädigung und die
Garantie gegen neue Vergewaltigungen von Seiten Frankreichs bezeichnet, die Deutschland
verlangen müsse. Ebenso entschieden und mit der gleichen Directheit ward diese Forderung
von allen Rednern aufgestellt. Man verwahrte sich auf's Bestimmteste dagegen, als sei man
durch die ungeheuren Erfolge der deutschen Waffen schwindelig geworden und, im Wider=
spruch mit der behaupteten angeborenen Friedensliebe der Deutschen, vom Eroberungsgeiste
erfaßt; noch immer wünsche man nichts sehnlicher, als die baldigste Beendigung des Krie=
ges, aber nach den Opfern, welche er bereits gekostet, würde es einfach ein Verbrechen sein,
ihn nicht so lange fortzuführen, bis materielle Sicherheiten dafür gewonnen, daß der Frie=
den nicht wieder gebrochen werden würde, wenn immer die Ruhmbegierde des französischen
Volkes oder die Sicherheit der jeweiligen Leiter Frankreichs einen Krieg wünschenswerth er=
scheinen lasse. Eine Politik sentimentaler Großmuth zu fordern, sei einfach absurd und
muthe den Deutschen außerdem ein Verbrechen im eigentlichsten Sinne des Wortes zu, denn
es werde damit das Verlangen an die Deutschen gestellt, die zahllosen bereits geopferten
Leben als einen Gegenstand von so wenig Belang anzusehen, daß der Applaus einiger
Schwärmer eine vollkommen zureichende Entschädigung für sie bilde. Denen, die jetzt ihr
Blut dahingegeben, sei Deutschland es schuldig, ihre Kinder vor der Nothwendigkeit einer
Erneuerung des Kampfes zu schützen, so weit als dieses irgend geschehen könne. Wer da
meine, daß dieses am wirksamsten durch den Bühneneffect einer großherzigen Vergebung von
Seiten Deutschlands und einer darauf folgenden brüderlichen Umarmung beider Heere ge=
schehen könne, streiche die ganze Geschichte Frankreichs aus, und setze an ihre Stelle die Re=
den und Proclamationen einiger mehr oder minder ehrlicher Schwärmer; Deutschlands
Staatsmänner und Feldherrn rechneten nicht mit so lustigen Factoren. Die Amerikaner
sollten sich doch erinnern, wie sie General Grant zugejauchzt, als er auf dem "uncon-
ditional surrender" (bedingungslose Uebergabe) Lee's bestanden. Sie hätten damals jede
Aufforderung zu einer theatralischen, thränenreichen Versöhnung mit dem Süden als eine
hirnverbrannte Abgeschmacktheit mit Spott und Entrüstung zurückgewiesen; nun sollten sie
den Deutschen nicht eine solche Schüleralbernheit ansinnen, sondern ihnen gleichfalls etwas
gesunden Menschenverstand zutrauen. Sei das aber zuviel verlangt, dann sollten sie sich
mindestens gesagt sein lassen, daß Deutschland vollkommen competent sei, die Frage ohne
ihre Beihülfe zu entscheiden. Seit jeher sei es einer der obersten Grundsätze der Vereinig=
ten Staaten gewesen, daß keine andere Macht der Erde sich in ihre Angelegenheiten zu
mischen habe; jetzt sollten sie sich wohl erinnern, daß jedem anderen Volke genau in dem
gleichen Maße dieses Recht zustehe. Gerüchte (die sich jedoch später als durchaus unge=
gründet erwiesen), daß man sich in Washington mit dem Gedanken einer Intervention,
wenn auch in der mildesten Form, trüge, ließen das Hervorheben dieses Punktes von beson=
derer Wichtigkeit erscheinen, und die Redner betonten ihn denn auch mit einer an Bitterkeit

streifenden Schärfe. Die kränkende Erinnerung, daß alle Welt so lange ungestraft Deutschland gegenüber dieses Recht habe thatsächlich leugnen dürfen, klang deutlich in den Bemerkungen wieder, ebenso stark aber freilich auch daneben das erhebende Bewußtsein, daß dem von nun ab nie wieder so sein werde.

Mehrere Orte folgten dem Beispiele New=York's und hielten gleichfalls Versammlungen ab, in denen sie sich in derselben Weise über die Erwerbung von Elsaß und Deutsch=Lothringen aussprachen. Wo das nicht geschah, da wurde doch mindestens von der ganzen deutschen Presse die Frage so entschieden in demselben Sinn eingehend erörtert, daß kein Zweifel darüber obwalten konnte, daß die Deutsch=Amerikaner mit nur ganz vereinzelten Ausnahmen ebenso dächten, wie man in Deutschland urtheilte.

Da diejenigen amerikanischen Zeitungen, die anfänglich ganz ohne Vorbehalt für Deutschland Partei ergriffen hatten, nach und nach (zum Theil schon nach wenigen Tagen) — zu der Einsicht gelangten, daß die Erklärung der Republik durchaus nicht die Streitfrage zwischen Deutschland und Frankreich verschoben habe, was für eine Bedeutung sie auch immer haben mochte; und da das Geschrei der deutsch=feindlichen Blätter keine praktischen Folgen hatte, so legte sich auch bald wieder die Aufregung unter den Deutsch=Amerikanern, die durch die Vorgänge in Paris und den dadurch veranlaßten Umschwung in der amerikanischen Presse hervorgerufen worden war. Die patriotischen Vereine wandten wiederum ihre ganze Aufmerksamkeit ihrer Hauptaufgabe, der Aufbringung von Geldern zur Pflege der Verwundeten und im Felde Erkrankten und zur Unterstützung der Hinterbliebenen der Gefallenen zu. Die Hülfsvereine fuhren mit ihren directen Sammlungen fort, auf die sie meistentheils nach einem förmlichen Beschluß oder doch thatsächlich von Anfang an ihre Thätigkeit in dieser Hinsicht beschränkt hatten. In einigen der größeren Städte, darunter namentlich St. Louis und Chicago, wurden jedoch direct von den Hülfsvereinen aus oder in Verbindung mit denselben große Volksfestlichkeiten verschiedener Art veranstaltet, die einen reichlichen Ertrag für die Unterstützungskasse abwarfen. Veranstaltungen von Vergnügungen der mannigfachsten Art durch Gesellschaften und einzelne Persönlichkeiten waren dagegen überall an der Tagesordnung; namentlich zeichneten sich in dieser Hinsicht die musikalischen Vereine und nächst ihnen in verschiedenen Orten die Schauspieler aus. Ganz allgemein war die Betheiligung der Frauen an dem patriotischen Liebeswerk. In einigen Orten, wie z. B. in Chicago, hatten sie sich gleich anfänglich mit an die Spitze der Bewegung gestellt und mit Eifer directe Sammlungen begonnen. In den meisten größeren Städten warteten sie jedoch ab, bis die directen Gaben anfingen spärlicher zu fließen und thaten sich dann zu einem besonderen Vereine zusammen, um einen großen Bazar in's Werk zu setzen. Die betäubende Geschwindigkeit, mit der im Anfange des Krieges die Schläge fielen, thaten diesen Unternehmungen einigen Abbruch, da man allgemein in der Ansicht war, daß der Krieg rasch beendigt werden würde und daher Eile geboten s.i. Man gab sich daher nicht so viel Zeit zu den Vorbereitungen, als wohl unter anderen Verhältnissen geschehen wäre. Trotzdem waren die Resultate überall in hohem Grade befriedigend, theils in Folge der unermüdlichen Anstrengungen der leitenden Damen, theils w.il alle Schichten des Publicums die Unternehmungen nach besten Kräften patronisirten.

Diese allgemeinen Andeutungen über die Mittel und Wege, durch welche die Deutsch=Amerikaner ohne Unterschied des Geschlechts und der gesellschaftlichen Stellung für die Interessen des Hülfsfonds arbeiteten, müssen genügen. Eine eingehende Aufzählung derselben würde ermüden, und eine ausführliche Beschreibung der einzelnen größeren Unternehmungen könnte den Schein erwecken, als sollte die Thätigkeit in den größeren Städten zu sehr in den Vordergrund gestellt werden. Die Natur der Sache brachte es mit sich, daß in den großen Orten Summen aufgebracht wurden, denen gegenüber die Resultate der Sammlungen in den kleinen Landstädtchen fast vollständig verschwinden. Andererseits aber liegt etwas ganz besonders Anziehendes in dem Wiederhall, den das gewaltige Ringen Deutschlands um eine glücklichere und herrlichere Zukunft auch in den kleinsten Flecken fand, wo nur immer einige Deutsche waren. In den Südstaaten, in denen sich nur ganz verstreut hier und da wenige Deutsche finden, und im äußersten Westen und Nordwesten, an den Grenzen der Cultur, ward die mächtige Erhebung des deutschen Volkes durch Wort und That gefeiert. In diesen Gegenden war es oft nicht möglich, einen Hülfsverein für die Dauer des Krieges zu gründen. Die Nachbaren aber wußten doch eine Verabredung zu treffen, nach der sie sich an einem bestimmten Tage in einem Privathause oder in einer bequem gelegenen Schenke zusammenfanden. Dort wurden, oft nur in ganz informeller Weise, die Großthaten des deutschen Heeres verherrlicht und zum Schluß der schlichten Feier immer eine Sammlung veranstaltet, deren Ergebniß zur Weiterbeförderung an einen der Central=

orte übersandt wurde. Der Schreiber dieser Zeilen weiß von mehreren derartigen Versammlungen, die nur aus einem Dutzend, ja selbst nur aus sechs Personen bestanden. Das Hoch!, das dort beim Gläserklang dem Vaterlande ausgebracht ward, klang sicher so tief aus der Brust, als die mehrtausendstimmigen Jubelrufe in den feierlichen Versammlungen der Großstädte. „Wir brachen endlich auf", hieß es in der Beschreibung einer derartigen Versammlung, „wir drückten uns noch einmal herzlich die Hände, und Jeder ritt in anderer Richtung in die stille Nacht hinaus. Jeder von uns fühlte sicher während dieses nächtlichen Rittes die ganze Wucht des Weltereignisses, das sich drüben vollzieht. So einsam in der weiten Prairie, als man es irgendwo in Gottes Welt sein kann, mit dem Ocean, die tausend und aber tausend Meilen festen Landes zwischen uns und dem Vaterlande verschwunden, jeder so tief und innig fühlend, daß er ein lebendiges Glied an dem Leibe des großen deutschen Volkes ist. Wohl ist es wahr: ,So weit die deutsche Zunge klingt'; so weit — und das ist bald das ganze Erdenrund." — In einer anderen, etwas größeren Versammlung kam der Redner nach den ersten einleitenden Bemerkungen aus dem Concept. Mehrere Versuche, sich die sorgfältig auswendig gelernte Rede wieder in's Gedächtniß zurückzurufen, schlugen fehl. Endlich gab er es auf, und erklärte mit fester Stimme: „Schadet nichts, Brüder! In den Herzen steht uns Allen doch das Rechte geschrieben; was braucht es da noch mehr. Statt zu reden, wollen wir'mal gleich anfangen für die Prachtjungen drüben zu sammeln". — Derartige kleine Züge könnten in großer Anzahl erzählt werden, und sie sind vielleicht nicht minder wichtig zu einer richtigen Zeichnung des Charakters der patriotischen Bewegung in den Vereinigten Staaten, als die in den Großstädten gemachten Anstrengungen. Der tiefe idealistische Grundton klingt in jenen schärfer und unvermischter hindurch. Doch fehlte es auch in diesen keineswegs an mancherlei ähnlichen kleinen Zügen, an sich kaum von irgend welcher Bedeutung, aber interessant, weil sie die Stimmung charakterisiren. In den Kegelclubs kosteten „alle Neune" einen Dollar für's Vaterland, oder so wurde desselben in anderer Weise gedacht; die stehenden Whistpartien leerten ihre Grog= und Kartenkasse in den patriotischen Fond; bei Tischgesellschaften, in denen Wetten um den Wein an der Tagesordnung gewesen waren, wurde jetzt zum Besten der Hülfskasse gewettet; kurz das Vaterland stand allerwärts obenan und in Allem und Jedem wußte man es so einzurichten, daß etwas für dasselbe abfiel, wie gering es auch sein mochte.

Etwas verdient jedoch besonders hervorgehoben zu werden, nicht sowohl weil die materiellen Resultate von Belang waren, als weil das idealistische Moment darin am schärfsten hervortritt, und zwar in einer Weise, die in Wahrheit von Bedeutung ist. In einer beträchtlichen Anzahl von Orten zog man auch die Kinder in die Sammlungen hinein. Die ausgesprochene Absicht dabei war, in ihnen ein Bewußtsein ihres geistigen und sittlichen Zusammenhanges mit dem Heimathlande ihrer Eltern zu wecken. Die erste Anregung zu dieser directen Betheiligung der Kinder an der patriotischen Bewegung ging von St. Louis aus. Man beschränkte sich dabei nicht auf Sammlungen unter ihnen, sondern zog sie zur Mitwirkung bei den Bazars und den verschiedenen Festlichkeiten durch Aufführung von Gesangstücken und dergleichen heran; in anderen Orten setzten sie selbst, unter Beihülfe von patriotischen Frauen, kleine Bazars in's Werk. In vielen deutschen Schulen ließen es sich die Lehrer mit großem Eifer angelegen sein, die Schüler dazu anzuspornen, daß sie das Beispiel der Eltern nachahmten, und zwar nicht im Sinne eines allgemeinen humanen Werkes, sondern ganz speciell, weil es für die deutsche Sache gelte. In einigen Orten legte man besonderes Gewicht darauf, daß die Schulen als solche in irgend einer Weise thätig an der patriotischen Bewegung Theil nähmen, um in allen den Kindern recht lebendig das Bewußtsein zu wecken, daß sie nicht nur Amerikaner schlechtweg, sondern Deutsch=Amerikaner seien. In vielen Familien wurde das von den Schulen gegebene Beispiel befolgt. Kinder, die noch nicht das A, B, C gelernt und denen Deutschland noch kein Begriff, sondern nur erst ein Wort war, wurden von den Eltern angehalten, von ihrem Taschengelde allwöchentlich einen kleinen Abzug für „unsere armen deutschen Soldaten" zu machen.

Als die Einschließung von Paris vollendet worden war und die an offenen Feldschlachten verhältnißmäßig arme Periode des Krieges begann, vollzog sich nach und nach eine Aenderung in der Stimmung. Die heftige Aufregung der vergangenen zwei Monate, während der man ununterbrochen gemüthlich bis auf den höchsten Grad angespannt gewesen war, machte einer Gelassenheit und Ruhe Platz, die unter anderen Umständen sehr eigenthümlich hätte berühren müssen. Den Ausgang des Krieges sah man als über alle Frage entschieden an, nur die Zeit, da die deutschen Heere ihre Schritte wieder würden heimwärts lenken können, war noch ungewiß. Freilich dachte man sich dieselbe ungleich kürzer, als sie in Wirklichkeit war. Man glaubte nicht daran, daß die Franzosen, nach der Zertrümmerung und Gefangennehmung der Hälfte ihrer regulären Armee und nach Einschließung der anderen Hälfte in Metz, wirklich den an Wahnwitz streifenden Entschluß fassen würden, den Kampf mit rasch zusammengerafften Recrutenhaufen gegen diese deutsche Armee fortzuführen. Das Jubeln, Triumphgeschrei und Lorbeerbekränzen, in dem sich nach den Zeitungsberichten der Pariser Pöbel bei der Proclamation der Republik ergangen, bestärkte in der Vermuthung, daß es sich nur um einige der nationalen Eitelkeit nicht zu versagende theatralische Productionen handele, denen gegenüber die herbe Wirklichkeit sich rasch würde geltend machen, wenn es erst vollkommen feststünde, daß von den neutralen Mächten keine Intervention zu erwarten sei. Dazu kam, daß man fest überzeugt war, eine Stadt von circa zwei Millionen Einwohnern könne höchstens auf einige Wochen mit Mundvorrath versorgt sein. So irrig sich nun auch diese Ansichten erwiesen, so waren sie doch sicher sehr zu entschuldigen. Und da sie einmal ganz allgemein gehegt wurden, so übten sie natürlich auch einen sehr bedeutenden Einfluß auf den Fortgang der Sammlungen aus. Hätte man von Anfang an gewußt, daß der Krieg noch nahezu ein halbes Jahr dauern und noch Dutzende von großen Schlachten vor den Festungen und im freien Felde geschlagen werden würden, so hätte man unstreitig allerwärts die Collecten mit weit größerer Energie weiter betrieben. Da man aber fast von Woche zu Woche erwartete, die Friedensverhandlungen in allem Ernste aufgenommen zu sehen, so ließ der Eifer allmälig nach. Der weitere Gang des Krieges leistete dem fortgesetzt Vorschub. Der Fall von Strasburg zerstörte die letzte denkbare Combination Bazaine's und besiegelte auch sein Schicksal. Als dann Metz in der That auch capitulirt hatte und der Rest der regulären französischen Armee gefangen nach Deutschland geschickt worden war, da war man vollends überzeugt, daß Frankreich allen ferneren Widerstand als nutzlos erkennen würde, mit wie gutem Erfolg es sich auch einreden mochte, daß nur „Verrath" an diesem neuen Unglück schuld sei. Nur sehr allmälig kam man zu der Erkenntniß, daß die Organisation des Volkskrieges durch Gambetta doch nicht nur eine Farce sei. Charakteristisch ist, daß, als man endlich zu der Erkenntniß gelangt war, dieselbe, nicht gerade allgemein, aber doch in einem sehr beträchtlichen Theile der Deutsch=Amerikaner ein gewisses Gefühl der Genugthuung weckte. Zum Theil galt dieses Gefühl den Franzosen. War man sich auch darüber von Anfang an klar, daß die Anstrengungen Gambetta's vollkommen hoffnungslos und darum nicht nur unstaatsmännisch, sondern auch ein schweres Vergehen gegen Frankreich wären, so gewährte es doch eine gewisse sittliche Befriedigung, zu sehen, daß eine Nation von nahezu vierzig Millionen nicht innerhalb drei Monaten so vollständig in den Staub geworfen war, daß sie nicht mindestens noch einen verzweifelten Versuch gemacht hätte, dem Feinde die Stirn zu bieten. „Es wäre", sagte Jemand, „ein zu überwältigendes Gericht der Weltgeschichte gewesen, und man könnte sich bei dem Gedanken daran, was dem eigenen Volke in der Zukunft aufbehalten sein könnte, nicht eines Grauens erwehren"; und ähnliche, wenn auch nicht ganz so scharfe Aeußerungen konnte man oft hören. Noch entschiedener aber machte sich das Gefühl geltend, daß es, Alles gewogen, für Deutschland nur vortheilhaft und heilsam sein könne, daß der Krieg nicht mit dem Sturze des Kaiserthums beendigt worden wäre. Hierüber wird später mehr zu sagen sein.

Wie tief der Wiederhall war, den die gewaltige sittliche Erhebung Deutschlands bei den Deutsch=Amerikanern gefunden hatte, geht vielleicht am deutlichsten aus der Weise hervor, in der die fortgehende Enttäuschung hinsichtlich der Dauer des Krieges aufgenommen wurde. Wie sehr auch die Besserwisserei dem Deutschen eigenthümlich ist, von keiner Seite her, weder von der Presse noch in Privatgesprächen, hörte man eine anmaßende Kritik oder auch nur eine tadelnde Bemerkung gegen die leitenden deutschen Persönlichkeiten. So sehnlich man auch die Nachricht erwartete, daß das Bombardement von Paris begonnen habe, so ward man doch nicht ungeduldig, als die Nachricht immer und immer nicht kam. „Moltke weiß, was er thut", lautete der lakonische, aber vollkommen zureichende Trost. Wunderte man sich darüber, daß Gambetta wirklich verschiedene bedeutende Armeen in's Feld gestellt, während man geglaubt, daß die Deutschen nach der Uebergabe von Metz so gut wie ohne Widerstand von einem Ende Frankreichs zum andern würden durchgehen können, so hieß der Nachsatz stets: „Weder Führer noch Mannschaften liegen auf der Bärenhaut; was Menschen leisten können, leisten sie; kein Tag wird vergeudet." Kamen von französischer Seite her, bevor man von der deutschen Authentisches gehört, Berichte über die ungeheuerlichen Bedingungen, die Bismarck als Preis für einen Waffenstillstand gestellt, so entgegnete man dem Geschrei der Deutschenhasser lachend: „Bismarck hat sich von den Herren keine Flausen vormachen lassen, wie sie es Euch gegenüber alle Tage fertig bringen". „Mit einem Wort, man hatte das vollste Vertrauen in die Führer, und zwar nicht nur, weil dieselben sich bisher so glänzend bewährt, sondern auch weil man das höchste Vertrauen in sich selbst, in die Thatkraft der Nation gewonnen. Das ließ keinen Augenblick das Gefühl gereizter Ungeduld, geschweige denn die allergeringste Besorgniß aufkommen, und zwar gerade weil es nie in eitle Selbstüberhebung ausartete, obgleich das Urtheil über die Franzosen mit jedem Tage schärfer und in manchen Hinsichten selbst immer bitterer wurde. Das Gefühl, daß diese Leute, deren Gebahren die entsetzliche politische und moralische Verkommenheit des französischen Volkes jeden Tag in grelleres Licht stellte, so lange die erste Rolle in Europa hatten spielen dürfen, das wurmte tief, und die Verblendung, mit der ein großer Theil der Amerikaner ihnen noch immer das Wort redete, fügte dem einen weiteren Stachel hinzu. Hatten eine Weile die furchtbaren Niederlagen des stolzen Volkes fast Mitleid erweckt, so begann man nun nach und nach wirklich Verachtung zu empfinden, daß es sich in so unerhörter Weise von dem selbstgesetzten Dictator tyrannisiren lassen könne, nachdem es kaum durch die Deutschen von dem fürstlichen Despoten befreit worden, und daß es nicht einmal so viel sittliche Kraft habe, seine Niederlage einzugestehen, sondern es vorzöge in erfundenen Siegesberichten und maßloser Verleumdung der Feinde Trost zu suchen. „Den Krieg so lange fortgeführt, bis sie so ganz ohnmächtig sind, daß sie bedingungslos die Waffen strecken müssen", das wurde jetzt der allgemeine Wunsch, weil man es für eine Forderung der Sittlichkeit hielt, deren Erfüllung oder Nichterfüllung in der Zukunft folgenschwer werden könnte. Das Recht, gepaart mit geistigem und sittlichem Werth, wollte man so vollständig triumphiren, wollte die hohle Phrase und die frivole Anmaßung so vollständig unterliegen sehen, daß nur noch Diejenigen an der Gerechtigkeit des Urtheilsspruches der Thatsachen zweifeln konnten, die überhaupt nicht zu belehren sind, oder die, dem Apostaten gleich, dem Himmel noch in dem Augenblick Trotz entgegenschleudern, da er sie zerschmettert. Der tiefe sittliche Ernst, mit dem die ganze Frage vom ersten Augenblick an beurtheilt worden war, wurde durch die lange Dauer des Krieges nicht abgeschwächt, sondern im Gegentheil gesteigert; die wahrhaft erschreckliche Entsittlichung, welche Frankreich paradirte, hatte ein wesentliches Verdienst daran. Das Gefühl, daß sich hier die Weltgeschichte im eigentlichsten Sinne und im furchtbarsten Maße als „Weltgericht" erweise, drängte sich jedem Einzelnen mit solcher Macht auf, daß Hochmuth und Eitelkeit darunter nicht aufkommen konnten. Die Klärung und Sichtung des Urtheils, die sich im Lichte der Ereignisse in Frankreich in gar vielen Köpfen vollzog, lieferte einen wunderbaren Beweis dafür, wie rasch unter Umständen die Lehren der Logik der Thatsachen begriffen werden, nachdem man sich Jahrzehnte lang ihnen verschlossen. Die Zahl Derer schmolz rasch zusammen, die nicht nur die wirklichen Errungenschaften der ersten französischen Revolution als eine Großthat priesen, sondern ehrlich des Glaubens lebten, daß auch die hochtrabenden, leeren Phrasen derselben einen reichen realen Inhalt bergen. Und auch wo man nicht so weit ging, sein historisches Urteil einer gründlichen Revision zu unterwerfen, verfingen doch die glitzernden Redefiguren der Prediger des Volkskrieges bis zum Aeußersten durchaus nicht. Das Wort hatte seine Macht vollständig verloren, so weit es nicht den Thatsachen entsprach; wo es mit diesen im Widerspruch stand, da widerte es desto tiefer an, je voller es tönte.

Nur eine von etlichen deutschfeindlichen oder auch nur einfach gedankenlosen Zeitungscorrespondenten oft wiederholte Behauptung fand bei einem Theil der Radicalen einiges Gehör. Das schon zur Zeit der Belagerung Bazaine's ausgesprengte Gerücht, daß Bismarck mit Napoleon wegen der Wiedereinsetzung desselben unterhandle und zwar um der **Republik** ein Ende zu machen, wurde so häufig und dazwischen mit solcher Zuversicht wieder aufgewärmt, daß Diejenigen, welche in Bismarck noch immer den Junker sahen, sich dem Einflusse dieser Behauptungen nicht ganz entziehen konnten. Dieses Mißtrauen gegen die Pläne des Bundeskanzlers bezog weitere Nahrung aus der sehr allgemeinen Verstimmung über die Behandlung, die Napoleon erfuhr. Allein während die Masse der Gemäßigteren nur darüber grollte, daß man diesem „hartgesottenen Verbrecher", der doch die nächste Ursache des Krieges sei, fürstliche Ehren erwies, so erblicke ein Theil der Radicalen darin einen weiteren Grund für die Befürchtung, daß man ihn im gelegenen Augenblick den Franzosen wieder aufzwingen werde, weil ein Mann wie Bismarck eine "Republik" in der nächsten Nachbarschaft zu sehr zu fürchten habe. Die sehr große Mehrzahl theilte jedoch die Befürchtungen keinen Augenblick. Sie wies zunächst darauf hin, das es unter den obwaltenden Umständen ganz unstreitig Bismarck ungleich viel schwerer sein würde, Napoleon auf dem Thron zu erhalten, als sich der Propaganda der „Republik" zu erwehren — des Argumentes halber selbst zugegeben, daß diese Republik, auch der zur Zeit in Deutschland herrschenden Stimmung zum Trotz, im Stande sein würde irgend welche Propaganda zu machen. Noch schärfer aber wurde betont, daß Bismarck, wie sehr er auch einst „Junker" gewesen und sicher noch gegenwärtig Monarchist und Legitimist sei, doch auch ganz unstreitig ein wahrer Staatsmann, und nicht ein Pfennig-Politiker sei; er habe sich seit sehr geraumer Zeit von der Cabinetspolitik á la Metternich, der Politik der Ideen vom grünen Tisch und der kleinen Mittelchen emancipirt; er habe längst erkannt, daß ein Staatsmann unserer Zeiten auf den Ideen fußen müsse, die in dem Volke leben, d. h. daß er unter Umständen wohl über die Mittel, nie aber in den Endzwecken mit dem Volke differiren dürfe; ihm sei es ganz gewiß nicht darum zu thun, sich zum thatsächlichen Gebieter von Frankreich aufzuwerfen, sondern nur Deutschland so stark zu machen, daß es weder Frankreich noch irgend eine andere Macht der Welt zu fürchten habe.—Zu all den anderen Triumphen des großen monarchischen Realisten war es ein neuer Triumph, daß er von den idealistischen deutsch-amerikanischen Republikanern einmal in streng realistischer Weise beurtheilt wurde. Wie wohl begründet das Urtheil war, hat die Folgezeit gezeigt.

Den Amerikanern gegenüber, soweit sie der deutschen Frage feind waren oder mindestens eine schwankende Haltung einnahmen, blieben diese Argumente natürlich wirkungslos. Sie ergingen sich in weitläufigen Commentaren über die völlig grundlosen Cabelbehauptungen und bewiesen aus ihren eigenen Phantasien des Genauesten, daß die Fortdauer des Krieges lediglich Bismarck zur Last zu legen sei, der ihn nur aus verdammlicher Eroberungssucht und aus wüthender Feindschaft gegen die Freiheit und die Republik fortführe. Diese galligen, unvernünftigen Ergüsse verdrossen die Deutschen um so mehr, als Frankreich die Mittel zur Fortsetzung des nutzlosen Kampfes zum sehr wesentlichen Theil aus den Vereinigten Staaten erhielt. Nur langsam hatte sich die Erbitterung hierüber zu einer solchen Höhe gesteigert, daß man in mehreren Orten zu dem Entschluß kam, einen ernstlichen Versuch zu machen, dem Waffenschacher aus den Unions-Arsenalen zum Besten der Franzosen einen Riegel vorzuschieben. Wie eine Zeitung Deutschlands („Arbeitgeber" in Frankfurt a. M.) sich mit Bitterkeit über die lange Hinauszögerung einer energischen Action ausließ und zwischen den Zeilen deutlich zu verstehen gab, daß Gleichgültigkeit oder Trägheit als der Grund dafür anzusehen sei, so fehlt dem Vorwurf selbstverständlich jede Begründung. Was die Deutsch-Amerikaner für die Sache des alten Vaterlandes gethan, hätte sie billiger Weise vor jeder derartigen Insinuation sicher stellen sollen. Die Gründe, welche so lange jede Action verschieben ließen, waren dieselben, welche später bewirkten, daß man die Sache vielfach beim verkehrten Ende anfaßte; man war sich eben im Allgemeinen nicht klar darüber, wie das Ding anzugreifen sei. Dazu kam, daß man anfänglich die Bedeutung der Sache sehr unterschätzte. Nach der Capitulation von Sedan, und dann wieder nach der Capitulation von Metz hielt man die Beendigung des Krieges für eine Frage von sehr wenigen Wochen. Man glaubte die Widerstandskraft der Franzosen gebrochen, und legte daher der Verschiffung von einigen tausend Gewehren verhältnißmäßig wenig Gewicht bei. Trotzdem aber erregte die Nachricht, daß eine bedeutende Waffensendung im Begriffe sei, nach Frankreich abzugehen, sogleich große Aufregung unter den Deutschen New-York's, die natürlich zuerst von der Sache erfuhren, da der betreffende Dampfer im Hafen von New-York lag. Man hörte, daß der General-Consul des Norddeutschen Bundes Schritte thäte, die Abfahrt desselben zu verhindern. Die Waffensendung bildete das allgemeine Stadtgespräch. Mit größtem Interesse hörte man überall die Frage verhandeln, welche Mittel und Wege dem Consul zur Verfügung ständen, das Schiff zurückzuhalten, und ob und wie weit eine derartige Ausfuhr von Waffen den Neutralitätsgesetzen zuwiderlaufe. Bald hörte man, daß die Bemühungen des Consuls vergeblich geblieben seien; den nächsten Tag bestätigten die Zeitungen die Nachricht, daß der Dampfer mit den Waffen die Reise nach Europa angetreten habe. Man zog daraus selbstverständlich den Schluß, daß die völkerrechtlichen Bestimmungen den deutschen Autoritäten nicht so unstreitig das Recht geben könnten, die Zurückhaltung eines mit Waffen beladenen und nach einem französischen Hafen bestimmten Schiffes zu fordern, als zum Theil vermuthet worden war. Die Presse erörterte die völkerrechtliche Frage zunächst noch nicht eingehend genug, um dem Publicum zu vollkommener Klarheit über dieselbe zu verhelfen. Dieses gab sich daher vorerst bei dem richtigen Gefühl zufrieden, daß eine Geltendmachung von positiven Rechtsbestimmungen nicht möglich sein müsse, da dieselbe sonst unstreitig von Seiten der zuständigen deutschen Behörden erfolgt wäre.

Dieses richtige Gefühl wurde erst mehr in den Hintergrund gedrängt, als Woche um Woche verstrich, ohne daß das Ende des Krieges abzusehen gewesen wäre, und als es gar keinem Zweifel mehr unterlag, daß die Armirung der neuen französischen Armeen zum sehr großen Theil nur durch die von Amerika gemachten Waffensendungen ermöglicht würde. Infolge der steigenden Entrüstung darüber, daß man „um eines elenden Profitchens willen" den furchtbaren Krieg in's Endlose verlängerte, verlor man die Rechtsfrage nach und nach vollständig aus den Augen, oder construirte sich dieselbe nach dem sittlichen Urtheil, das man über das Verhalten der Vereinigten Staaten Regierung glaubte fällen zu müssen. Da ein Theil der deutsch=amerikanischen Presse auch die Frage immer entschiedener von dem rein moralischen Standpunkte aus zu beurtheilen und dieses Urtheil mit der Rechtsfrage zu verwechseln begann, so wurde das Publicum in einigen Orten allmälig dermaßen in diesen Irrthum verstrickt, daß es auf ihm fußte, als es endlich die Zeit gekommen glaubte, da es entschieden handeln müsse. So weit davon entfernt, der Frage der Waffenausfuhr gleichgültig gegenüber zu stehen, identificirte sich vielmehr ein bedeutender Theil der Deutsch=Amerikaner gerade in ihr zu sehr mit Deutschland und wurde dadurch zu falschen Schritten verleitet. Man möchte ihnen vorwerfen, daß sie nicht mit der nöthigen Ruhe und Ueberlegung zu Werke gingen und über eine völkerrechtliche Frage aburtheilten, ohne sich zuvor mit der erforderlichen Gründlichkeit über dieselbe unterrichtet zu haben, aber ihre patriotische Wärme in Frage zu stellen, ist einfach lächerlich; infolge ihres Patriotismus schäumte ihre sittliche Entrüstung so stark über, daß sie in höherem Grade von ihrem Gefühle statt von ihrem Urtheile geleitet wurden, als es unter irgend welchen anderen Umständen hätte geschehen können.

Die Thatsache, daß die Vereinigten Staaten Regierung ihre Arsenale öffnete und einen großen Theil der daselbst aufgespeicherten Waffen an den Meistbietenden verkaufte, ward ebenso aufgefaßt, als wenn sie mit officiellen Agenten der französischen Regierung Contracte auf Waffenlieferungen abgeschlossen und vollzogen hätte. Daß es nach dem Völkerrecht einen Unterschied von dem allerwesentlichsten Belang machte, daß die Verkäufe im eigenen Lande an Privatpersonen gemacht wurden, welcher Nationalität dieselben auch immer angehören mochten, wurde außer Acht gelassen. In den ersten Massenversammlungen, die in einigen Städten des Westens gehalten wurden, um der Waffenausfuhr ein Ende zu machen, wurden Beschlüsse gefaßt, die nicht nur ein sittliches Verdammungsurtheil über die Handlungsweise der Regierung ausgesprochen, sondern auch auf das Bestimmteste erklärt, daß sich dieselbe einer schreienden Verletzung der Neutralitätsgesetze schuldig gemacht habe. Man urtheilte also nicht nur nach einem Völkerrecht, das man sich a priori nach den eigenen subjectiven sittlichen Empfindungen und Ueberzeugungen im Augenblick zurecht legte, sondern man verfiel auch unversehens in den Fehler so zu handeln, als stünde man noch immer in den Zeiten, da Deutschland gegenüber alle Arten von Willkührlichkeiten und Uebergriffen ungestraft geübt werden dürften. Niemand kam es dabei in den Sinn, die deutschen Behörden irgend welcher Nachlässigkeit oder Pflichtversäumniß zu zeihen; aber man dachte auch nicht daran, daß, wenn in der That ein flagranter Bruch des Völkerrechtes vorliege, ganz ohne Zweifel ein so energischer Protest von Preußen erhoben worden wäre, als man es nur immer von einem Manne nach der Art Bismarck's erwarten dürfe. Und dabei behielt man nicht scharf genug im Auge, daß man nicht schlechtweg als Deutsche, sondern als Deutsch=Amerikaner zu reden habe, das heißt, man schränkt bis auf einen gewissen Grad, daß man die Verhandlung über die völkerrechtliche Frage füglich denen überlassen könne, die in einem völkerrechtlichen Verhältniß zu einander stünden, während die Bürger der Republik ihrer eigenen Regierung gegenüber die Sache von einem anderen Gesichtspunkte aus ungleich viel wirksamer behandeln könnten.

Es konnte nicht länger anstehen, daß man sich der begangenen Irrthümer bewußt wurde. Die Behandlung der Frage von diesen Gesichtspunkten aus mußte eingehende Auseinandersetzungen von Denjenigen hervorrufen, die über die Bestimmungen des Völkerrechtes besser unterrichtet waren und sich weniger von ihrer sittlichen Entrüstung und von ihrem Patriotismus hatten hinreißen lassen. Und wo die Sache einmal in der richtigen Weise beleuchtet wurde, da konnte sich das Publicum unmöglich der Belehrung verschließen, da sie ja im Grunde gar keiner Controverse unterworfen war und der Protest gegen die Fortsetzung des Waffenschachers mit der größten Entschiedenheit ausgesprochen werden konnte, nur gerade von diesen Gesichtspunkten aus. Daß es nur darauf ankäme, das rechte Wort auszusprechen, zeigte sich deutlich in einer der Großstädte des Westens. Nachdem einige Redner sich in einer sehr zahlreich besuchten Indignationsversammlung mit großer Bestimmtheit dahin ausgesprochen, daß die Regierung in unverantwortlichster Weise sich gegen die Neutralitätsgesetze vergangen und den langjährigen Traditionen der Vereinigten Staaten zu widergehandelt habe, erklärte ein anderer Redner ebenso bestimmt, daß ein Bruch des Völkerrechts nicht vorliege. Mochte auch die Erklärung im ersten Augenblick vielleicht Manchen nicht angenehm berühren, in der Voraussetzung, daß das Recht zu dem beabsichtigten Protest bestritten werden solle, so leuchtete doch gleich die Bemerkung ein, daß die Berechti=

gung der aufgestellten Behauptung thatsächlich schon dadurch bewiesen werde, daß Bismarck keinen Protest erhoben habe. Als der Redner dann weiter den Nachweis lieferte, daß sich unbeschadet dieser Behauptung die Deutsch-Amerikaner doch zum energischsten Protest gegen den Waffenschacher vereinigen könnten und vereinigen sollten, da zeigten die lauten zustimmenden Rufe der Versammlung, daß jede Unklarheit über die Frage geschwunden war. „Uns kann es sehr gleichgültig sein, ob das Rohr, aus dem die Kugel fliegt, welche einem unserer Brüder das Herz durchbohrt, den Stempel „Neutralität" trägt, oder nicht. Uns mit dem gesammten übrigen amerikanischen Volk gehört der Inhalt des Arsenals, und als Miteigenthümer legen wir die feierlichste Verwahrung dagegen ein, daß das Blut unserer Stammesgenossen nicht höher geachtet werde, als die elenden, verfluchten Bettelpfennige, die durch die Verschacherung der Waffen verdient werden. Wir sind die Constituenten der Leute, welche den Verkauf angeordnet haben, und als solche lassen wir sie jetzt wissen, daß wir die Einstellung des Marktens und Feilschens um den Blutlohn fordern; unsere Stimmen sind das Gericht, welches wir über ihnen halten. Den deutschen Behörden gegenüber können sie sich auf den Buchstaben des Gesetzes berufen; uns gegenüber nützt ihnen derselbe zu nichts. Wir sind des alten Satzes eingedenk, daß das höchste Recht oft das höchste Unrecht ist, und wir wollen nicht, daß sie ein höchstes Unrecht begehen, weil der Buchstabe des Gesetzes ihnen dazu die Befugniß gibt. Auch Shylock hatte den Buchstaben für sich aber die Unmenschlichkeit und Scheußlichkeit seiner Forderung blieb deswegen doch genau die gleiche."

In anderen Städten wurde der Protest vom Hause aus auf die Gründe basirt, gegen die sich keine stichhaltigen Einwendungen erheben ließen. Die Deutschen von Cincinnati und Washington beriefen sich weder auf das Völkerrecht noch auf die frühere Praxis der Vereinigten Staaten, die in Wahrheit vollkommen mit dem gegenwärtigen Verhalten der Administration in Einklang stand. Ueberall wurde natürlich die pharisäische Scheinheiligkeit, mit der die Amerikaner gegen die Fortsetzung des Krieges eiferten, während sie durch Adoptirung der vielgeschmähten Krämerpolitik Englands zum sehr großen Theil für dieselbe verantwortlich waren, auf's Schärfste gegeißelt. Und ebenso wurde überall darauf hingewiesen, daß diese Pfennigpolitik im Hinblick auf das Verhalten Deutschlands gegen die Vereinigten Staaten während des Bürgerkrieges eine doppelt scharfe Rüge verdiene; sei das Motiv zum Waffenverkauf nicht nur das Verlangen, die Gelegenheit zu einem guten Geschäft nicht ungenutzt vorüber gehen zu lassen, so mache man sich aber nicht nur einer Erbärmlichkeit, sondern einer Niederträchtigkeit schuldig; für den Fisch, den man erhalten, gebe man eine giftige Schlange zurück.

Die von den verschiedenen Indignationsversammlungen gefaßten Beschlüsse wurden nach Washington gesandt und hatten die gewünschte Wirkung. Der Präsident befahl die Waffenverkäufe einzustellen. Eine praktische Bedeutung hatte das freilich nicht mehr, da gleich darauf die Capitulation von Paris erfolgte, die auch die sanguinischen Anhänger der Sache Frankreichs die letzte Hoffnung verlieren ließ, daß der Krieg noch weiter fortgeführt werden könne.

Um keinen falschen Eindruck hervorzurufen, muß noch erwähnt werden, daß es auch in der Beurtheilung der Frage des Waffenschachers keineswegs an jenem gesunden Realismus fehlte, der früher als ein charakteristischer Zug der ganzen patriotischen Bewegung bezeichnet worden ist. Während einerseits die Handlungsweise der Administration mit der größten Schärfe getadelt wurde, so verkannte man doch auch andererseits nicht das Gute, das thatsächlich aus derselben resultirte. „Beßer daß die Rechnung jetzt ganz gezahlt wird, als daß ein großer Rest stehen bleibt", der Gedanke wurde oft in Privatgesprächen und auch öffentlich in den Indignationsversammlungen ausgesprochen. Wäre der Krieg nach der Capitulation von Sedan, oder selbst nach der Capitulation von Metz beendigt worden, so hätten die Franzosen sicher ihre Rachedrohungen bald wahr gemacht. Die durch die Waffenzufuhr aus Amerika ermöglichte Fortsetzung des Krieges habe dagegen ihre so vollständige Niederwerfung zur Folge gehabt, daß es ihnen auf lange Zeit hinaus unmöglich sein würde, ihren Rachegelüsten in Thaten Ausdruck zu geben. So sehr daher an sich die Opfer zu beklagen seien, welche die Verlängerung des Krieges fordern, so dürfe man doch nicht aus dem Auge verlieren, daß voraussichtlich in nicht allzu ferner Zukunft ungleich viel größere Opfer zur Sicherung des Siegespreises nothwendig geworden wären, wenn man diese jetzt nicht gebracht hätte. Da Deutschland nicht die Verantwortlichkeit für die Fortdauer des Krieges trage, so habe man sich mithin nicht allzu sehr über die Wendung zu beklagen, welche die Dinge genommen, insofern man von zwei Uebeln, die sich aller Wahrscheinlichkeit nach nicht beide hatten vermeiden lassen, das kleinere zu erdulden gehabt habe. Selbstverständlich werde der Vorwurf, der die Vereinigten Staaten Regierung treffe, dadurch nicht im Geringsten abgeschwächt.

Am schärfsten aber trat die realistische Beurtheilungsweise in einer Frage zu Tage, die Deutschland allein anging und deren Lösung in den Ohren der Deutsch-Amerikaner die stärkste der wenigen Dissonanzen war, die störend in den harmonischen Jubelgesang hineingeklungen, der während der ganzen ersten Zeit aus den Herzen der Deutschen in allen Zonen und Ländern getönt. Die Einigung Deutschlands unter dem Könige von Preußen als Kaiser von Deutschland war gehofft worden, und die thatsächliche Annahme der Kaiserkrone wurde von den Deutsch-Amerikanern mit so großer Freude begrüßt, als irgendwo in Deutschland; die Weise aber, in welcher der König den Act vollzog, ward von ihnen schmerzlich empfunden. Friedrich Hecker sagte in seiner Festrede zur St. Louiser Friedensfeier: „Draußen saust der schneidende Nord über die Gräber der Kinder des Volkes, draußen gerinnt in Eis und Frost das Herzblut des sterbenden Kämpfers, und verhallt sein letzter Seufzer um Weib und Kind, draußen unter Schnee und Eis gebettet schläft starr den ewigen Schlaf das todte, siegreiche Volk, und drinnen im Palast des vierzehnten Ludwig in Versailles erklärt in einem Kreise von Auserwählten der König: daß er sich auf die Aufforderung der Fürsten und freien Städte (also der Träger der souverainen Gewalt) die teutsche Kaiserkrone auf's Haupt setze, was wir dem Volke hiermit kund thun.' Eine Fassung, lautend wie ein militärischer Tagesbefehl! Das drang wie kalter Stahl in's heiße, begeisterte Herz. Und während des feierlichen Aktes erspäht der Vertreter der Volkspresse—der hat keine Eintrittskarte erhalten können, er war nicht unter die Hofscribenten eingereiht, ein verkleideter Odysseus, der unter dem nicht hoffähigen Gewande die Waffe des zündenden Wortes trägt,—durch die Spalten der vergessenen Hinterthüre die Ceremonien, mit denen ein Kaiser gesetzt wird über ein Volk von vierzig Millionen." So fühlte man ganz allgemein. Das Volk war so groß im Streit gewesen, so groß in seinem Opfermuth, der ganze Krieg war so sehr ein Krieg des Volkes, daß die „Bürger dieses großen Volksstaates" ein Gefühl bitterer Wehmuth nicht verwinden konnten, den König in dem Augenblick, da er den um Ströme des besten Volksblutes gekauften Preis erfaßte, nur von den Fürsten reden zu hören; nicht die Fürsten, das Volk hatte die Kaiserkrone erkämpft, ihm gebührte darum auch mehr, als die einfache, kalte Mittheilung. Es schmerzte noch immer so reden zu hören, als wenn das Volk nur zur Decoration der Fürsten geschaffen sei, und es schmerzte noch tiefer, das Volk in keiner Weise Protest dagegen erheben zu sehen. Aber so unangenehm man sich auch dadurch berührt fühlte, so war man doch weder enttäuscht, denn man hatte nichts Anderes erwartet, noch glaubte man den Fortgang der Entwickelung Deutschlands durch dieses Festhalten an Formen untergegangener Zeiten irgend ernstlich gefährdet. Denn nur für eitele Formen konnte man dieses ansehen, wenn man die ganze Tragweite all' des Geschehenen in's Auge faßte. Die Thatsachen waren zu gewaltig, als daß ihre Logik wirklich hätte davon etwas zu fürchten haben sollen, daß man ihre Anerkennung nur nach den Schematen zu Grabe getragener Entwickelungsperioden aussprechen wollte. Kein Kleinmuth konnte die Gemüther beschleichen. Die Deutsch-Amerikaner hatten das vollste Vertrauen in das Volk, das so Großes vollbracht; sie hielten es nicht für eine hohle Phrase, wenn von drüben geschrieben wurde: „Das Volk ist noch dasselbe, welches es früher, im Jahre 1848 war, der demokratische Geist ist noch derselbe. Wehe der ruchlosen Gewalthand, die angelegt würde an Volksrecht und Freiheit! Werden diese abermals verkümmert, verkrüppelt, geraubt, statt Sein nur Schein gewährt, würde der besporrte Fuß eines rechtsverachtenden despotischen Kaiserthums auf dieses vaterlandsliebende Opfergeschlecht gesetzt, das ave imperator, morituri te salutant, „Heil dem Kaiser, die dem Tode sich Weihenden grüßen Dich", würde dieses Kampfes unter Herrschergelüsten vergessen, wahrlich, wahrlich aus Schnee und Eis hervor würde es zum Himmel schreien: Exoriare aliquis nostris ex ossibus ultor, „Auf Rächer, erstehe aus unserem modernden Gebein", und die Stunde des letzten deutschen Kaisers wäre gekommen. Aber man glaubte weder, daß mit Bewußtsein Pläne geschmiedet würden, das Volk um die Früchte des Sieges zu betrügen, noch fürchtete man, daß, wenn es geschehe, die Anschläge so weit gedeihen könnten, daß aus den Gräbern das Exoriare aliquis nostris ex ossibus erschallen, Gewalt der Gewalt werde begegnen müssen. Das konnte nur geschehen, wenn das Volk den Wahn hegte, daß es sich nun ruhig dem Schlaf überlassen könne, nachdem es den äußeren Feind besiegt, wenn es die Schwerter, mit denen es Frankreich bis auf den Tod getroffen, jetzt selbst hinreichte, daß aus denselben Ketten für seinen eigenen Arm geschmiedet würden. Selbst aber Diejenigen, die am stärksten verdrossen waren über die Weise, in der die Annahme der Kaiserkrone erfolgt war, und über das Schalten der Mili-

tärbehörden in Preußen während des Krieges, und die am meisten an der neuen Reichs=
verfassung auszusetzen hatten, selbst Diejenigen waren der festen Ueberzeugung, daß dieses
nun und nimmermehr geschehen werde. Hecker bekannte offen, daß er „ernsten Blickes nach
der Zukunft ausschaue", aber er erklärte auch voll freudigster Zuversicht: „Der erkämpfte
Friede wurde in Teutschland begrüßt mit der stolzen selbstbewußten Freude, welche der
wahre Mann fühlt, der eine große That vollbracht, und eine hohe Pflicht erfüllt hat. Er
bricht nicht aus in tollen Jubellärm und Freudensprünge und schmeichlerische Ovationen.
Nicht mit Jammerklagen und Wehruf um die dargebrachten Opfer erfüllt er sein Haus. So
wie die Opfer legt er auch seinen Schmerz nieder am Altar des Vaterlandes, den Immortellen=
kranz zum Lorbeerkranz. Fürwahr, man weiß nicht, was man bei der Einkehr des Friedens mehr
bewundern soll, die Siegeslaufbahn oder das gedankenvolle mannhafte Gebahren nach been=
digtem Kampfe. Das ist Mannheit, Mannheit eines ganzen Volkes! Und hierin liegt
die sicherste Bürgschaft, daß, nachdem das Schlachtschwert zu den Penaten aufgestellt, bei
den Hausgöttern aufbewahrt wurde, das teutsche Volk daheim auf dem Forum für sein
gutes Recht und seine Freiheit einstehen werde.....Eine neue Zeit steigt herauf, und die
Sonne wird nicht untergehen in dem Reiche dieses Volkes, das seinen Weltgang begonnen
hat......Drum stimm auch du, täglich kleiner werdendes Häuflein der Männer, die ihr den
schönen, hohen Traum träumtet von einem gewaltigen, mächtigen teutschen Freistaat, deren
Haar die Sorgen des Exils gebleicht, auf deren Antlitz die Mühen Furchen gezogen und
deren müder Leib sich sehnt, einzugehen zur ewigen Freiheit, drum stimm auch du in den
Ruf ein: O Freiheit, laß Deine Diener in Frieden scheiden, denn sie haben ihrer Nation
Kraft und Herrlichkeit geschaut."

Das war die allgemeine Stimmung bei der Beendigung des Krieges. Hatte der gewal=
tige Schwung, mit dem die Führer und die Mannschaft die ersten Schläge geführt, auch bei
den Skeptischsten und Kleinmüthigsten jede Spur von Zweifel darüber zerstört, wer als
triumphirender Sieger aus dem Kampfe hervorgehen würde, so ließ der Geist, der Heer
und Volk bei der Wiederkehr des Friedens beseelte, auch die letzten Befürchtungen darüber
schwinden, daß die im Kriege gestreute Saat nicht im Frieden kräftig emporkeimen und
reiche Frucht tragen würde. Das ruhige würdige Bewußtsein wahrer und voller Mann=
heit, von dem man das ganze Volk erfüllt sah, bannte alle Gespenster, die man sich hier und
da heraufzubeschwören bemühte. Das helle Licht des neuen Tages, der über Deutschland
hereingebrochen, ließ die Schreckbilder, die aus der früheren Nacht herübergezerrt wurden,
einfach lächerlich erscheinen. Wie König Wilhelm bei der Annahme der Kaiserkrone nicht
von den alten inhaltslos gewordenen Formeln hatte lassen können, so fanden sich auch hier
einzelne Wenige, die da fortfuhren zu raisonniren, als wenn der Geist der Heiligen Allianz
noch immer in der Luft spuke und als ob der unveränderte Katechismus der ersten franzö=
sischen Revolution noch immer das Zauberspruchbüchlein sei, mit dem man ihn beschwören
müsse. Jedes Wort der Anerkennung, das dem greisen König oder Bismarck gezollt ward,
wurde als eines Republikaners unwürdig und als bedientenselige Schweifwedelei denuncirt.
Man lachte des Grimmes der frommen böotischen Freiheitszeloten. Man hatte nie erwar=
tet, den König und Bismarck in radicale Demokraten verwandelt zu sehen, allein man be=
kannte sich auch nicht zu dem allein seligmachenden Glauben, daß nur radicale Demokraten
eine ihrem Volke segensreiche Wirksamkeit entfalten könnten. Ohne das geringste von den
eigenen republikanischen Gesinnungen zu opfern, brachte man darum doch dem Könige so
wie Bismarck manches warme Hoch, denn man erinnerte sich, daß mehr als zwei Jahr=
zehnte verflossen, seit man 1848 schrieb, und man behielt im Auge, daß sie jetzt so entschie=
den mit dem Volke gegangen waren, als sie damals gegen die Wünsche desselben gestanden.
Und dabei blieb man sich sehr wohl bewußt, daß in Zukunft nicht immer und in allen Fra=
gen diese volle Uebereinstimmung zwischen ihnen und dem Volke herrschen würde. Aber
man wähnte auch keineswegs do, das Zeit gekommen, da das Volk sich auf seinen Lorbeeren ein
sanftes Ruhekissen bereiten solle. Die Freiheit gedeiht nicht, wo Alle auf eine politische
Bibel schwören; nur aus dem Kampfe widerstreitender Elemente erwächst wahrer Fort=
schritt. Viele und lange Kämpfe sah man in der Zukunft, die nicht mit dem Schwerte,
sondern mit den Waffen des Geistes auszufechten sein würden. Aber man lebte der frohen
Gewißheit, daß sie zum Heile Deutschlands ausschlagen würden, denn Alle hatten die
vollste Mannheit bewährt, und Alle hatten gezeigt, daß sie mit ganzem Herzen und vollster
Hingebung das Wohl des Vaterlandes wollten.

Die Zukunft lag so lichtvoll vor Aller Blicken da, daß sich in der ganzen deutschen Bevöl=
kerung das Verlangen kund that, der hoffnungsfreudigen Stimmung einen feierlichen und
großartigen Ausdruck zu geben. Es brauchte keiner Agitation, um alle Schichten der Be=

völkerung für den Gedanken zu gewinnen, die Wiederkehr des Friedens in einer Weise zu feiern, die der Größe der durch den Krieg gemachten Errungenschaften entspräche und Zeugniß von dem Geiste ablege, mit dem das deutsche Volk die neue Weltstellung eingenommen, die es sich erworben; es war ein durchaus spontanes Gefühl der Masse der Bevölkerung, daß allein in dieser Weise die patriotische Bewegung zu einem würdigen Abschluß gebracht werden könne. In mehreren Orten hegten ein Theil der Presse und der in der Regel leitenden Persönlichkeiten allerlei Bedenken gegen eine große Demonstration unter freiem Himmel, aber das Verlangen der großen Majorität nach einer solchen war so entschieden, daß die Opposition gar kein Gehör finden konnte. Da die Bedenken nicht der Idee an sich galten, sondern aus verschiedenen anderen Rücksichten entsprangen, so wirkte die anfängliche Opposition gleichfalls nach besten Kräften für die möglichst erfolgreiche Ausführung des Vorhabens, als kein Zweifel mehr darüber obwalten konnte, daß eine überwiegende Majorität entschieden für dasselbe eingenommen war; darüber herrschte nur eine Ansicht, daß, wenn überhaupt eine Friedensfeier dieser Art stattfände, das Deutschthum sich in seiner Gesammtheit an derselben betheiligen müsse.

Der Erfolg lieferte den vollsten Beweis dafür, daß die Majorität im Recht gewesen war. Die Demonstrationen waren nicht nur allerorts so großartig, sondern auch ausnahmsweise von einem Geiste durchweht, daß die Deutsch=Amerikaner mit Fug auf die Tage der Friedensfeier als auf glänzende Ehrentage ihrer Geschichte zurückblicken können, deren Andenken auch nicht durch den kleinsten Flecken getrübt wird. Hätte es noch eines Beweises bedurft, daß sie ein echter Zweig des herrlichen Stammes sind, dessen Wurzeln in dem Herzen Europa's ruhen und dessen starke Aeste sich von Jahr zu Jahr weiter erstrecken, so hätte die Friedensfeier ihn geliefert.

Zwei Züge waren es, die allen den Festumzügen und den Festlichkeiten im Allgemeinen ihr charakteristisches Gepräge gaben: **Das deutsche Volk sucht seine Größe nicht im Kriege, sondern im Frieden, und es weiß, daß ernste, pflichttreue Arbeit es ist, aus der seine Größe im Frieden entspringt**, das waren die beiden Gedanken, die sich in Allem und Jedem aussprachen. Und das war nicht künstlich hineingelegt, es war nicht eine Parole, die von irgendwoher ausgegeben und nur von der Masse willig angenommen worden war; ohne alle Verabredung brachte sie Jeder an seiner Stelle in seiner eigenthümlichen Weise so scharf zum Ausdruck, daß auch das blödeste und vorurtheilsvollste Auge nicht umhin konnte, in ihnen die geistig=sittliche Basis zu erkennen, auf der das ganze Fest ruhte. Die letzte Großthat des Krieges war gezwungener Weise eine kriegerische gewesen, darum fand sich natürlich auch in allen Festzügen eine reiche Fülle von symbolischen Figuren, welche dieselbe verherrlichten. Nirgends fehlte die Germania mit glänzendem Schild und entblößtem Schwert, auf hohem Felsen „Wache" haltend, bereit jeden frechen Angreifer die Wucht ihres Armes und die Schneidigkeit ihres Schwertes fühlen zu lassen. Nicht zum Angriffe war es gezückt; schützend war es über den Thürmen der gewerbfleißigen Städte zu ihren Füßen und über den Genien der Künste und Wissenschaften erhoben, die sie umgaben. Auch Barbarossa war nicht vergessen, in der eisengepanzerten Faust das breite Kaiserschwert, aufgefahren aus dem langen Zauberschlaf, um sein Volk zu größerem und besserem Ruhme zu führen, als es je zuvor erstritten. Und nicht nur in Sinnbildern und in Gestalten der Geschichte und Siege war die Wehrkraft des deutschen Volkes repräsentirt. Wo es deutsche Militzregimenter gab, da waren dieselben in vollem Waffenschmucke ausgerückt; auch die schweren Geschütze fehlten nicht, denn ihr eherner Mund hatte ja der Welt donnernd den Anbruch einer neuen Aera der Weltgeschichte verkündet. Neben den amerikanischen Uniformen sah man in getreuer Nachahmung auch deutsche, Norden und Süden in gleicher Weise vertreten, hier preußische Grenadiere in der Pickelhaube, dort bayerische Jäger, ja selbst die von fast mythischem Glanze umstrahlte Lanze des Ulanen. Billiger Weise bildeten die verschiedenen Repräsentanten die Spitze der Festzüge. Allein die breite Basis dieser Spitze waren unübersehbare Massen, keine Symbole der Zerstörung führend, sondern zeigend, wie das wahre Leben des Deutschen sei, mit nimmer rastendem Fleiß, heiter und emsig fort und fort an alle Dem zu arbeiten, was den riesig regenden Bau der Cultur bildet. Da waren alle Gewerke vertreten, ein Festwagen an der Spitze eines jeden, dasselbe in vollem Betriebe zeigend, und hinter jedem Festwagen in stattlichster Anzahl in Feiertagsgewand die wohlhäbigen Angehörigen des Gewerkes. „Könnt Ihr Euch nun eine recht lebendige Vorstellung davon machen, wie weit und wie fest die Grundlage ist, auf der Deutschlands Größe ruht", das war der Gedanke, der auf allen Gesichtern voll mannhaftem Selbstbewußtsein zu lesen stand. Als die unerschütterlichen Grundpfeiler aber, welche den Bau der deutschen Macht trügen und allzeit tragen würden, bezeichnete mancher sinnige Spruch die deutsche Schule. Gleichfalls einen Ehrenplatz nahmen überall die Gesangvereine ein, die mit den Schulen vornehmlich das Verdienst theilen, die deutsche Sprache und mit ihr und durch sie auch echten deutschen Geist in der Neuen Welt zu erhalten; so lange noch ein Funken von dem vaterländischen Geiste in den Deutschen Amerika's glüht, so lange werden sie nicht aufhören den Gesang zu pflegen, und so lange noch ein Lied aus ihrer Kehle dringt, so lange wird es eine deutsche Weise sein.

Die Festzüge waren in der That wahre Triumphmärsche. Triumph leuchtete aus jedem Auge, Triumph sprach aus jedem Motto, Triumph hallten die feierlichen Festgesänge, Triumph athmete jedes Wort der Festreden. Es war ein Triumphzug, herrlicher als ihn je ein römischer Imperator gefeiert, denn er ward von den Brüdern der gewaltigen Sieger in dem Geiste, der diese selbst erfüllte, dem Frieden zu Ehren gebracht. Waffenthaten, die einzig in der Geschichte der Welt dastehen, waren vollbracht worden und in dem ganzen Volk, dessen Heere sie vollbracht, nur eine Stimme: „Wehe über den völkermordenden Krieg! Dem Frieden Heil!" Das ist wahre Größe. Es überschleicht den Geist wie ahnungsvolle Schauer einer neuen, besseren Zeit bei dem Gedanken, daß, so lange die Welt steht, zum ersten Male das kriegsgewaltigste Volk der Erde auch das Volk ist, das den Frieden preist. Darum, wenngleich Triumph! der eine Alles bewegende Gedanke war, so erklang doch nirgendwo auch nur von einer einzigen Stimme ein Triumphruf, der sich wie ein Stachel in die klaffenden Wunden des besiegten Feindes gebohrt hätte. Nirgends in Wort oder Bild der leiseste Hohn über die unermeßliche Niederlage des Gegners, der sich's bei seinen Triumphen nie versagt, die Unterlegenen durch schneidenden Spott und zwecklose Kränkungen aller Art die Niederlage zehnfach schwer empfinden zu lassen. Man triumphirte nicht, weil der hochfahrende Erbfeind zu Boden geschmettert dalag, zum Tode wund und ein Gegenstand des Mitleids der ganzen Welt; die schreckliche Strafe wurde für im vollsten Maße verdient erklärt, aber der Triumph galt dem Gefühle der Gewißheit, daß die erste Stelle im Rathe der europäischen Völker nie wieder von dem Volke eingenommen werden könne, das durch seine Eitelkeit und Ruhmsucht immer mehr zu einer Geißel der Welt geworden, und daß sein Platz von dem Volke eingenommen worden sei, dem das Schwert ein Gräuel, wo es nicht im Dienste des Friedens steht, ihn wahrend, schützend und rächend.

Die Festreden waren durchweg von diesem Geiste getragen. Sie schauten vor in die Zukunft und gedachten der Vergangenheit nur, um in ihren Lehren die Gesetze zu finden, welche die Deutschen unverbrüchlich beobachten müßten, damit jene nicht sie und die gesammte übrige Welt bitter enttäusche. Scharf ward darauf hingewiesen, daß sich nicht eine Farce abgespielt habe, toller und wilder als sie je in Bedlam aufgeführt worden; nach den ewigen Gesetzen von Ursache und Folge habe sich ein furchtbares Weltgericht vollstreckt. Das Wort des wahnwitzigen Lear sei noch wahnwitziger, als trostlos: „Die Götter tödten uns zum Spaß!" In der eigenen Hand halten die Völker ihre Geschicke, und die Franzosen hätten es lediglich sich selbst zuzuschreiben, daß sie über Nacht von ihrer angemaßten Höhe in die tiefste Tiefe herabgeschleudert worden. Die gleichen ewigen Gesetze, welche jetzt das stolze Frankreich zu Fall gebracht, walteten aber über allen Völkern. So groß auch mit vollstem Fug die Freude der Deutschen über den Sieg sein dürfe, so müsse daher Eines doch noch weit größer sein, der Ernst und die Gewissenhaftigkeit, mit der sie sich bestrebten, alles das sich zu bewahren, was ihnen jetzt den Sieg gegeben. „Vergessen wir nie, daß die Deutschen Frankreich so vollständig nur haben niederwerfen können, weil sie den Franzosen in dem Wesentlichsten und Besten, was der Frieden schafft und bildet, so weit überlegen waren." Heute reiche die brutale Kraft nicht mehr zum Siege hin, der Krieg sei nicht mehr ein Handwerk, sondern eine Wissenschaft; ein Generalstab, wie der preußische, lasse sich nicht durch's Raufen heranziehen, sondern nur durch lange, angespannteste Geistesarbeit, die nur im Frieden gethan werden kann. Sei aber der Generalstab auch das unentbehrliche Haupt, so vermöge er allein doch nichts auszurichten; der letzte Mann im Gliede dürfe keine todte Maschine sein, auch ein denkender Mensch kann er nur sein, wenn er dazu erzogen: Die deutsche Armee sei die beste der Welt, weil die deutschen Schulen die besten der Welt seien, und weil ein größerer Procentsatz der Bevölkerung als in irgend einem anderen Lande Schulunterricht erhalte. Alles das aber reiche noch nicht hin, die Thaten zu vollbringen, welche die deutschen Heere in diesem Kriege vollbracht. Solche ungeheure Anstrengungen zu ertragen, so freudig dem Tode in's Antlitz zu schauen, so eisenfest zu fordern, daß die schreckliche Arbeit ganz gethan werde, „und fielen Tausende zur Rechten und Zehntausende zur Linken", das vermöge nur ein Geschlecht, dessen Mark wahre Sittlichkeit sei— eine Sittlichkeit, die nicht auf das Privatleben beschränkt sei, sondern sich auch mit der gleichen Kraft in dem ganzen öffentlichen und staatlichen Leben geltend mache. Eine Angriffs-

und Eroberungspolitik stehe der Natur der Sache nach im schroffsten Widerspruch mit einer solchen Sittlichkeit; diese könne nur bewahrt werden, wenn in dem ganzen Volke das Bewußtsein lebe, daß große Kriegsthaten nur dann ein Segen seien, wenn das Schwert zur Abwehr eines ungerechten Angriffes gezogen worden, dagegen früher oder später, aber ganz unvermeidlich als Fluch auf das Volk zurückfallen, wenn es selbst die Kriegesfurien entfesselt, um seinen Leidenschaften zu fröhnen. Unfehlbar aber müsse ein Volk seinen Leidenschaften verfallen oder zum bloßen Werkzeug in den Händen Einzelner herabsinken, wenn es nicht stetig fortschreite in seiner Entwickelung zur Freiheit, denn wahre Freiheit und Sittlichkeit seien untrennbare Begriffe. Freiheit und ein beständiges Umsichwerfen mit Freiheitsphrasen seien aber nicht mit einander zu verwechseln. Wo Freiheit herrsche, da ergehe man sich nicht in einem unaufhörlichen Geschrei nach Rechten, sondern das Bewußtsein freiwillig zu übender Pflichten stehe obenan. Politische Freiheit sei nicht sowohl die Basis, als vielmehr die Krönung des Freiheitsbaues. Wo die geistige und sittliche Freiheit der das Volk bildenden Individuen beständig im Zunehmen begriffen seien, da müßten auch die politischen Institutionen immer freier werden. Wo dagegen die das Volk bildenden Individuen immer mehr in geistige und sittliche Knechtschaft versänken, da führen freie politische Institutionen zur Zügellosigkeit, deren Frucht die Despotie sei. In Deutschland sei die geistige und sittliche Freiheit der das Volk bildenden Individuen beständig gewachsen, und darum hätten sich auch die politischen Institutionen, trotz der von den Gegenbestrebungen entfalteten bedeutenden Kraft, immer mehr in freiheitlichem Sinne entwickelt. Seine großen Erfolge und das Verhalten Frankreichs in dieser Krisis hätten nur dazu gedient, dem deutschen Volke diese Wahrheiten noch lebendiger zum Bewußtsein zu bringen, und darum dürfe man mit der größten Zuversicht der Zukunft entgegenschauen. Es werde nicht den Versuch machen, steilrecht zur Sonne aufzufliegen, darum aber werde es auch keinen Icarussturz thun. Schritt vor Schritt, Thal und Hügel folgend, wird es der vollen politischen Freiheit entgegengehen. Der Aufgang ist nicht in Wochen oder Monaten zu vollenden und er wird manchen Schweißtropfen kosten, aber er führt sicher zum Ziele, und die Deutschen haben dabei den Beweis geliefert, daß es ihnen nicht an Kraft und Ausdauer fehlt, auch die größten Hindernisse zu überwinden, und daß sie nicht kleinmüthig niedersitzen, weil sie dieselben nicht überspringen können.

Das waren die Gedanken, die in der einen oder der anderen Form allen den Festreden zu Grunde lagen. Man prophezeihte nicht das Millennium, da die Tiger und Lämmer friedlich neben einander weiden werden; man lud die Helden nicht ein, Schild und Schwert an die Zweige des Oelbaumes zu hängen und sich unter den Schatten derselben süßen Träumen über die vollbrachten Großthaten zu überlassen. Man blieb sich bewußt, daß Niemand so stark sei, daß er nicht im Schlafe gebunden werden könnte; die „Wacht" ward gemahnt fort und fort „fest und treu" zu stehen, Tag und Nacht nach dem Feinde ausspähend, woher er auch immer kommen möge. Stolz blickte man auf die Vergangenheit zurück, weil sie dazu berechtigte, siegesfroh in die Zukunft zu schauen, denn die Losung blieb **Pflicht**, und **Sittlichkeit** und **Recht** die Parole.

Der Eindruck, den die Friedensfeste auf die Amerikaner machten, war außerordentlich groß. Zunächst imponirten ihnen in den größeren Städten in hohem Grade die große Zahl der Theilnehmer an den Umzügen. Die New-Yorker Zeitungen erklärten einstimmig, daß in den Vereinigten Staaten noch nie eine Procession stattgefunden habe, die sich der des Friedensfestes an die Seite stellen könne. Zum ersten Male war den Amerikanern Gelegenheit geboten worden, sich durch den unmittelbaren Augenschein davon zu überzeugen, welch ein bedeutendes Element die Deutschen im Staate bildeten. Ueberall bekannten sie offen, daß sie bisher keineswegs eine richtige Vorstellung davon gehabt hätten, und überall wiesen sie scharf darauf hin, welch einen Einfluß die Deutschen schon infolge ihrer Anzahl unter Umständen ausüben konnten. Theils wurden die Irländer gewarnt, daß sie sich wohl vorsehen sollten, daß ihnen in den Städten, in denen sie bisher das Regiment geführt, nicht plötzlich das Heft von den Deutschen entwunden würde; theils beglückwünschte man sich, daß man in den Deutschen ein so starkes Gegengewicht gegen den schlimmen Einfluß habe, den die Irländer auf die politischen Verhältnisse ausübten. Auch diejenigen Zeitungen aber, die ihre Hauptstütze in der irländischen Bevölkerung haben, konnten nicht umhin ihre bewundernde Anerkennung über die große Wohlhäbigkeit der deutschen Bevölkerung auszusprechen, für die die Ausstattung der Festzüge und die äußere Erscheinung sämmtlicher Theilnehmer das glänzendste Zeugniß abgelegt habe. Sie mußten zugestehen, daß die Deutschen nicht lediglich oder auch nur vorwiegend auf die Anzahl von Stimmen zu fußen hätten, die sie bei Wahlen abgeben könnten, um einen erheblichen Einfluß auszuüben, sondern daß sie, auch ganz abgesehen von den politischen Verhältnissen, durch ihren ansehn= lichen bei ihrem Fleiß und ihrer Sparsamkeit rasch wachsenden Reichthum einen thatsächlich höchst gewichtigen Bestandtheil der Nation bildeten. Und eine noch größere Anerkennung mußten sie dem Geiste zollen, der die ganze Feier erfüllt hatte. Selbst die deutschfeindlich= sten Blätter wagten nur die allgemeine Frage aufzuwerfen, ob es überhaupt schicklich ge= wesen sei, daß die Deutschen derartige Feiern veranstalteten; aber nirgendwo vermochten sie in der Feier selbst auf eine noch so vereinzelt dastehende Thatsache hinzuweisen, die ihnen Veranlassung zu Ausstellungen gegeben hätte. Das halb verdrießliche Erstaunen, mit dem sie erklärten, daß in dieser Hinsicht die Feiern durchaus tadelfrei verlaufen wären, hatte fast etwas Komisches. In New=York bekannten selbst die französischen Zeitungen keinerlei Klage erheben zu können, und ihrer verzeihlichen Bitterkeit gegen die Sieger wußten sie nicht besser Ausdruck zu geben, als ihr Bedauern darüber auszusprechen, daß die deutschen Heere sich in Frankreich nicht ebenso mustergültig aufgeführt hätten. In diesen Kritiken, oder vielleicht richtiger gesagt, in dieser Unfähigkeit der heftigsten Gegner zu kritisiren, lag natürlich ein höchst beredtes Zeugniß dafür, daß bei einer richtigen Beurtheilung der Be= deutung des deutschen Elementes in Amerika keineswegs nur die Zahl der Deutschen und ihr Reichthum in Anschlag gebracht werden dürfe, sondern ihr sittlicher Gehalt als ein wei= teres schweres Gewicht in die Wagschale falle. Man konnte sich jetzt nicht mehr so ganz ungeniert wie früher in dem noch absurderen als frechen Geschrei über die deutschen „Bar= baren" ergehen, deren Brutalität das an der Spitze der Civilisation marschirende Frank= reich der ganzen Welt zum Weh und Fluch zertreten.

Die ausführlichen Berichte und Besprechungen, welche die amerikanischen Zeitungen aller= orts über die Friedensfeiern brachten, trug nicht wenig dazu bei, den tiefen Eindruck noch zu verstärken, den der großartige Erfolg auf die Deutschen selbst gemacht. Die nächste Folge desselben war, daß fast alle großen Städte und eine große Anzahl kleinerer und mitt= lerer Orte dem Beispiele derjenigen Städte folgten, die zuerst Friedensfeste veranstaltet hatten. Von ungleich größerer Bedeutung aber war der Anstoß zu einer eingehenden kriti= schen Besprechung der gegenwärtigen Stellung und der Aufgaben der Deutschen Amerika's, der gleich von den ersten Friedensfeiern gegeben wurde. Nicht nur den Amerikanern, son= dern auch den Deutschen selbst war es erst durch dieselben recht lebendig zum Bewußtsein gekommen, einen wie bedeutenden Bestandtheil der Nation sie nach Zahl, Reichthum und sittlichem Gehalt bildeten, und die Folge davon war, daß sie sich überall mit größerem Nach= druck als je zuvor sagten, daß sie in dem staatlichen und gesammten öffentlichen Leben nicht die Stellung einnähmen, die sie einnehmen könnten und sollten. Für die erste Bedingung, sich dieselbe zu erwerben, wurde ein engeres Aneinanderschließen der Deutschen erklärt. Der Gedanke, der im Beginn des Krieges von New=York hinsichtlich der einen bestimmten Frage der Hülfsvereine befürwortet worden war, wurde mithin wieder aufgenommen, nur ausschließlicher in Beziehung auf die Verhältnisse der Deutschen Amerika's und auf ein viel weiteres Gebiet ausgedehnt. Der Werth einheitlichen Handelns und guter Organisation hatte eine zu großartige Illustration erhalten, als daß dieselbe hier hätte verloren sein kön= nen, und da sie von den Deutschen geliefert worden, so war damit auch bewiesen, daß nicht, wie so lange geglaubt worden, der deutsche Charakter Eigenthümlichkeiten habe, welche sie unmöglich machten, wenn sie auch schwer zu erzielen sein mochten. Wie weit die Schwie= rigkeiten durch die besonderen in Bezug auf die Deutschen Amerika's waltenden Verhältnisse erhöht wurden, das war eine andere Frage, die natürlich einen der wesentlichsten Punkte der Discussion abgab. Zum großen Theil wurden sie mindestens nicht für so groß ange= sehen, daß man sie ohne Weiteres für unüberwindlich erklärte und damit sogleich die ganze Frage beseitigte. Die gewaltige Kraft, mit der sich Deutschland über Nacht zur unbestrit= tenen ersten Macht der Alten Welt aufgeschwungen, hatte einen zu großen und nachhaltigen Eindruck auf die Gemüther gemacht, als daß man sich leicht in den Gedanken hätte resig= niren können, daß die Deutschen Amerika's mit der Rolle des fünften Rades am Wagen zufrieden sein müßten. Unter den Mitteln zur Erringung der Stellung, zu der man sich berechtigt und befähigt fühlte, fiel man aber natürlich zuerst auf eine deutsche Organisation. Ließe sich eine solche in's Leben setzen und bei einem beträchtlichen Theile der Deutsch=Ame= rikanern ein lebhaftes Interesse für sie erregen, so könnte es nicht zweifelhaft sein, daß durch sie viel zur Erhöhung des Ansehens der Deutsch=Amerikaner geschehen könne. Allein die Frage blieb, ob sich bestimmte Zwecke finden ließen, die eine starke Basis für eine derartige lebensfähige Organisation abgeben würden, denn daß die vage Forderung einer Organisi= rung der Deutschen nicht ein lebensfähiges Programm sei, sondern nur die Aufstellung con=

creter, scharf umgrenzter Zwecke die Theilnahme des Publikums in dem erforderlichen Grade wecken könnte, leuchteten allgemein ein.

Daß die Aufstellung eines richtigen Programmes außerordentlich schwer sein würde, verhehlte sich Niemand. Allein es fanden sich doch Leute, die so weit von der Möglichkeit überzeugt waren, daß sie einen Versuch zu machen beschlossen. In New-York wurde der Gedanke in dem Comité angeregt, welches die Arrangements des Friedensfestes geleitet hatte und dort sowohl, als von dem Publikum im Allgemeinen so gut aufgenommen, daß sich das genannte Comité als ein provisorisches Comité zur Gründung eines deutsch-amerikanischen National-Vereins (später Bürgervereins umbenannt) constituirte. Unter-Comités wurden ernannt, um Entwürfe auszuarbeiten. Bei der Ausarbeitung und Durchberathung derselben in den Plenarversammlungen zeigte es sich natürlich, daß die Ansichten über die Natur und die Zwecke der angestellten Organisation erheblich von einander abwichen. Nur in der einen Hinsicht stimmten Alle überein, daß es eine deutsche Organisation sein solle, die, obwohl sie ihr Augenmerk auch mit auf die Erhöhung des politischen Einflusses der Deutschen richten solle, doch unabhängig von den politischen Parteien dastehe, Angehörige beider vollkommen gleichberechtigt in sich vereinigend. Einige gingen so weit, an eine besondere deutsche Partei zu denken, eine sehr große Majorität aber verwarf diesen Gedanken entschieden, theils als unausführbar, theils und vornehmlich aber als aller inneren Berechtigung vollständig entbehrend. Außer der Erhöhung des politischen Einflusses der Deutschen wurden als weitere Zwecke der Organisation vornehmlich genannt: Errichtung von deutschen Lesezimmern und Bibliotheken; Pflege des deutschen Schulwesens, mit besonderem Augenmerk auf die Errichtung höherer deutscher Lehranstalten, als letztes Ziel eine deutsche Universität hinstellend; Unterstützung der deutschen Einwanderer mit Rath und That; Sorge dafür, daß keinem Deutschen volles und gleiches Recht verweigert werde. — Ein Theil der Presse und des Publikums fürchtete, daß man auf dem Wege sei, sich in zu weiten Plänen zu verlieren und ermahnten, die Aufmerksamkeit nicht zu sehr auf das Wünschenswerthe zu lenken, sondern scharf auf das Erreichbare zu concentriren. Die nächste gute Folge der großen Verschiedenheit der Ansichten war eine Vertiefung der Discussion, da es Allen gleich ernst darum zu thun war, daß bleibende praktische Resultate aus der gehobenen Stimmung gezogen würden, in der sich die ganze deutsch-amerikanische Bevölkerung befand. In der Presse und in Privatgesprächen ward immer schärfer auf die Einzelheiten eingegangen, um sich vollständig darüber klar zu werden, worauf es zurückzuführen sei, daß die Deutschen als Gesammtheit in den angedeuteten Hinsichten nicht die Stellung einnähmen, die ihrem Werthe als Individuen entspräche. Damit war der Weg betreten, der allein dahin führen konnte, daß die erste Vorbedingung einer allmäligen Verwirklichung der Wünsche und Hoffnungen erfüllt ward.

Die Zukunft muß zeigen, wie weit die in New-York angestrebte deutsche Organisation und die allgemeine Discussion des unzureichenden Einflusses der Deutschen im politischen und gesammten öffentlichen Leben praktische Resultate haben werden und in welchen Richtungen hin dieselben zunächst und vorzüglich liegen werden. Daß es nicht beim Wünschen, Hoffen und Reden sein Bewenden haben wird, kann Niemand bezweifeln, der auch nur mit einiger Aufmerksamkeit die Weite und die Tiefe der Bewegung beachtet hat, die durch die Ereignisse in Europa in den Geistern und in den Gemüthern der Deutschen Amerika's hervorgerufen worden ist: „Der deutsche Name ist auf dem ganzen Erdkreis geadelt worden", ist in zahllosen Versammlungen erklärt worden, und in ihnen allen war sicher Keiner, der nicht auf's Tiefste gefühlt, daß es nun auch die heilige Pflicht eines jeden Deutschen sei, sich dieses Adels würdig zu zeigen, ihn fleckenlos zu erhalten, ihm allerorts volle Anerkennung zu verschaffen, und in jeder Hinsicht nach besten Kräften für seine Erhöhung zu wirken. Das Gefühl kann nicht fruchtlos ersterben. Wo das Auge in fieberhafter Spannung das ferne Heimathland verfolgte, wie es die Stunden seiner schwersten Prüfung durchrang; wie jede Fiber jedem seiner Triumphe entgegenjauchzte; wo man es für heilige Pflicht hielt, ihm allen Beistand zu leisten, den das Gesetz und die Verhältnisse erlaubten, da ist es nicht denkbar, daß man in Gleichgültigkeit oder in Kleinmuth nur den engen Interessen des eigenen Ich lebe, wo man zunächst und vor Allem berufen ist, mitzuarbeiten an der Weltmission des deutschen Volkes. Die Arbeit wird redlich, und jedes Jahr mit tieferem Verständniß und mit besserem Erfolg gethan werden, und zwar um so unzweifelhafter, als auch die Deutschen Amerika's sich immer klarer der Wahrheit bewußt werden, daß der Mensch nicht steilrecht zur Sonne auffliegen kann, sondern der Aufgabe zu wahren und voller geistiger und sittlicher Freiheit Schritt vor Schritt unter ernstem und hartem Mühen erkämpft werden muß. Das Volk, dessen Söhne im wildesten Schlachtenwetter die jähen Hänge des

Spiecherer Berges erklomm, das schreckt keine Kluft, kein Fels zurück, wie rauh und steil sie auch seien; das Volk, das willig Ströme seines besten Blutes hingab, um sich den Frieden zu erkaufen, das kann nie mit seinem Schweiße geizen, wenn es des Friedens beste Früchte zu erwerben gilt; — und echte Sprößlinge dieses Volkes sind die Deutschen Amerika's.

II.

Die Friedensfeste.

Wie die deutsch-amerikanische Bewegung von 1870—71, deren Entwickelungsgeschichte die vorhergehenden Blätter enthalten, von dem französisch-deutschen Kriege ihren Impuls erhalten hatte, so gipfelte sie naturgemäß in der Friedensfeier. In dieser gewinnt sie die Gestalt einer Volksaction und erhebt sich zu der Bedeutung einer ersten historischen That des Deutschthums in Amerika. Während es der späteren Geschichtschreibung vorbehalten bleibt, die Tragweite dieses Ereignisses zu constatiren, soll es unsere Aufgabe sein, die frische Erinnerung daran lebendig zu erhalten.

Ideen, die bestimmt sind, historische Gestalt zu gewinnen, pflegen fast gleichzeitig an mehreren Orten hervorzutreten und sich wie elektrische Funken fortzupflanzen. So war es mit der Idee einer deutschen Sieges- und Friedensfeier in den Vereinigten Staaten. Bezeichnend genug, gingen die ersten Anregungen von den drei Hauptstätten des Deutschthums im äußersten Osten und Westen und in der Mitte der Ver. Staaten — New-York, San Francisco und St. Louis — aus.

Es soll damit nicht gesagt sein, daß nicht auch anderer Orten schon nach dem großen Tage von Sedan an eine Siegesfeier gedacht worden wäre. Unwillkürlich brach der Jubel aus über die Glorie, welche immer herrlicher, immer gewaltiger das deutsche Reichsheer umstrahlte, — erwachte die Ahnung des großen Tages, der unaufhaltsam hereinbrach für Alles, was Deutsch hieß, — regte sich das Verlangen, der bisher nie empfundenen gemeinsamen Genugthuung darüber einen entsprechenden Ausdruck zu geben. Aber zuerst Gestalt gewann die Idee an den genannten drei Orten, und während St. Louis und — in noch größerem Maße — San Francisco der Ruhm bleibt, die ersten großen Sieges- und Friedensfeste gefeiert zu haben, darf New-York die Ehre des ersten Aufrufes beanspruchen. Begreiflicherweise dachte man zuerst nur an eine Feier der Siege des deutschen Heeres. Eine solche würde einen Haupttheil des späteren, dem versöhnenden Abschlusse des großen Kriegsdramas entsprechenden Programms ausgeschlossen haben. Auch diese Einsicht machte sich zuerst in New-York geltend.

Mit einer actenmäßigen Darstellung der vorberathenden und vorbereitenden Schritte, die in New-York gethan wurden, geben wir zugleich ein Abbild des ebenso verständnißvollen und einmüthigen Zusammenwirkens unserer Landsleute in allen Theilen der Union nach demselben Ziele hin.

Schon in einer der Herbstsitzungen des General-Comités des patriotischen Hülfsvereins von New-York wurde ein Fackelzug und eine Massenversammlung aller Deutschen zur Feier der deutschen Siege in Vorschlag gebracht. Die Versammlung beschloß jedoch: „eine solche Feier bis zum Abschlusse des Friedens, der anscheinend bald zu erwarten sei, auszusetzen". Die Feier war somit beschlossene Sache, aber das Vorhaben ruhte, bis der Abschluß des Friedens nahe bevorstehend erschien.

Die erste außerordentliche Versammlung, welche „behufs Besprechung der nöthigen Vor-

bereitungen für eine nach dem Eintreffen der Nachricht von dem zu erwartenden Friedens=
schlusse Deutschlands mit Frankreich von allen Deutschen New=Yorks gemeinsam zu veran=
staltenden Friedensfeier" vom Präsidenten des General=Comités der deutschen patriotischen
Hülfsvereine von New=York und Umgegend, Hugo Wesendonck, berufen wurde, fand am
13. Februar Abends im „Liederkranz" statt.

Die Einladung dazu war nicht blos an die Delegaten sämmtlicher Zweigvereine, sondern
auch an alle für sich bestehenden patriotischen Hülfsvereine gerichtet und wies von vornher=
ein darauf hin, daß eine nationale Kundgebung, wie die beabsichtigte, auf der Voraus=
setzung einer allgemeinen und einmüthigen Betheiligung der deutschen Bevölkerung ruhen
müsse. Gleichwohl war diese erste Versammlung von nur wenigen, wenn auch eifrigen
Patrioten und Vertretern von Wards und Vereinen besucht. Mit der Wirksamkeit hatte
auch das Interesse an dem patriotischen Vereine abgenommen, manche leitende Deutsche ver=
hielten sich vorerst zuwartend, und über das Volk sollte der Geist noch kommen. Die
Frage, ob und wie Sieg und Frieden gefeiert werden sollten, wurde lebhaft discutirt, und
schon — wie weit ausgesprochener in den nächstfolgenden großen Versammlungen — zeigte
sich in der Verschiedenheit der Ansichten der weitreichende und eingewurzelte Einfluß der
großen Partei=Gegensätze, welcher bis dahin einer einheitlichen Gestaltung des Deutsch=
thums in Amerika im Lichte gestanden hatte und den auf einem Gebiete, auf welches der=
selbe nicht übergreifen sollte, überwunden zu haben, ein besonderes Verdienst dieser Bewe=
gung ist. Manche Mitglieder glaubten, jede öffentliche Demonstration vermeiden zu
müssen, welche bei ihren amerikanischen und irischen Mitbürgern Anstoß erregen könnte.
Man einte sich jedoch vorläufig darüber, daß eine Feier vorbereitet werden sollte, entwarf
eine Namensliste von ungefähr 200, die verschiedenen Berufsclassen, Vereine und Corpo=
rationen der Deutschen von New=York möglichst repräsentirenden Personen, welche zur
Bildung eines Friedensfest=Comités aufgefordert werden sollten, und beauftragte den
Vorstand, dasselbe baldthunlichst zusammenzuberufen. Dieser erließ nun am 21. Februar
ein Circular an die Ernannten, in welchem dieselben aufgefordert wurden, am 1. März
im Locale des „Liederkranz", der ersten Berathung beizuwohnen.

Ueber die Hälfte der Eingeladenen fand sich am bestimmten Tage in der großen Lieder=
kranz=Halle ein, in welcher auch, Dank der patriotischen Liberalität dieser, einen der größ=
ten und ersten deutschen Gesangvereine repräsentirenden Gesellschaft, alle späteren Ver=
sammlungen abgehalten wurden. Hugo Wesendonck wurde zum Präsidenten, Vic=
tor Precht zum Sekretär erwählt. Auch diese Versammlung behielt noch den Charak=
ter eines Provisoriums. Die Freunde der Bewegung erkannten die Nothwendigkeit, die
Opposition ohne Zwang zu gewinnen. Daß es nur darauf ankam, eine vorgefaßte Mei=
nung, eine irrige Auffassung der Tendenz der beabsichtigten Feier zu entkräften, ließ sich
schon an der Begeisterung erkennen, mit welcher gerade von den Gegnern einer öffentlichen
Demonstration (Dr. Berkmann u. A.) die Berechtigung, ja die Verpflichtung der Deut=
schen Amerika's geltend gemacht wurde „der Freude darüber, daß das deutsche Volk die
erste Nation der Erde geworden sei, Ausdruck zu verleihen". Aber diese „Demonstration"
sollte sich innerhalb der Grenzen gemüthlicher, „ächt deutscher" Commerse oder Sommer=
feste halten. In einem feierlichen Umzuge, einer Massenversammlung und ähnlichen öffent=
lichen Kundgebungen erblickten die Vertreter dieser Ansicht eine Provocation der Mitbür=
ger französischer Nation, über deren Niederlage man triumphiren wolle, und der massen=
haften irischen Demokratie, der man doch ihre Prozessionen als ihre Specialität lassen
solle. — Solchen Voraussetzungen, Vorschlägen und Auffassungen traten Gercke, Glaubens=
klee u. A. entgegen. „Es komme darauf an, wurde geltend gemacht, in der zu veranstal=
tenden Kundgebung dem von Vielen noch nicht begriffenen lebendigen Antheile aller
Deutschen an der neu errungenen Machtstellung und Einheit Deutschlands gerecht zu wer=
den. Nicht der Sieg, sondern der durch denselben der Welt gesicherte Frieden und des
Vaterlandes Einheit und Größe solle gefeiert werden".

Diese Grundidee des Unternehmens drang durch. Die Versammlung constituirte sich
nun als „Deutsches Friedensfestcomité von New=York und Umgegend", zu dessen Mitglie=
dern auch alle Nichtanwesenden, welche die Einladung nicht abgelehnt, und ausdrücklich die
Präsidenten aller deutschen Organisationen der Stadt und Umgegend erklärt wurden, über=
trug einem Sub=Comité Ergänzungen durch weitere Nominationen, und vertagte die Ent=
scheidung über die Frage, wie das Fest gefeiert werden solle, bis zur nächsten, so vervoll=
ständigten Versammlung. Im Begriff, die Sitzung zu schließen, empfing der Präsident
die durch die Redaction der „N. Y. Staatszeitung" mitgetheilte telegraphische Nachricht

von der Annahme der deutschen Friedensbedingungen durch die französische Nationalversammlung in Bordeaux, deren Vorlesung einen unbeschreiblichen Jubel hervorrief.

Acht Tage später — am 8. März — war das „Friedensfest=Comité" zu einem alle Stände und die verschiedenartigsten Organisationen repräsentirenden Körper angewachsen. Man mußte eine Unterbrechung der Verhandlungen eintreten lassen, um dem Andrange der sich zur Einzeichnung in die Mitgliederliste anmeldenden Vertreter bürgerlicher und militärischer Organisationen, Gemeinde= und Schulvorstände gerecht zu werden.

Während der mit großer Lebhaftigkeit geführten Debatten über die auf der Tagesordnung stehende Frage wurden sich Viele erst bewußt, worauf es ankam. Auf einer Seite Unklarheit, auf anderer Vorsicht und gewisse, an sich nicht unberechtigte Rücksichten hatten bisher einem einmüthigen Zusammengehen aller eine Feier Wünschenden entgegengestanden. Jetzt, im Augenblicke der Entscheidung, erhoben sich nochmals ängstliche Befürchtungen. Schon sah man Blut in den Straßen fließen, oder einen unordentlichen Zug deutscher Michel zum Gespött der St. Patricks=Brüder werden, die sich allein auf dergleichen Dinge verständen. Die Folge hat gelehrt, wie unbegründet diese Besorgnisse und Zweifel waren, und wie wenig gerecht diesmal die Irländer von ihren deutschen Parteigenossen beurtheilt wurden. Der Vorschlag zu einem Bürger=Picknick in Jones Wood wurde von einer überwältigenden Majorität niedergestimmt und unter allgemeinem Jubel der Beschluß gefaßt: das Friedensfest durch einen großen öffentlichen Umzug zu feiern. Schon hier wurden Vorschläge laut, eine Massenversammlung, Redeacte und Adressen damit zu verbinden, sowie, wo möglich, die Feier zu einem allgemeinen deutsch=amerikanischen Volksfeste zu erweitern; indessen schritt die Versammlung zweckmäßiger Weise zunächst zur Ernennung eines Special=Comités von 35 Mitgliedern (des späteren Executiv=Comités), welches mit der Entwerfung eines Fest=Programms beauftragt wurde. Bis dahin hatte H. Wesendonck mit der ihm eigenen Energie das Provisorium geführt; er entzog sich nun einer weiteren, bindenden Stellung, indem er zurücktrat, und nicht minder glücklich war man in der — einstweilen auch noch provisorischen — Wahl seiner Nachfolger Eduard Salomon und Oswald Ottendorfer.

Der zweckmäßigen Zusammensetzung jenes Comité's aus vorwiegend volksthümlichen, sich in gegenseitiger Ergänzung zu einem harmonisch wirkenden Ganzen vereinenden Elementen, — aus Männern, von denen jeder, die Bedeutung der Gesammtausgabe erfassend, nur von dem Streben beseelt war, den ihm nach seiner speciellen Befähigung zufallenden Theil derselben zu einer befriedigenden Lösung beizutragen, verdankt das Friedensfest von New=York wesentlich seinen großartigen Erfolg. Aber ebenso unzweifelhaft würde derselbe ihre anstrengenden Arbeiten nicht gekrönt haben, wenn sie sich dabei nicht stets durch das unbedingte Vertrauen ihrer Committenten getragen, durch deren Anerkennung belohnt und durch die fortwährend wachsende Begeisterung der Masse des Volkes angefeuert gesehen hätten.

Die Grundzüge des von diesem Comité ausgearbeiteten Fest=Programms, welches in der Versammlung des General=Comité's am 15. März en bloc angenommen und dann zur Ausführung in allen Einzelnheiten demselben überwiesen wurde, waren:

Verlegung der Hauptfeier auf Ostermontag, den 10. April, und Aufforderung der Deutschen in den Vereinigten Staaten zu gleichzeitiger Veranstaltung von Friedensfesten. Kirchliche Vorfeier am Abend des Ostersonntags. Am Ostermontag: Morgens Feier in den deutschen Schulen. Beginn des Festzuges um 11 Uhr. Während desselben Empfang der Ehrengäste in City Hall. — Massenversammlung am Schlusse des Umzuges auf dem in dem vorzugsweise von Deutschen bewohnten östlichen Theile der Stadt belegenen großen, freien Platze Tompkins Square, auf welchem eine 3000 Personen fassende Tribüne mit 4 Rednerbühnen errichtet werden sollte. Gesänge, Nationallieder, Reden, Beschlüsse an das deutsche Volk. Darnach am Abend Illumination und festliche Vereinigungen. Am Dienstag=Abend: Nachfeier im deutschen Theater. Aufbringung eines Fonds für gemeinsame Bestreitung der Kosten und Bestimmung des etwaigen Ueberschusses zur Verwendung für die Wittwen und Waisen der gefallenen deutschen Krieger.

Dieselben Grundzüge finden sich bei den in anderen Städten der Union abgehaltenen Friedensfesten im Wesentlichen wieder; unbedingt gemeinsam aber war allen der damit verbundene patriotisch=wohlthätige Zweck. Die in New=York vom Finanz=Comité den Mitgliedern des Fest=Comité's auferlegte Beisteuer von je $20 deckte alle Kosten und ließ einen erheblichen Ueberschuß. (S. nachher.)

Die Vorarbeiten des Comité's waren so umfassend gewesen, daß in derselben General-versammlung die definitive Constituirung und vollständige Organisation des deutschen Friedensfest-Comité's auf Grund einer von Dr. H. Gercke ausgearbeiteten Geschäftsordnung erfolgen konnte. Die Gliederung des Ganzen war ebenso einfach wie zweckmäßig: (General-) Comité, Sub-Comité's und Vorstand. In ersterem ruhte der Gesammtwille; in letzteren, die zusammen das Executiv-Comité bildeten, dessen Ausführung und die Leitung der Geschäfte. In dem Resultate der Wahlen, zu denen die Versammlung nun schritt, und welches wir der Kürze wegen gleich so wiedergeben, wie es sich bald nach einigen unwesentlichen Aenderungen und Ergänzungen bleibend gestaltete, erscheinen nun zwar die Namen der eigentlichen Träger und Leiter der Bewegung, doch würde die Namenliste um ein Bedeutendes zu verlängern sein, wenn der uns zugewiesene Raum gestattete, auch alle Diejenigen zu nennen, welche, sei es als Vorsteher und Vertreter sich anschließender Vereine, sei es als Festordner und Zugführer, in ihren Kreisen nicht minder eifrig und erfolgreich gewirkt haben.

Vorstand und Executiv-Comité:

Präsident: Ex-Gouv. E Salomon.
Erster Sekretär: Victor Precht.
Vice-Präsident: Oswald Ottendorfer.
Zweiter Sekretär: Paul Lichtenstein.
Schatzmeister: Friedrich Kühne.

Festzugs-Comité:

Vorsitzender: Gen. J. J Bendix,
Sekretär: Col. A. Sengas,
Gen. Franz Sigel, (eingetreten im April, nach seiner Rückkehr von St. Domingo.)
Col. Anton Meyer,
Capt. John F. Gerdes.
Frdr. Küpper.
Polizei-Capitän Mount.

Comité für Arrangirung der Massen-Versammlung.

Vorsitzender: Pastor Dr. Held,
Sekretär: Emil Unger,
Alb Klamroth,
Dr. H. A. Gercke,
Dr. Th. E. Heidenfeld,
Gustav Freyjang, (Turnverein,)
Chas Kinkel,
A. Paur, } Musik-Directoren.
Matzka,

Finanz-Comité.

Vorsitzender: Emil Sauer,
Schatzmeister: Fr. Kühne,
Sekretär: Raimund Schramm,
Gen Max Weber,
B Lehmaier,
O. Zollikoffer,
Capt. Geo. E. Aery.

Comité für Beschlüsse:

Vorsitzender: Dr. H. A. Gercke,
O. Ottendorfer,
F. Schwedler,
Prof. A. J. Schem,
Wm. Gellmann,
Dr. Ad Keßler,
Pastor Dr. Moldehnke,
Ed. Salomon, e. o.

Einladungs- und Preß-Comité.

Vorsitzender: Wm. Rabbe,
Sekretär: Dr. Muhr,
Henry Merz,
Chs Hauselt,
E. Hilger,
J. Stabener,
Ph. Bissinger,
Henry Haos, Brooklyn.
Thos. Busse,
Friedrich Schack,
L. J. Stiastny,
Aug. Koch,
F. Kühne, e. o.,
V. Precht, e. o.

Die Versammlung, welche diese Organisation vollzog, zählte mehrere Hunderte von Mitgliedern, aber sie repräsentirten schon viele Tausende von Festtheilnehmern. Die Bewegung war nun in das deutsch-amerikanische Volk gedrungen, und in dieser bestimmten Färbung nahm sie einen nationalen Charakter an. Die deutsch-amerikanische Presse, welche derselben bis dahin mit Rückhalt gefolgt war, erfaßte die Strömung im entscheidenden Augenblicke und gab ihr nun einen neuen, mächtigen Impuls. Kein Tag verging, an dem sie nicht neue Fortschritte, Aufrufe, Beitrittserklärungen von Vereinen zu berichten, „Friedensfest-Versammlungen" anzuzeigen gehabt hätte; kein Abend, an dem nicht in bereits bestehenden, oder nur für diesen besonderen Zweck sich bildenden Vereinen und Clubs enthusiastische und opferwillige Beschlüsse behufs der Betheiligung an der Feier gefaßt worden wären. Und aus diesen Kreisen heraus sollte sich nun in überraschender Weise der altgermanische Sinn für straffe militärische Haltung, Heerbann und Rottenwesen, für eine sinnreiche Symbolik jedes einzelnen Gewerbes, und einfach-geschmackvolle Genossenschaftsabzeichen entfalten, wie sie in ihrer Mannichfaltigkeit den Festzug zu etwas nie in Amerika Gesehenem gestalteten. In dem so wesentlichen, einheitlichen Zusammenwirken in Betreff des Festzugs, um dessen Anordnung sich Oberst A. Senges ein unbestrittenes Verdienst erworben, führte dann eine von ihm und einigen andern Mitgliedern des Executiv=Comité's veranstaltete Zusammenkunft aller Repräsentanten von militärischen Organisationen und Vereinen (in den Germania Assembly Rooms, am 2. April). Die von Tage zu Tage stromartig anschwellende Liste der Festtheilnehmer gruppirte sich nun so:

Etwa dreihundert einzelne Comité=Mitglieder, und zweihundert sich zum Festzuge vereinende Corporationen, und zwar: 1) Miliz=Regimenter und einzelne Abtheilungen Cavalerie, Infanterie und Artillerie mit ihren Musik=Corps; 2) Schützen=Corps und Jagd=Clubs; 3) Reit=Clubs; 4) Gesangvereine; 5) Gesellige u. a. Vereine; 6) Wohlthätigkeits=, Hülfsgesellschaften u. s. w.; 7) Schulen; 8) Logen; 9) Gewerke und Arbeiter=Associationen; 10) Genossenschaften jeder Art.

Alle Opposition gegen das Fest mußte jetzt verstummen. In ihrem Erscheinen, wie Verschwinden liegt (nicht blos für New=York) ein charakteristisches Merkmal der Bewegung. Im Ganzen und Großen schlug sie nun in ihr gerades Gegentheil um. Das vollgültige Gelingen der Feier mußte Jedem zur Herzenssache werden, der sich zur Theilnahme entschloß, und wer konnte sich ausschließen? Die Tausende und aber Tausende, die dazu rüsteten, fühlten sich verbrüdert, einig in einer großen Idee, und wer nicht zu diesem unsichtbaren Bunde gehörte, mochte sich „weinend hinausstehlen".

Kein gemeinsames Unternehmen der Deutschen Amerika's hat sich annähernd einer solchen Popularität erfreut, wie das Friedensfest. Das Interesse an seinem Fortgange absorbirte in dem Maße jedes andere, daß auch die Amerikaner darauf aufmerksam, ja davon ergriffen wurden, und daß sogar irische Organisationen ihre Betheiligung beim Festzuge anboten, die natürlich höflich abgelehnt wurde.

Gegen Ende März waren die Vorbereitungen so weit gediehen und die Ausführung des Festplans auf breitester Basis in dem Maße gesichert, daß der Vorstand folgende Bekanntmachung erlassen konnte:

An die Deutschen in den Ver. Staaten von Nord=Amerika.

Das deutsche Friedensfest=Comité von New=York und Umgegend hat beschlossen:

1) Den das Herz jedes Deutschen erfüllenden Gefühlen der Freude über den glücklichen Ausgang des deutsch=französischen Krieges und die durch denselben bewirkte Einigung Nord= und Süd=Deutschland's, der Anerkennung der Großthaten des deutschen Reichsheeres und seiner Führer und des Dankes gegen Gott, der den blutigen Krieg so bald zum Friedensziele geführt, durch eine allgemeine Friedensfeier Ausdruck zu geben;

2) Den Hauptfesttag, an welchem alle Geschäfte ruhen sollen, auf Ostermontag, den 10. April b. J. zu verlegen und damit eine Vor= und Nachfeier zu verbinden;

Die Vorfeier soll am Ostersonntag Abend in allen deutschen Kirchen abgehalten und mit einer Sammlung zum Besten der Wittwen und Waisen der gefallenen deutschen Krieger verbunden werden. (Hierauf folgen die schon angegebenen Grundzüge des Festprogramms.)

3) Die Deutschen aller Orten in den Ver. Staaten aufzufordern, eine gleichzeitige Friedensfeier zu veranstalten und wo eine solche schon abgehalten worden, doch den kommenden Ostermontag zu einem nationalen Feiertage zu machen;

4) Die Kirchenvorstände und Prediger aller deutschen Gemeinden zu ersuchen, eine kirchliche Friedensfeier mit Collecte für die Wittwen und Waisen der gefallenen deutschen Krieger am Ostersonntage abzuhalten;

5) Alle sich meldenden Delegaten deutscher Gemeinden oder Organisationen aus dem ganzen Gebiete der Ver= Staaten als Mitglieder dieses deutschen Friedensfest=Comité's anzuerkennen.

Vorstehende Beschlüsse werden hierdurch mit der an alle Zeitungen gerichteten Bitte um Aufnahme und Verbreitung zur allgemeinen Kunde gebracht.

New=York, 30. März, 1871.

Wir brechen hier von den New=Yorker Vorgängen ab, um der späteren Beschreibung der Friedensfeier nicht vorzugreifen und in möglichst chronologischer Reihenfolge über die früher in andern Städten abgehaltenen Feste zu berichten.

Unter den schon im März abgehaltenen Friedensfesten ragen die von St. Louis und San Francisco hervor. Scranton, die pennsylvanische Minenstadt, beansprucht die Ehre der ersten Feier in den Ver. Staaten. Sie wurde dort sofort nach dem Eintreffen der Nachricht von der Unterzeichnung der Friedenspräliminarien abgehalten. Mehrere Städte dieses der ältesten deutschen Niederlassungen enthaltenden Staates folgten dem Beispiele. Die Deutschen Pittsburgh's vereinten sich schon am 9. März zu einer imposanten Feier. Ueber mehrere der Hauptstraßen der Stadt waren Triumphbögen errichtet worden. Die Häuser waren verschwenderisch mit Fahnen, Blumenkränzen und grünen Guirlanden geschmückt. Die Prozession „bedurfte einer vollen Stunde, um an einem gegebenen Punkte vorbei zu defiliren." Die Militär-Organisationen, die Turn- und Gesangvereine, die Delegationen der verschiedenen Gewerbe u. s. w. nahmen daran Theil. „Natürlich waren alle Geschäfte geschlossen."

Den Abend versammelte man sich in der Bibliothek-Halle. Pfarrer W e i d e r s h a u -
s e n und L. N a u m b u r g hielten Ansprachen, H. M. D. M o o r e eine englische Rede. Damit wechselten zeitgeschichtliche Tableaux, Nationallieder u. s. w. ab. Den würdigen Abschluß machte die Absingung des für die amerikanische Friedensfeier typisch gewordenen Chorals „Nun danket alle Gott."

In B e t h l e h e m , Pa., und anderen Orten wurde das Andenken des Festtags nach dem Vorgange anderer Städte in Deutschland (u. a. Bremen's) durch die Pflanzung einer Friedens-Linde oder Eiche verewigt.

S t. L o u i s feierte vom 6. bis 15. März einen Reigen von Friedensfesten. Die Anregung ging vorzugsweise von den dortigen deutschen Turnern aus, welche auch den Anfang machten. In Beziehung darauf sagte der Festredner E. P r e t o r i u s : „Die Wiege und die Arche des freien deutschen Gedankens, ist von ihr (der St. Louiser Turnhalle) im letzten Jahrzehnt so manche Anregung ausgegangen, auf die das gesammte Deutschthum der Ver. Staaten stolz sein darf. Seit in dem ewig denkwürdigen Frühling des Jahres '61 aus dieser Halle die drei ersten Compagnien in das Arsenal marschirten, hat es nimmer an muthigen Kämpfern für die Einheit und Freiheit dieses großen Landes gefehlt. Auch dem ewig theuren alten Vaterlande ist jetzt die Morgensonne der Einheit und Freiheit aufgegangen, und zu ihrem Preis hält uns diese Stunde hier versammelt... Ja, wir Deutsche sind ein großes und mächtiges Volk geworden. Groß und mächtig in zwei Welten, wenn wir es nur wollen... Verschaffen wir dem so zur Geltung gekommenen deutschen Gedanken der freien individuellen Selbstbestimmung und der darauf gestützten verständigen Selbstregierung auch auf diesem Boden das unbestrittene Bürgerrecht!"

Die Hauptfeier fiel auf Samstag, den 16. März, und an ihr betheiligte sich das ganze deutsche St. Louis.

„Die Stadt war illuminirt und um 8 Uhr Abends wurde ein Calico-Festball, verbunden mit einer Lotterie (keine a la Jeffries) abgehalten. Am Sonntag Nachmittag war großes Concert, und F r i e d r i c h H e c k e r , der alte Revolutionär in zwei Welten, hielt die Festrede. Abends fand die Festoper „Fidelio" statt. Voraus ging ein figurenreiches Tableau von K e p p l e r , unterstützt durch die St. Louiser Miliz, bei welchem Frau J a -
n a u s ch e ck ein von Udo B r a ch v o g e l verfaßtes Festgedicht vortrug."

Hecker's Kraftworte fanden einen lebendigen Widerhall im ganzen deutschen Mississippithal und darüber hinaus. Gleich die Eingangsworte trafen den rechten Punkt: „Es treten im Leben des einzelnen Menschen Ereignisse ein, oft unerwartet und außerhalb der Berechnung, welche einen entscheidenden Abschnitt in seiner Laufbahn bilden, zum Aufgang oder zum Niedergang. Das Gleiche gilt von Völkern. Eine solche Landmarke im Völkerleben ist der eben erkämpfte Frieden."... Mit den Worten: „Es ist nicht gethan mit dem Zuruf, ‚der Friede sei mit euch,' wir müssen tiefer gehen und forschen, wie ein dauerhafter Friede möglich sei," ging er zu einer historischen Entwickelung der „Grund-Ursache dieses riesigen Kampfes" über, die, „so alt als die beglaubigte Geschichte der Franzosen," im „Nationalcharakter des gallischen Volkes liegt, oder vielmehr in der Ausbeutung desselben durch gewissenlose Demagogen, Herrschsüchtlinge und Abenteurer mit und ohne Krone, welche den Charakter einer edel angelegten Nation verdarben und mißbrauchten zu selbstsüchtigen Zwecken." Daher bedürfen mit Deutschland auch die andern Nationen „dauerhafte Friedensgarantien," und diese liegen in der Neugeburt Frankreich's und der Größe und Einheit Deutschland's. „Freut euch teutsche Patrioten, daß die lange in der Fremde gehaltenen Söhne, daß Elsaß und Lothringen wieder heimgekehrt sind in's alte Vaterhaus; freut euch, demokratische Herzen, freut euch alle, ihr Arbeiter am Ausbau einer volksthümlichen Verfassung in Teutschland, denn ihr habt wackere Mitarbeiter und Helfer in den republikanisch gesinnten Allemannen jenseits des Rheins gewonnen."... In schwungvollen Worten feiert der Redner dann die beispiellosen Siege des „in ächter Vaterlandsliebe, Gleichheit und Brüderlichkeit einigen deutschen Heeres. Das ist das deutsche Volksbann, das sind die Wehrmänner der neuen Zeit, das sind die Wehren des deutschen Vaterlandes!"
Zwar, „daß im Palaste des 16 Ludwig in einem Kreise von Auserwählten der König erklärt: daß er sich auf die Aufforderung der F ü r s t e n und freien Städte (also Träger der s o u v e r a i n e n Gewalt) die teutsche Kaiserkrone auf's Haupt setze, ‚was wir dem Volke hiermit kund thun,'" — das drang dem alten Republikaner wie kalter Stahl in's

heiße, begeisterte Herz; — aber, so wie man fürwahr nicht weiß, was man bei der Ein=
kehr des Friedens mehr bewundern soll, die Siegeslaufbahn, oder das mannhafte Gebah=
ren des ganzen Volkes nach beendigtem Kampfe,".. so „liegt hierin die sicherste Bürgschaft,
daß, nachdem das Schlachtschwert zu den Penaten gestellt, bei den Hausgöttern aufbe=
wahrt wurde, das teutsche Volk daheim auf dem Forum für sein gutes Recht und seine
Freiheit einstehen werde.".. Auch aus dem, die Zuhörer mächtig ergreifenden Schlusse
der Rede, welche den gegenwärtigen und künftigen Antheil der Deutschen in Amerika und
in aller Welt an der „neuen Aera und Mission des deutschen Volkes, das seinen Weltgang
begonnen" hervorhob, gestattet der Raum uns nur, einige Stellen anzuführen: „Ihr alle,
Deutsch=Amerikaner, Bürger dieser Republik, die ihr mit banger Spannung dem Kampfe
folgtet, um die Todten trauertet, die hülfreiche Hand botet dem Verwundeten und dem Be=
dürftigen, und die ihr jetzt mit Jubelfesten den Sieg begrüßt, ihr habt's durch Wort und
That kund gethan, daß ihr euch fühlt als Glieder des deutschen Volkskörpers, und theilhaf=
tig seid des Ruhmes, seiner Größe und Ehre. Ihr fühlt euch nicht länger als gedrückte
Stiefbrüder in den Winkeln des Auslandes. Und wie ihr geholfen habt mit freigebiger
Hand, bis der Sieg errungen war, ebenso habt ihr die hohe Pflicht, nach Maßgabe eurer
Stellung in dieser Republik, Mithelfer zu sein in dem Kampfe zur Erringung einer frei=
heitlichen Verfassung für Deutschland.".. „Scheltet mich einen Träumer, einen
Schwärmer, einen Thoren, wenn's beliebt, aber ihr könnt mir das Credo meines ganzen
Lebens nicht aus dem Herzen reißen: in fünf Jahrhunderten ist das Erdenrund germanisch
vermittelt......
      Hochauf, mein Volk,
      Heil dir, mein Vaterland!"

 Das ist die Sprache, die unsere Deutsch=Amerikaner packt. — Die St. Louiser Friedens=
feste ergaben den ansehnlichen Reinertrag von $1339 — zum Besten der Familien gefalle=
ner deutscher Krieger.

 Neben vielen kleineren in Missouri und den angrenzenden Staaten des Westens folgte
am 16. März eine in ihrer Art bedeutsame Friedensfeier der Deutschen von Council
Bluffs und Umgegend (Iowa), welche vor St. Louis das Schauspiel eines großen Fest=
zuges zu Fuß und zu Roß aus Stadt und Prärie voraus hatte. Die „C. B. Post" sagt
darüber:

 „Gestern Abend donnerten als Introduction zum Feste 37 Kanonenschüsse, die unsere
Kanoniere als Männer von Fach signalisirten. Gegen 8 Uhr Abends aber entwickelte sich
langsam, doch um so imposanter, ein Zug, der zum ersten Male in einer kleinen Stadt so
abgehalten unter 10,000 Menschen wohl keinen Einzigen ohne Erstaunen ließ. Großartig
war das sich durch den langen Broadway schlängelnde Fackelmeer; großartig eine nicht er=
wartete Legion von Reitern; erhebend und zugleich Respekt einflößend waren die Illumina=
tion der Stadt, die große Mühe und vielen Kosten, welche sich unsere Deutschen nicht ge=
reuen ließen, um auch hier ein den deutschen Namen ehrendes Siegesfest abzuhalten. Trotz
aller ursprünglich abweichenden Meinungen zog Niemand sich zurück; Jeder schien sich
zu sagen: das gerettete alte Vaterland ist ja auch D i r gerettet worden; auch D u hast
Deinen Theil dazu beizutragen, öffentlich vor aller Welt Zeugniß darüber abzulegen, wie
selbst an den Grenzen der Civilisation das deutsche Herz nie aufhört, für sein altes Hei=
mathland zu schlagen. Und in d i e s e m Geiste wurde unser Friedensfest begangen; in die=
sem Geiste wurde die vorhergegangene Collecte nobel erdacht und gegeben; in diesem Sinne
wurde gearbeitet und gesprochen, und der Erfolg war ein solcher, daß er jeden Deutschen
von Council Bluffs mit gerechter Befriedigung und Stolz erfüllen kann."

 An den Zug schloß sich eine Festversammlung im Opernhause. Viele Amerikaner waren
zugegen, wie auch die englische Presse der Stadt ein wirksames Interesse an der Feier genom=
men hatte. Die Herren Beresheim, Hoffmayer (Festmarschall) und Mader hielten
Reden, der „Männer=Chor" sang „Die Wacht am Rhein" und „Brüder, reicht die Hand
zum Bunde", und allgemeinen Beifall fand ein von dem Künstler Jul. Wagner gestelltes
lebendes Bild, welches Germania, den Engel des Friedens und Barbarossa im Kyffhäuser
darstellte.

 Aller Orten, wo Deutsche wohnten, fing es nun an, sich zu regen, und vorzugsweise un=
ter den über dem Süden und Westen verstreuten kleinen Gemeinden und Niederlassungen
entspann sich ein Wetteifer, ohne Säumen den nationalen Sympathien Ausdruck zu geben.
Die bereits als opferbereite Patrioten bewährten Deutschen von Richmond (Virginia)
hielten einen an 1000 Personen zählenden Festzug. Das am 20. März in der „Prärie=
Stadt" Terre=Haute, Ind., abgehaltene Fest zeichnete sich durch die einmüthige Be=

theiligung der Einwohnerschaft aus. Eine Reihe begeisterter Reden wurden in festlicher Abendversammlung gehalten, unter denen die der Herren Bichowsky und Imberg besonderen Eindruck machten; auch der Mayor Cookerley hielt eine „Speech" und mußte auf der Tribüne ein Glas deutschen „Lager's" auf das Wohl des geeinigten Deutschlands leeren. — In Aurora, Ills., weihten die „Liedertafel" und der Redner Klemm das Fest am 25sten ein; in Carlstadt, N. J., bildete es „das glänzendste Ereigniß seit dem Bestehen der Stadt". Den Festzug bildeten: die Schützencompagnie, Gesang=, Turn=, Krankenunterstützungs= und Gewerk=Vereine, der dramatische Verein und verschiedene Clubs, zusammen etwa 1000 Personen, die sich am Abend zu einem heiteren Commerse beim „Schützenhauptmann" vereinten.

Die Deutschen von San Francisco feierten ihren Ehrentag mit californischer Pracht und Freigebigkeit. Als ächte Kosmopoliten hatten sie auch Amerikaner und Franzosen zur Theilnahme herangezogen. In einer 6 Spalten füllenden Beschreibung des Festes sagt die „Alta California", die größte englische Zeitung an der Küste des Stillen Meeres, vom 23. März:

„Das gestrige deutsche Friedensfest war eine der großartigsten Festlichkeiten, die man je in San Francisco gesehen hat. Es war der vereinte und freiwillige Ausdruck des deutschen freudigen Gefühls über den Frieden, der nach einem so furchtbaren Kriege dem Vaterland zu Theil wurde. Ueber die ganze Christenheit hat das deutsche Volk den Ruhm: gute, friedliebende und ruhige Bürger zu sein. Als ein Theil unserer Bevölkerung sind sie im Allgemeinen gebildeter als andere Eingewanderte. Sie lesen für sich selbst und denken für sich und sind daher gesetztreue Bürger. Die Eigenthümlichkeiten der Deutschen zeigten sich deutlich bei der Feier von Anfang bis zu Ende. Sie reichten die Hand der Freundschaft den Eingeborenen und auch denen, die mit dem schönen Frankreich sympathisiren, sich mit ihnen zu freuen, nicht wegen eines eroberten Friedens, sondern weil der Olivenzweig wieder an die Stelle von Feuer und Schwert gekommen ist".

Auch hier gingen Anregung und Aufruf von den patriotischen Vereinen und deren Präsidenten, F. Röding, aus und mit californischer Schnellkraft folgte die Ausführung dem Gedanken. Von den Eisenbahn= und Dampfschiff=Compagnien veranstaltete Excursionsfahrten zu ermäßigten Preisen hatten es den Einwohnern der Umgegend ermöglicht, sich in Masse zu betheiligen. Wie überall später, war auch hier die Feier vom herrlichsten Wetter begünstigt. Mit Sonnenaufgang verkündeten schmetternde Reveillen in allen Quartieren der Weltstadt, die vor zwei Jahrzehnten noch ein Haufe von Zelten war, den Anbruch des festlichen Tages, und schon um 9 Uhr, während die Aufstellung der Militär=Compagnien, Vereine und Gesellschaften zum Festzuge am Washington Square vor sich ging, waren alle Straßen so dicht mit Menschen gefüllt, daß einzelne Zugabtheilungen sich an den Häusern hin durchdrängen mußten, um nur in Reih' und Glied zu bleiben. Von 10 Uhr an donnerten 101 Salutschüsse vom höchsten Punkte der Californiastraße und um 10½ Uhr setzte sich der Zug unter Leitung des Großmarschalls J. A. Bauer, der Divisions= und Hülfsmarschälle — alle im einfachen schwarzen Festanzuge, mit weißen Handschuhen, hohen Hüten, mit Schärpen und Rosetten in deutschen und amerikanischen Farben, und vortrefflich beritten — in Bewegung. Die glänzende Suite des Großmarschalls und seines General=Adjutanten, B. Sesser, welcher ein Corps von berittenen Trompetern und Ulanen=Ordonanzen als Spitze dienten, zählte allein 46 Hülfsmarschälle. Der Zug, der in seiner ganzen Länge mehr als zwei Stunden gebrauchte, um einen gegebenen Punkt zu passiren, umfaßte in 10 Divisionen nahezu 10,000 Theilnehmer, 4000 Pferde, eine Menge Equipagen, den großen Triumph= und mehrere Festwagen, und bewegte sich am Washington Square entlang, Stockton Str., bis Washington Str., durch Kearney, Post=, Montgomery, Californiа, Sansonne, Market= (wo „der Contremarsch von der Neunten und Dritten Straße den Glanzmoment bildete"), Howard= und Zwölfte Straße nach dem City Garden. Als die 4. Division das Local des San Francisco=Vereins passirte, schlossen sich die dort empfangenen und bewirtheten Gäste (die deutschen und meisten übrigen Consuln der Stadt, der Mayor und die Spitzen der Behörden, dem Zuge in Equipagen an. Die Häuser der Stadt prangten im festlichen Schmucke, und um die Zahl der Zuschauer in den Straßen, an den Fenstern, auf Balkonen, Bäumen und Dächern nur annähernd zu schätzen, müßte man „von der Gesammtzahl der Einwohner lediglich die bettlägerig Kranken abziehen." Unter kriegerischen Fanfaren, den ergreifenden Klängen der Nationalhymnen und dem nicht endenden Zujauchzen der Menge zog vor ihren erstaunten Blicken in unerschöpflicher Mannichfaltigkeit ein lebensvolles Bild deutschen Wesens vorüber, von dem wir nur die Umrisse geben können. Die erste Division bildeten die (amerikanischen) San Francisco=

Husaren und leichten Dragoner und die deutsche Cavalerie, ein glänzender Trupp von fast 1000 Reitern. Die zweite die San Francisco und Oakland-Infanterie-Cadetten-corps, eine Delegation der „Garden" von Vallejo, und die Germania-Büchsenschützen. Ihr folgte der die „Wacht am Rhein", den Rheinstrom mit fahnengeschmückten Uferburgen und den Loreleyfelsen, auf dem „Germania" thronte — nach den genialen Entwürfen und Ausführungen der Künstler C. Rahl, F. Nutz und C. Vollberg darstellende, erste Triumph-wagen, mit der „Steuben-Guard", den „Hewston Rifles" und den „schwarzen Jägern" im Gefolge. — 3. Division: der San Francisco-Schützenverein, der San Francisco-Verein, die Turner-Schützen und der mit Grün, Fahnen und Turnersprüchen charakteristisch decorirte Turnerwagen, dessen Mitte, treffend copirt, „Vater Jahn" einnahm, gelei-tet von den San Francisco und Oakland Turnvereinen, an die sich der Eureka-Turnverein in den malerischen Trachten der Deutschen vom fünften Jahrhundert an bis auf die Ge-genwart anschloß. Turnschüler von verschiedenen Orten schlossen diese interessante Abthei-lung. — 4. Division: Voran die Musik des zweiten Artillerie-Regiments (von denen jede Division ihr eigenes Musikcorps hatte) und unter Escorte der „National-Guard" die eingeladenen Gäste, Festredner und Dichter, Mitglieder der Pionier- und anderer Gesell-schaften in decorirten Equipagen. — 5. Division: Das deutsche Jägercorps, der San Francisco-Männerchor, die Mitglieder der „Teutonia" und anderer deutschen Clubs. — 6. Division: Die „Light Guard", eine Gesellschaft Oestreicher und Tyroler in einem großen Festwagen, und die (ca. 100) Mitglieder der „Harmonia" und des „Thalia-Ver-eins", als Avant-Garde des zweiten, Vereinigung Deutschlands darstellenden, sechsspännigen Triumphwagens. Derselbe war in drei sinnbildlich und in den deutschen Farben, mit Bannern, Fahnen, Inschriften und Lorbeer-Guirlanden reich decorirten Eta-gen aufgebaut; die Spitze der Pyramide trug ein lebendes Bild der „Germania"; die vier Ecksitze nahmen liebliche Mädchengestalten als geflügelte Genien des Glaubens, der Liebe, Hoffnung und Wahrheit ein. — 7. Division: 70 Soldaten von Presidio und Fort Point, 350 Mitglieder der in den Ver. Staaten weitverbreiteten Orden der „Rothmänner" und „Hermannssöhne", der dramatische Verein „Frohsinn" und an 100 Bürgedelegaten von Stockton, Sacramento, San Jose, Marysville und andren Städten Californiens. — 8. Division: Ein imposanter Gambrinus-Zug, 100 deutsche Brauer, hoch zu Roß, in gleichem Festanzuge, mit Schärpen und Kokarden, eine lange Reihe von Equipagen und 15 sinnreich decorirte, vierspännige Bierwagen. — 9. Division: Ein Festzug von über 100 Arbeitern der Spreckels'schen Zuckersiederei bildete die Tête des dritten Triumph-wagens „Frieden" — ein prachtvoller, von sechs weißen Pferden gezogener Tempel, mit dem trefflich gruppirten Emblemen des Friedens und der Riesenschrift: „Goldene Frucht nach blutiger Saat", in seiner Mitte thronend ein lebendes Bild der Friedensgöttin in effectvollem griechischem Costüm. Ihm folgte ein naturgetreues Charakterbild, eine Gruppe von Goldgräbern, und ein Wagen mit der „Presse des California Demokrat", die während der Prozession das von Herrn Theodor Kirchhoff verfaßte Festgedicht druckte und austheilte.

Den Beschluß machte die 10. Division mit zwei Musik-Corps; die „Oakland-Guard", 200 Bürger zu Fuß und deren 500 in 15 vier- und 150 ein- und zweispännigen Wagen, escortirend.

Um 1 Uhr langte die Prozession am „City Garden" an und löste sich dann in aller Ord-nung auf, um in wenigen Minuten jeden Winkel des großen Parks zu füllen. Der zweite Theil der Feier begann mit der Absingung des Chorals „Nun danket Alle Gott". Dann folgte der Vortrag des patriotischen Festgedichts, die Bekränzung des Poeten und nach einem Festmarsch der Redeakt. Die erste, von Dr. Löhr gehaltene Rede characterisiren folgende Eingangsworte: …„Friede! Und doch ist dieser Ausruf die Schlachttrom-pete zum neuen Kampfe. Die Waffen ruhen, mit denen die Völker auf blutigen Schlacht-feldern sich zerfleischt, allein sie haben nur den Boden gedüngt zu der großen Geistesschlacht. Unter dem Donner der Kanonen ist das deutsche Volk in den Vortrag eingerückt, bei dem mächtigen Kampfe, den die Civilisation unseres Jahrhunderts kämpft, und es hat von heute an zu zeigen, ob es würdig ist, der Bannerträger zu sein; es hat zu zeigen, daß die blutigen Lorbeeren, die wir heute um unsere Schläfen winden, nur die Ueberreste sind ver-gangener barbarischer Jahrhunderte, und daß es nur Einen Lorbeer giebt, welcher keine Sieger und keine Besiegten kennt: den Lorbeer, welchen der Genius der Freiheit und Civi-lisation um unsere Schläfen windet."

Der zweite Sprecher, H. Heynemann, lieferte in längerer Rede den Nachweis der ausschließlichen Schuld Frankreichs an diesem Kriege und feierte in einem ausführlichen Rückblicke auf dessen Verlauf, die welthistorischen Thaten des deutschen Volksheeres. Lebhafter Beifall begleitete den darauf folgenden gemüthvollen Vortrag des Herrn Cloesser. Den Beschluß machte eine Ansprache des Amerikaners, Collektor Phelps, der seinen deutschen Mitbürgern zu all' den Errungenschaften gratulirte, die sie heute feierten, seine Anerkennung aussprach für den der Union im Secessionskriege von Deutschland gewährten moralischen Beistand und mit dem Wunsche schloß, daß „Deutschland sich lange des Friedens erfreuen möge, den es so edel erfochten habe."

Der Gouverneur Haight, der sich später einfand und auch zu reden versuchte, konnte nicht mehr zu Worte kommen, denn dem Programm gemäß war man um 7 Uhr unter den Klängen eines Festmarsches zu den leichteren und zugleich stärkenden Genüssen übergegangen, welche in den „Salons" von schönen Händen gespendet wurden. Dieselben Patriotinnen, die sich bei der „Fair" verdient gemacht, walteten auch hier zu demselben edlen Zwecke und ihre Einnahmen für verabreichte Speisen und Getränke und verloosse Gegenstände, sowie die Eintrittsgelder in den Tanzsälen lieferten einen neuen erheblichen Beitrag zu den Liebesgaben, die San Francisco nach Deutschland gesandt. Der ganze, bei der Friedensfeier für den Wohlthätigkeitsfonds erzielte Ueberschuß belief sich auf über $6000. — Während die Ausgaben des Fest-Comité's ungefähr ebensoviel betrugen, wird die Summe der von den Festtheilnehmern getragenen Kosten auf über $100,000 veranschlagt. Eine glänzende Illumination am 21. März war dem Feste vorausgegangen, — eine Festvorstellung im deutschen Theater: Triumphmarsch von H. Schulz, „Friedensgruß" von Max Cohnheim und das Volksstück „Ein deutscher Bruder" — bildete die Nachfeier am nächsten Sonntag.

Ein gelungenes Abbild der eben beschriebenen Feier war das Friedensfest der Deutschen von San Jose. Am Vorabend langten viele Gäste aus San Francisco und anderen Orten in der festlich illuminirten Stadt an. Am Festmorgen mischte sich der Donner der Kanonen in die Weiheklänge der Luther'schen und anderer altdeutscher Choräle. Den Namen F. Luther finden wir an der Spitze des „Fest-Comité's"; Großmarschall des Festzuges war Wm. Fischer. Die Prozession, welche um 9 Uhr aufbrach, enthielt drei Triumphwagen: Germania, die Wacht am Rhein, Frieden; — den ganz mit Immergrün bedeckten Wagen des deutschen Clubs und andere, alle im Schmucke der deutschen und amerikanischen Farben. Soldaten, Schützen, Vereine, Delegaten von nah und fern und Bürger bildeten den Körper des Zugs, der gegen 11 Uhr den reich decorirten Festplatz (Pleasure garden) erreichte.

Nachdem hier die Gesangvereine der Stadt „Eine feste Burg ist unser Gott" gesungen, trug P. Fischer das bekannte schwungvolle Gedicht „An die Deutschen im Auslande" vor, woran sich der Triumphmarsch von H. Schulz schloß. Die dann folgende Festrede des Herrn Loeber gab in einfachen, klaren Worten eine Geschichte der Entstehung, der Hauptereignisse und der großen Ergebnisse des Krieges, gedachte des geistigen Antheils der Deutschen im Auslande an den Errungenschaften des Vaterlandes und schloß mit dem Preise des Friedens. Gesang- und Musikvorträge, Festessen, Volksbelustigungen folgten, und ein Ball im Opernhause bildete den Schluß des Festes.

Die Friedensfeier in Placerville, dem Mittelpunkt der ältesten Goldwäschereien, fand gleichzeitig mit der in San Francisco statt. Die „City Guards" eröffneten den Festzug, dessen Mittelpunkt der Wagen der von 34, die Staaten der Union repräsentirenden Jungfrauen umgebenen „Göttin der Freiheit" bildete. Etwa 600 Deutsche oder „Abkömmlinge von Deutschen" waren aus Stadt und Umgebung zusammengeströmt, um sich inmitten einer vorwiegend englisch redenden Bevölkerung (auch die Festredner waren Amerikaner) ihrer Zusammengehörigkeit bewußt zu werden. Eine Festlichkeit im Theater beschloß die Feier, welche in seltener Harmonie verlief.

Auch im altspanischen Vallejo fühlte sich das Deutschthum stark genug, eine allgemeine Friedensfeier in Scene zu setzen, wie sich denn an unzähligen solcher Vor- und Außenposten der Civilisation die Deutschen bei diesem Anlasse zum erstenmal ihrer nationalen Einheit bewußt wurden. Die Feier bestand in einem prächtigen Fackelzuge (Großmarschall Michaels), dem sich auch die Matrosen der im Hafen liegenden deutschen Seeschiffe angeschlossen hatten, durch die festlich decorirten und illuminirten Hauptstraßen, nationalen Märschen und Liedern, Feuerwerk und einer Versammlung in Eureka-Hall, in welcher Oberst Denni und, als Gast aus San Francisco, Hr. Hasbach, Reden hielten.

———

Das Friedensfest in New-York vom 9. bis 11. April.

Liegt auch der Schwerpunkt des amerikanischen Deutschthums im Westen, so fanden sich doch nirgends in dem Maße die natürlichen Bedingungen eines Vororts desselben, wie in New-York. Hier ist die, stets durch frischen Zufluß vom Heimathlande sich erneuernd wachsende Bevölkerung einer deutschen Großstadt, hier der großartigste Zusammenfluß deutscher Intelligenz, Handels= und Gewerbsthätigkeit im unmittelbaren Rapport mit dem Mutterlande; hier laufen die Fäden der schaffenden, treibenden, ringenden Thätigkeit der Deutschen des ganzen Gebiets der Union zusammen; durch dieses Weltthor kommt und geht die unendliche Mehrheit der ab= und zusluthenden Träger der germanischen Mission. — Und je mehr sich St. Louis, Chicago und andere Centren des westlichen Deutschthums des Vorsprungs rühmen dürfen, den sie auf politischem Gebiete die Gunst der Verhältnisse vor dem deutschen New-York gewinnen ließ, desto mehr sollten sie im wohlverstandenen Interesse des Ganzen nach innigem, geistigem Zusammenhange mit diesem großen Ausgangspunkte hinstreben. Mag nun der Westen dem Deutschthum New-York's diese moralische Stütze gewähren, oder nicht: — es hat den Beruf, allmälig, aber im vollen Maße den ihm gebührenden Einfluß auf die Geschichte der Union und die Entwickelung des Deutschthums in den Ver. Staaten zu erlangen; ja, ohne die nachdrücklichste, von allen unsern Landsleuten, die unter dem Schutze des Sternenbanners leben, einmüthig unterstützte Verwirklichung desselben wird die deutsche Propaganda in der neuen Welt für alle Zeiten sporadisch und unvollkommen bleiben. Das Friedensfest von New-York legt dafür Zeugniß ab. Wurde es in einzelnen Zügen durch den größeren Glanz oder die vollkommnere Technik der Ausführung, welche sich die in New-York gemachten Erfahrungen zu Nutze gemacht, überboten, und hatte natürlicher Weise jede Feier ihr besonderes Verdienst der Erfindung, — Niemand wird der New-Yorker Feier ihren hervorragend welthistorischen Charakter und diejenige Großartigkeit der Ausführung absprechen, in welcher sich die große bewegende Idee der Wiederherstellung Deutschland's am vollkommensten ausprägte. Wie ein heroisches Epos fluthete der Riesenzug vor den staunenden Augen der Weltstadt vorüber; ein nationales Drama schloß sich die Massenversammlung an ihn an.

Gehen wir zu einer gedrängten Beschreibung des Festes über! Unendliche Arbeit hatte es gekostet, alle die Einhaltung der Marschlinie, die vollkommene Ordnung und harmonische Gliederung des ungeheuren Festzuges im voraus sichernden Dispositionen zu treffen, bei denen wie gerufen in den letzten Tagen der strategische Blick eines S i g e l den Ausschlag gab, und noch spät am Ostersonntag lag das Executiv=Comité den letzten, das Ineinandergreifen aller Theile des bereits in Tausenden von Exemplaren in deutscher und englischer Sprache circulirenden Programmes, bezweckenden Berathungen ob, während schon Worte der Weihe und patriotische Spenden in den deutschen Kirchen das hohe Fest würdig eröffneten und Haus an Haus in „Kleindeutschland" im Festschmuck prangte. — Dort, in der „Turnhalle" hatten auch die Turner eine Vorfeier veranstaltet, zu welcher Dr. von Holst die Festrede hielt.

Ein Million Menschen in freudiger Bewegung; Stadt und Umgegend im Festgewande; der Mastenwald deutscher und anderer Schiffe in Bay und Hafen im Flaggenschmucke; Turner, die Büsten Humboldt's und Schiller's im Central=Parke bekränzend; die deutschen Lehrer in ihren Schulen der heranwachsenden Generation die bleibende Bedeutung des Tages einprägend; Ordonnanzen durch die Straßen der Stadt sprengend; Regimenter, Musikcorps, Schützen und Turner, Sänger, Logenbrüder, Vereine jeder Art, in langen Zügen aus allen Quartieren dem Aufstellungs=Centrum am Union Square zuströmend, und der Himmel im reinsten Frühlingsglanz herabblickend auf eine frohe, dankbare Menschheit, — so brach der Morgen des 10. April an.

Mit bewunderungswürdiger Ruhe und Planmäßigkeit ging die Aufstellung vor sich, mit gleicher Präcision unter dem Donner von 101 Salutschüssen der Abmarsch bald nach 11 Uhr; dieselbe Ordnung und Haltung charakterisirte den Festzug selbst vom Ausgang bis zum Ziele an Tompkins Square. In vollkommener Harmonie damit stand die musterhafte Haltung der Zuschauer, die nicht bloß jedes Fenster, jeden Balkon, Erker und Dächer an der Marschlinie füllten, sondern auch die ganze Bowery, Chathamstreet, City Hall Park, Broadway, 14. Straße (am Washington Monument vorbei), die 2. Ave., Houstonstreet und Ave. A, — die ganze gewaltige Umzugslinie entlang — auf beiden Seiten derselben zehn bis zwanzig Mann tief, dicht an einander gedrängt, drei bis vier Stunden lang den=

selben Standpunkt behaupteten, um die Prozession vollständig vorbeipassiren zu sehen. Die Zahl der Zuschauer am Broadway allein ist mit 200,000 nicht zu hoch angenommen, und obgleich die Angaben über die Stärke des Festzuges sehr differiren, giebt doch die der ihn bildenden 12 Divisionen (im Durchschnitt à 3000 Mann) einen ziemlich sicheren Anhalt für die mittlere Annahme von 30= bis 40,000 daran Theilnehmenden.

Der dritte Kanonenschuß ertönt, Fanfaren schmettern, Tausende von deutschen Bannern flattern im Morgenwinde; — hoch schlägt jedes deutsche Herz und stolze Wonnethränen füllen manches Männerauge, während der majestätische Zug sich feierlich die breite Bowery hinab bewegt, — ein zwischen unendlich belebten, blühenden, farbenschimmernden Ufern dahinwallender Riesenstrom.

Und so in seiner ganzen frischen Herrlichkeit und glänzenden Entfaltung sahen die eingeladenen Gäste—in ihrer Mitte der Gouverneur des Staates New=York, J. T. Hoffman*) die Spitzen der städtischen Behörden, der deutsche General=Consul Rösing, die Consule Hack und Stamwann, eine Anzahl deutscher und amerikanischer Notabilitäten, unter letzteren der ehrw. Peter Cooper; die Vertreter der Presse 2c., mit den zu ihrem Empfang anwesenden Mitgliedern des Vorstandes und Comité's, von einer vor City Hall errichteten Festtribüne aus' den nach dem einstimmigen Urtheile der deutschen und amerikanischen Presse großartigsten und glänzendsten Festzug vorüberziehen, der sich je durch die Metropole bewegt hat. Es verdient besonderer Erwähnung, daß der Mayor von New=York, Oakey Hall, in der entgegenkommendsten und liberalsten Weise den Balkonsaal von City Hall und andere Räumlichkeiten für die Empfangs=Feierlichkeit eingeräumt und aus eigenem Antriebe die Tribüne hatte herrichten lassen. Vor der Revue hielt Präsident Salomon im Namen des Comité's folgende, in englischer Sprache an Gouverneur Hoffman gerichtete Ansprache an die Versammelten:

„Ehe der Festzug vorüberkommt, halte ich es für angemessen, einige Worte zur Erklärung des Festes zu sprechen, welches heute von der gesammten deutschen Bevölkerung New=Yorks gefeiert wird. Durch Bluts= und Freundschaftsbande, wie die Liebe zum Vaterlande mit der alten Heimath verbunden, sehen wir in dem Triumphe Deutschlands über den Erbfeind die Verwirklichung von Wünschen und Hoffnungen, die vor wenigen Jahren noch in das Gebiet der Träume gehörten. Daher die Einmüthigkeit des Jubels, die Intensität unserer Freude. Frankreich war seit Jahrhunderten darauf bedacht gewesen, Deutschland zu zersplittern, um es um so sicherer berauben zu können. Das war die traditionelle Politik Frankreichs. Zum prägnantesten Ausdrucke kam dies politische Prinzip unter Ludwig XIV. und Napoleon I. Der dritte Napoleon trat in die Fußtapfen seines Oheims. Frivol, wie nie zuvor in der Geschichte der Völker, wurde der Krieg an Deutschland erklärt. Napoleon und mit ihm Frankreich, glaubten des Sieges gewiß zu sein und nahmen in Gedanken schon eine neue Territorial=Eintheilung Deutschlands vor, bei der sie sich selbst reichlich bedachten. Aber keine einzige von französischer Seite gemachte Voraussetzung ging in Erfüllung. Die von den Franzosen gehegte Einbildung von der inneren Zerrissenheit Deutschlands, die ihnen früher ein so trefflicher Bundesgenosse gewesen war, löste sich in Nebel auf. Nord und Süd standen fest zusammen. Furchtbar mußte Frankreich

---

*) Selbstverständlich waren auch Einladungen an den Präsidenten der Ver. Staaten, die Mitglieder des Cabinets, hervorragende Congreß=Mitglieder und die deutschen und östreichischen Gesandtschaften ergangen. In seinem Antwortschreiben an das Comité sagte Präsident Grant: ..... „Es würde mir großes Vergnügen gewähren, Ihrer Einladung Folge zu leisten und dem Feste beizuwohnen, da aber der Schluß der gegenwärtigen Sitzung des Congresses so nahe bevorsteht, werden mir meine öffentlichen Pflichten nicht gestatten, von der Hauptstadt abwesend zu sein." — In ähnlicher Weise entschuldigten sich die meisten der in Washington Eingeladenen. Das Schreiben des General=Anwalts A. J. Akerman characterisirt die amerikanische Anschauungsweise in folgender Stelle: „..... Empfangen Sie meine warmen Glückwünsche zu der Beendigung des Krieges in Europa. Außer den allgemeinen Gründen, welche alle Wohlmeinenden bewegen, Frieden zu wünschen, sollten die nationalen Traditionen alle Amerikaner mit Freude darüber erfüllen, daß die Landsleute Steuben's aufgehört haben, Feinde der Landsleute Lafayette's zu sein." — Der k. k. östreichische Gesandte, Baron v. Lederer, „glaubt dem Comité auch seinerseits aussprechen zu müssen, daß er dessen Gefühle vollkommen theile, daß jene Länder, welche jüngsthin der Schauplatz des Krieges waren oder durch denselben in die Mitleidenschaft gezogen wurden, wieder der Segnungen des Friedens theilhaftig werden mögen." — Der deutsche Bundesgesandte, Baron v. Gerolt, hatte „bereits zugesagt, einer an demselben Tage hierselbst veranstalteten Friedensfeier beizuwohnen zu wollen", und sprach sein lebhaftes Bedauern darüber aus, daß es ihm „nicht vergönnt sei, an dem Centralpunkte der deutschen Bewegung während des nunmehr glücklich beendeten Krieges, bei der Friedensfeier zugegen sein zu können."

den Frevel der Herausforderung zum Kriege büßen. Gebrochen liegt es jetzt zu den Füßen des Siegers. Und es mußte so kommen, wenn nicht Europa für ewige Zeiten ein großes Heerlager bleiben sollte. Es war Deutschlands Mission, den Störenfried der Ruhe Europa's unschädlich zu machen, und es hat zum Lohne für die Erfüllung derselben die lang ersehnte Einigung aller seiner Stämme errungen. Deutschland ist trotzdem weit von allem Sieges=Hochmuth entfernt. Der Character des deutschen Volkes ist friedfertig, sein Sinn ist nicht auf trügerische „Gloire" gerichtet, sondern auf die Künste des Friedens, auf den gewerblichen, socialen Fortschritt. Wir Deutschen jubeln nur, daß es unserem Vaterlande endlich vergönnt ist, sich rückhaltslos diesen Eingebungen eines edlen Instincts hinzugeben; das ist der Sinn der heutigen Feier!"

Gouverneur Hoffman erwiderte darauf:

„Ich habe nicht geglaubt, in die Lage zu kommen, bei dieser Gelegenheit eine Rede halten zu müssen; ich freue mich aber, daß ich an Sie, meine Herren, an diesem Tage, der ein Tag der Freude für Sie und Ihre Landsleute ist, einige Worte richten kann. Wir Amerikaner brauchten Deutschland nicht erst durch seine Siege in dem eben verflossenen Kriege kennen zu lernen. Wir kennen Deutschland durch diejenigen seiner Söhne, welche dieses Land zu ihrem zweiten Vaterlande erkoren haben. Wir kennen deutschen Fleiß, deutsche Ausdauer, deutschen sittlichen Ernst, deutsche, Gut und Blut dahin gebende Opferwilligkeit, wenn es den Kampf gilt um diejenigen idealen Güter, ohne welche das Leben nicht lebenswerth ist. Wir freuen uns mit Ihnen, daß Sie Ihr Vaterland, welches Sie vor Allem lieben, endlich nach langer schwerer Prüfungszeit einig im Innern, stark nach Außen und dadurch in der Lage sehen, sich, dem deutschen Charakter gemäß, friedlich und gedeihlich zu entwickeln, gleichzeitig zum Segen aller anderen europäischen Staaten, von denen es umschlossen wird. Kaiser Wilhelm vergaß nie, wenn er eine neue Siegesbotschaft in die Heimath meldete, dem Herrn Dank abzustatten für die neue Gnade. Gott hat Sie heute in gleicher Weise verpflichtet durch den lächelnden Himmel, den er über Ihrem schönen Feste ausspannte, Sie also gewissermaßen nöthigte, des Beispiels des deutschen Kaisers eingedenk sein."

Die Marschordnung, in welcher der Zug nun vorbeidefilirte, war folgende: Die 1. Division umfaßte sämmtliche Militär=Organisationen der Deutschen, geführt vom Divisions=Marschall, Gen. J. C. Bendix, mit Stab: das 3. Regiment Cavalerie, das 5., 6., 11. und 96. Regiment und verschiedene Bataillone Infanterie (vom 1. und 55. Regiment), 2 Batterien Artillerie (eine dritte feuerte die Salutschüsse auf Union Square); dann folgte, escortirt von Capt. C. Klein's unabhängiger Caballerie und eigenem Musikcorps, der Festmarschall General=Major Franz Sigel, zwischen den beiden assistirenden Festmarschällen, den Obersten Senges und Meyer, und an der Spitze einer glänzenden Suite von Adjutanten reitend, — das Ganze ein imposanter deutscher Heerbann, an dem man die kraftvollen Männergestalten, ihre kleidsamen Uniformen, die glänzenden Waffen, die wohldressirten Pferde und vor Allem die straffe, militärische Haltung im Paradeschritt nicht genug bewundern konnte.

Die 2. Division, welche als besondere Zierde die vereinten Reit=Clubs von Brooklyn und Hoboken, 50 geübte Reiter auf edlen Rennern, in die Mitte genommen hatte, war die der „Vereinigten Sänger", Divisions=Marschall Major G. W. Sauer. Unter etwa 25 Gesangvereinen, alle sich auszeichnend durch schöne Fahnen, die uniforme Tracht und würdevolle Haltung ihrer Mitglieder, die Vorstände und Ehrengäste in offenen Wagen, ragten die großen Vereine „deutscher Liederkranz" (400 Mieglieder) und „Beethoven=Männerchor" hervor, letzterer mit einem grandios ausgestatteten Festwagen, der des Meisters bekränzte colossale Büste trug. Daran schlossen sich in Equipagen die Vertreter der deutschen und anderer Gesellschaften, sowie 16 verschiedene Vereine. Mit ihnen rauschten die Melodien deutscher Lieder vorüber; Jubelklänge erschallten, und unter den immer wieder begeisterndem Tönen des „Wacht am Rhein" erschien nun das bekannte Bild derselben in dem Prachtstücke der Feier, dem von 6 weißen Pferden gezogenen Friedens= oder Festwagen, hoch auf dem rheinumflossenen Felsen stehend, eine imposante Jungfrauengestalt als Germania, umgeben von den Genien der Kunst, Industrie, des Ackerbaues und der Wissenschaft. — Die 3. Division — D.=M. Capt. J. F. Gerdes — enthielt sämmtliche Schützengesellschaften und Jagd=Clubs in ihren malerischen Waidmannstrachten und mit ihrer Waldeslust und Freiheit athmenden Jagdmusik; die 4te — D.=M. G. C. Wangemann — die deutschen Turner in einer Menge von Vereinen, ein lebendes Bild des „Frisch, froh, fromm, frei", — die deutschen Patrioten von 1848—49 mit einem Invaliden=Wagen, deutsche und New=Yorker Veteranen, Pionieren,

und Ponton-Wagen, 400 Zimmerleute, Alle mit blanken Aexten, und verschiedene andere
Verbindungen. Großen Jubel rief der „Kaiserzug", in der Mitte der Division, hervor:
eine offene, von 4 Schimmeln gezogene und von 8 Kaisergarden zu Pferde escor=
tirte Staatskarosse, in der die lebenden Abbilder des Kaisers Wilhelm und „Unseres Fritz"
saßen. Die stattliche 5. Division — D.-M. Capt. G. Kinkel — wurde aus=
schließlich von den deutschen Militär- und Civil-Organisationen von Brooklyn,
Town of Union, Hoboken und Jersey gebildet; eine besondere Zierde derselben
waren zwei prangende Blumenwagen, einen Flor junger Mädchen tragend. Die 6.
Division — D.-M. H. Clausen — war einzig in ihrer Art, eine vollendete Symbolik
verschiedener großer Gewerke. Die Palme unter ihnen trug der ebenso verschwende=
risch, wie künstlerisch sinnreich componirte Festaufzug der Brauer von New-York und
Umgegend davon. Ein sechsspänniger, reich drapirter Monstre-Wagen mit einer höchst
gelungenen Personification des Königs Gambrinus und seines Hofstaates und der In=
schrift:

    Aus Gerste hab' ich Malz gemacht,   Drum können Brauer mit Wahrheit sagen,
    Hab' so das Bier zuerst erdacht —   Daß sie einen König zum Meister haben.

darnach eine Reihenfolge trefflich bespannter Wagen mit dem ganzen Apparate des Brauerei=
Betriebes, bedient und gehandhabt von kräftigen Brauern und versehen mit launig=kernigen
Mottos:

    Heut' siehst du, Bruder Jonathan,
    Was der deutsche Michel leisten kann.

    Was gab dem Deutschen seine Kraft?
    's war Einigkeit und — Gerstensaft;

    Lieb Vaterland kannst ruhig sein!   Wir auch am Hudson halten Wacht
    Die Wacht am Rhein steht nicht allein;   Für deutsche Ehre, für Deutschlands Macht. —

endlich die stattliche Cavalcade der etwa 50 Braumeister, — das Alles vereinte sich zu einem
treffenden Bilde des civilisatorischen Triumphzuges des deutschen Getränks durch die Neue
Welt. — Es folgten die vereinten Bürger der 19. Ward, eine der Hauptstützen des
Deutschthums der Stadt; Gesang- und Kranken-Vereine aus der obern Stadt und Umge=
gend und in drei Abtheilungen Vereine von Arbeitern und Vertreter verschiedener Gewerke
und Fabriken, alle mit Emblemen oder mit treffenden Illustrationen ihres Betriebes.
„Musik ist die allgemeine wahre Menschensprache" war die Banner-Inschrift der Stein=
way-Pianoforte-Fabrikarbeiter; „Mit Muth und Kraft der Deutsche sich die Heimath
schafft" die der Sebastian & Saal-Wagenfabrik. — So führte die 7. Division — D.=
M. H. Templer — und theilweise die folgenden eine ganze Reihenfolge von Darstellungen
von Werkstätten und Emblemen der verschiedenen Handwerke und Manufacturen, der Gerber,
Schmiede, Eis-, Essig- und Sodawasser-Fabricanten, Topographen, Schiffer, Maschini=
sten und anderer „Gilden", illustrirend vor. In ihrer Mitte paradirte das fürstliche
Gespann des Apotheker-Millionärs Helmbold. Es blieb, wie auch aus den weiteren,
gedrängten Angaben hervorgehen wird, kein Gewerbe unvertreten und sie alle waren re=
dende Beweise von der Blüthe deutschen Gewerbefleißes in diesem Lande. Lebhaft applau=
dirt wurde ein Zug von Seeleuten des Hamburger Dampfschiffes „Allemannia", mit
einem wohlbemannten Ruderboot in ihrer Mitte und dem Frachtzuge der „Kaiserlich deut=
schen Post". Ebenso eine Bürgerabtheilung mit „Deutschland unter einem (Riesen=) Hut"
auf dekorirtem Wagen. Die 8. Division — D.-M. H. Peters — bestand vorwie=
gend aus Organisationen der 1., 4., 5., 8., 9., 10., 16. und 18. Ward, alle mit ge=
schmackvoll decorirten Wagen und Musikcorps; da sah man Bacchus, Germania und Ge=
nien jeder Art in reizender Umhüllung; dann folgten etwa 1000 Cigarrenmacher mit
einer Riesencigarre, die deutschen Restaurateure mit einem „Küche und Keller" in Thätig=
keit vorstellenden Wagen. „Wort und That", eine Vereinigung von Künstlern; die Barbiere
von New-York, und eine Menge geselliger Clubs und Lese-Vereine, den „Fritz Reuter=",
„Moltke=", „Mondschein=" und die gemüthlichen „Rauch-Clubs" nicht zu vergessen.
Wie sahen sie Alle so respectabel aus mit ihren ehrlichen deutschen Gesichtern, in ihren sau=
beren Anzügen, Schärpen und weißen Handschuhen! Die 9. Divison — D.-M. Col.
Lux — vereinten die zahl- und einflußreichen Orden und Logen: die Hermannssöhne (54),

die Söhne der Freiheit (50), den Orden der Harugarie, (37 Logen); den „unabhängigen Orden der Rothmänner"; den der „Sieben weisen Männer" und andere mit Fahnen, Abzeichen, und Musik, in einer Gesammtstärke von etwa 10,000 Mann. Die 10. Division — D.=M. E. Schwarz — umfaßte die ebenfalls weit verbreiteten Vereine der „Social-Reformer" und an 50 verschiedene Krankenunterstützungs-Vereine, Freundschafts- und Social-Clubs, Lessing-, Körner-, Guttenberg-, Robert Blum-, Wilhelm Tell" ec. Verbrüderungen, den Breslauer Cooperativ-Verein und ähnliche; die Goldarbeiter, Vergolder und Versilberer von New=York und Newark und die Arbeiter mehrerer Fabriken. Die 11. Division wurde ausschließlich von den vereinten Metzgern von New=York und Umgegend gebildet. — D=M. E.Seiter —, auch ein stolzer Aufzug! Die älteren Meister in einer Reihe von Barouchen die jüngeren und Gehülfen in nicht weniger als 10 schlechtengewohnten Compagnien zu Roß, alle mit weißen Schürzen, dann mehrere decorirte Wagen. Die Spitze der 12. Division — E.=M. L. C. Georgy — nahmen die vereinten deutschen Bäcker New=Yorks in weißer Amtstracht ein, an die sich der Conditor-Verein anschloß. Dann folgte wieder eine reichhaltige illustrirte Musterkarte von Gewerben und Industrien: Cigarrenpacker, die auf dem Wagen gemachten Cigarren austheilend; 50 junge Mädchen, ebenso künstliche Blumen fertigend und spendend; andere auf Schaukelpferden und in Kinderwagen; 500 Bergknappen, einen „Mineralienberg" begleitend; Vereine der deutschen Schuhmacher, Schriftgießer, Posamentiere, Schulz und Warker's Mineralwasser-Fabrik in voller Thätigkeit, an die Weinspenden bei den Kaiserkrönungen in Frankfurt erinnernd; weiter kamen Korb-, Möbeln-, Matratzenmacher, ja Besenbinder, und sogar die Pulverfabrikation konnte man „anschauen". Es war dem Comité nicht leicht geworden, bei der Entscheidung über die Zulässigkeit der vielen Anmeldungen Industrieller zur Theilnahme am Zuge eine scharfe Grenze zu ziehen zwischen der damit bloß bezweckten „Annonce" und dem Bestreben, das Gesammtbild dieser nationalen Schaustellung zu vervollständigen, und ohne Einhaltung einer solchen wäre es ein Leichtes gewesen, den Zug ins Unendliche zu verlängern. In Oberst Brinker's 1. Cavalerie-Regiment erhielt die Prozession einen angemessenen Abschluß. Die Mehrzahl der Gäste hatten sich derselben gegen 2 Uhr in den hinter City Hall für sie bereitstehenden Wagen angeschlossen und gegen 3 Uhr erreichte die Spitze Tompkins Square. Dieses baumfreie „Quadrat" hält nahezu eine Million solcher Fuße und ist nach dem nördlichen Rande des Theiles von New=York hin belegen, der im Munde des Volkes „Klein=Deutschland" heißt. In dieser Gegend hört man fast nur Deutsch reden, und nur die Physiognomie der Häuser und Straßen erinnert an Amerika. Deutsche Privatwohnungen, Wirthschaften, Kleingeschäfte und mit deutschen Handwerker- und Arbeiter-Familien gefüllte thurmhohe Miethhäuser umgeben fast ganz den baumfreien Platz, der für eine deutsche Massenversammlung nicht besser gewählt sein konnte. In der Mitte desselben erhob sich die mit einem Kostenaufwande von $3300 nach dem Plan C. Kinkel's von Sieger errichtete und von Günsel decorirte Monstre-Tribüne, ein Achteck von 104 Fuß im Durchmesser mit 4 an den 4 Seiten je ca. 25 Fuß vorspringenden Redner-Tribünen und einer terrassenförmig aufsteigenden Platform in der Mitte für die Sänger und die mitwirkenden Musiker des Vereins „Aschenbrödel" u. a. Der erhöhte Standpunkt der Dirigenten (A. Paur und Bergmann) erhob sich 12 Fuß über der Grundfläche. An der Südostseite sprudelten zum Besten des Hülfsfonds die Soda- und Mineralwasserquellen der Firma Schulz & Warker. Die massiven Pfeiler, welche den wuchtigen Bau trugen, setzten sich nach oben in 44 Flaggenmasten und Stangen fort, welche, den 60 Fuß hohen mittleren Mastbaum, der riesige schwarz-weiß-rothe Fahne trug, im Kreise umgebend, mit Thuja-Grün umwunden und in Guirlanden verbunden waren, von denen über 1000 buntfarbige Lampions herabhingen. Ueber den Redner-Tribünen wehten große deutsche und amerikanische Flaggen, von den Masten die sämmtlicher Staaten Deutschlands; die Außenseiten der ganzen Tribüne, zu welcher zwei breite Treppen hinaufführten, waren in den deutschen Farben drapirt. Von diesem schimmernden Mittelpunkte aus schweifte der Blick nach allen Seiten hinüber nach dem die Fronten der Häuser deckenden, bewegten Teppich von Fahnen und Fähnlein, Lampen, Kränzen und Transparenten. Selbst die irische Kirche an der Ostseite des Platzes hatte sich des Festschmuckes nicht enthalten, und manches grüne Banner in der Nähe zeugte von der Wirkung des guten Beispiels. In planvoller Ordnung rückte eine Division nach der andern unter den Augen des Festmarschälle auf dem Festplatz ein und schwenkte nach der ihr zugewiesenen Position ab, bis gegen halb 5 Uhr alle im Umkreise der Tribüne placirt waren, mit Ausnahme der Caballerie, Artillerie und der berittenen Abtheilungen, die ihre Standpunkte an der Außenseite des Platzes erhielten. Bis dahin durch die Polizei, deren erste Beamten selbst in voller Uniform zugegen waren,

freigehalten, wurde derselbe nun dem Volke geöffnet, welches ihn alsbald nach allen Rich=
tungen in der Umgebung der Tribüne bedeckte.

Im milderen Lichte der allmälig sinkenden Sonne ging nun der letzte feierliche Akt des
Festes vor sich.

An den zum Besten des Festfonds verkauften Abzeichen erkennbar, bildeten die sämmtli=
chen Mitglieder des Comité's und der Executive, die Gäste, die vereinten Sänger und Or=
chester und eine Menge namhafter deutscher Bürger New-York's eine die Riesen-Tribüne
füllende Versammlung, welche durch die vier Präsidenten der Rednerbühnen organisirt
wurde, — inselartig ragte sie aus der sie umwogenden zahllosen Volksmenge empor. —
Nun erschallen Signale und — "stille ward's." — "Ein' feste Burg ist unser Gott" tönt
es herab, ein herzerhebender Einklang deutscher Männerstimmen — alle Häupter entblö=
ßen sich, und hehres Weihegefühl durchdringt die gewaltige Gemeinde... Dann folgte der
erste Redeact, eingeleitet durch gleichzeitige Ansprachen der Präsidenten der Redner-Tribü=
nen, Prof. Schem, H. Wesendonck, W. Wallach und Dr. Löwenthal, an
die sich die Reden der Herren Oswald Ottendorfer, S. Kaufmann, Cul=
len Bryant, (englisch) und Ed. Salomon anschlossen.

Gaben diese, jede in eigener Weise, der Begeisterung neue Nahrung, so wirkte dann der
dem zweiten Redeact vorhergehende Vortrag der "Wacht am Rhein" durch die Sänger
ergreifend, wie der Heimat Ruf. Darauf redeten die Herren Magnus Groß,
Dr. Adolph Keßler, Dr. Barthelmeß und unter dem Impulse des Augen=
blicks noch mehrere andere. Wollten wir dem Verdienste sämmtlicher Redner, dem eben=
so tief empfundenen wie geist= und wirkungsvollen Ausdrucke, den sie den patriotischen Ge=
fühlen und Wünschen und der nationalen, wie welthistorischen Bedeutung der Feier zu
geben verstanden, gerecht werden, so müßten wir den uns gestatteten Raum weit über=
schreiten. So müssen wir uns selbst in der Wiedergabe des Bedeutsamsten auf ein bescheide=
nes Maß beschränken:

Prof. A. J. Schem sagte in seiner Eröffnungsrede: "Wir feiern heute ein großes
Ereigniß, ein Ereigniß, das leben wird auf den Blättern der Geschichte und das einen
Wendepunkt bildet in der Entwickelung des deutschen Volkes; wir feiern den Frieden, der
Deutschland zu einem der mächtigsten Länder der Erde erhebt. Seit zweitausend Jahren
spielt das deutsche Volk eine Rolle in der Geschichte, und viele seiner Schöpfungen sichern
seinem Namen die Unsterblichkeit. Aber ihm fehlte eine Bedingung zu dauernder Größe,
— die feste Grundlage der nationalen Einheit.... Der Frieden, den wir feiern, giebt
dem deutschen Volke die Einheit, die es so lange entbehrte; die feste Grundlage, auf dem es
fortbauen kann an der größeren Aufgabe der Zukunft, dem Ausbau seiner Freiheit."

Dr. Löwenthal betonte die Bedeutung der Feier als eines Siegesfestes und die
volle Berechtigung der Deutschen zu einem solchen. Als Fest des Friedens sei es zugleich
ein Fest der Freiheit. "Der deutsche Sieg wird auch Deutschlands Freiheit bedeuten. Ist
unser theures Vaterland bisher trotz bürgerlicher Unfreiheit nicht dennoch die sicherste Hei=
math der allgemeinen menschlichen Freiheit gewesen? Sind es nicht Deutsche, welche eine
freieste Gesellschaft repräsentiren? Und wenn der letzte Trommelschlag verhallt sein wird,
der den deutschen Kriegern das Zeichen gab, ihre Reihen aufzulösen, dann wird ohne Zö=
gern ein anderes Signal ertönen, welches die Soldaten des Geistes und des Fortschritts un=
ter die Fahne ruft."

Im Eingange seiner Rede bemerkte Herr Ottendorfer: "Das höchste Lob, das
man der heutigen Feier zollen kann, besteht in der Anerkennung, daß sie würdig der Ver=
anlassung war, durch die sie hervorgerufen wurde." Dann die fast ausnahmslose Bethei=
ligung aller Deutsch-Amerikaner jedes Standes und Alters als aus ihrer natürlichen Sym=
pathie für die Wiederherstellung und Wiedervereinigung Deutschlands entsprungen, hervor=
hebend, erinnerte er die amerikanischen Mitbürger daran, "daß unser Enthusiasmus der=
selben Quelle entspringt, aus der das amerikanische Volk seine Begeisterung und Opferwil=
ligkeit für die Erhaltung und Vertheidigung der Union schöpfte.... In dem Tribut,
den wir der glücklichen Verwirklichung der Einheitsbestrebungen des deutschen Volkes zol=
len, ist eine Garantie zu erblicken, daß wir stets mit demselben Eifer, mit derselben Be=
geisterung für die unverletzte Erhaltung der nordamerikanischen Union in die Schranken
treten werden.... Und von dieser Seite betrachtet, sind wir berechtigt zu erwarten, daß
alle unsere Mitbürger, welcher Abstammung sie immer sein mögen, in unseren Jubel ein=
stimmen. Denn die Siege, welche die deutschen Volksheere auf den blutigen Schlachtfel=
dern errungen, — sind ein Triumph der Wahrheit und des Rechtes über Lüge und Herrsch=

sucht, der Sittlichkeit über Frivolität und der Cultur und wahren Civilisation über Roh=
heit und Leidenschaften.

Mit einer kurzen, kräftigen Ansprache trat Herr Pastor Moldehnke für den am Er=
scheinen verhinderten zweiten englischen Redner Horace Greeley ein und schloß mit
den Worten: „Wir jauchzen und geben als ein deutsches sittliches Volk unserer Freude mit
den Worten Ausdruck: Gott allein die Ehre!"

Daran schloß sich ein von Herrn Friedr. Gerhard verfaßtes und vorgetragenes Ge=
dicht „zur Friedensfeier," welches als „erstes Ziel" des Friedens ein einiges, als
zweites ein freies Deutschland feierte. Wir citiren die Strophen:

> „Die Freiheit! — hehres, stolzes Wort! Du höchstes Ziel der Starken,
> Wann wird **Dein** glorreich Banner weh'n in Vaterlandes Marken?
> Wann singen Deutschland's Söhne, die so brav, so treu und bieder,
> Dir, Herrscherin der künft'gen Zeit, **Dir** ihre Jubellieder?
> O stärke auch zu diesem Kampf des Vaterlandes Söhne,
> Und zeige Dich in hehrem Glanz, in Deiner vollen Schöne!

Auf die Veranlassung zum Kriege zurückgehend, sagte Ed. Salomon: „Es war ein
Raubzug, der von Frankreich ausging, um Deutschland zu verheeren, zu demüthigen,
und zu berauben.... Aber ein gerechter und heiliger Kampf war's, zu dem unser deut=
sches Volk diesen Krieg von seiner Seite machte!... Aus sich selbst heraus,
aus der eigenen Kraft und Macht und Ausdauer seines Volkes
hat sich dieses neue deutsche Reich gebildet.... Lasset uns gute Deutsche
bleiben in Charakter und Gesinnung, aber auch gute Bürger dieser Republik, gute Ameri=
kaner sein in Wort und That; dann dürfen wir mit Stolz auf unser altes Vaterland und
auf das Land unserer Wahl blicken und in dem Bewußtsein glücklich sein, daß diese beiden
Länder, Deutschland und Amerika, die Hauptstützen sind für die freie und wahre Entwicke=
lung des Menschengeschlechts."

Die englischen Reden kennzeichneten die neue und künftige Geltung des Deutschthums in
den Augen der Amerikaner. Unter lebhaftem Applaus sagte Capt. Dugaune: „Seit
dem Tage, an welchem Deutschland, das keinen Krieg wollte, gezwungen wurde, zum
Schwert zu greifen, hat kein Amerikaner dem deutschen Volke seine Sympathien vorenthal=
ten können. Deutschland ist jetzt untrennbar und einig und hält die Geschicke Europa's in
seinen Händen. Die Ver. Staaten senden dem deutschen Kaiserreich ihren Gruß und wün=
schen ihm Glück und Ruhm."

Ein vielstimmiges "Hurrah for the good old gentleman!" riefen die Worte des ehrwür=
digen Wm. Cullen Bryant: „Den leichtsinnig sich in den Krieg stürzenden Franzo=
sen gegenüber sehen wir eine Nation voll Bildung und Intelligenz, voll Energie und Aus=
dauer und an Tapferkeit in Nichts ihrem Gegner nachstehend. Daneben besaß dieselbe
eine militärische Organisation, wie in gleicher Ausbildung die Welt sie zuvor nicht gesehen
hat," hervor.

H. Wesendonck betonte die Stärke und Innigkeit der geistigen Verbindung der Deut=
schen Amerika's mit dem alten Vaterlande.... „Denn mögen wir auch unter dem Sternen=
banner ein freies und glückliches Leben führen, unser Herz gehört dem deutschen Vaterlande
und hängt mit unzerreißbaren Banden an seinen Geschicken. Sein Wohl ist unser Wohl,
sein Wehe unser Wehe. Sein sind wir bis an das Ende unserer Tage!" Dann wies er
in einer übersichtlichen Darstellung der Angriffe Frankreich's auf die Integrität Deutsch=
land's seit Jahrhunderten dessen „Recht und Pflicht" nach, „Elsaß und Deutsch=Lothringen
sich wieder einzuverleiben" und schloß mit den Worten: „Der Zerfall Oesterreichs, der un=
ter der antideutschen Richtung, die es eingeschlagen hat und vielleicht einschlagen muß, nicht
ausbleiben kann, wird auch Deutsch=Oestreich dem deutschen Reiche zuführen. Das
Recht der Selbstregierung wird dem deutschen Volke nicht verweigert werden können. Die
Ohnmacht Frankreich's wird es möglich machen, daß Deutschland die Waffen des Krieges
mit denen des Friedens vertauscht, und das auferstandene Deutschland wird seinen großen
Beruf erfüllen, durch Bildung und Fortschritt, Wissenschaft und Kunst allen Völkern der
Erde voranzuleuchten."

Dr. Ad. Keßler zog eine Parallele zwischen dem amerikanischen Secessionskampfe
und diesem Deutschland aufgedrungenen Kriege: „Deutschland hat gleich Amerika die
Feuerprobe bestanden.... Wir aber mögen uns glücklich schätzen, die wir seine Wieder=
geburt erlebten.... Wir wollen an den geschichtlichen und civilisatorischen Aufgaben der
deutschen Nation einen regen Antheil nehmen und als Bürger dieser Republik das Binde=

glied zweier Welten sein.... Daß dieses erhebende Friedensfest zur wärmenden und befruchtenden Sonne deutscher Einigkeit in Amerika werde, das walte Gott!"

Magnus Groß entwickelte die folgenden Gesichtspunkte: „Das Bewußtsein der Zugehörigkeit zu einer großen Nation ist ein erhebendes Gefühl. Wir Deutsch-Amerikaner haben es nie stolzer und freudiger empfunden, als heute. Nicht mehr blos Bürger dieser freien Staaten sind wir, sondern wieder die Söhne des wiedergeborenen, einigen All-Deutschlands.... Wohin wir in Zukunft uns auch wenden mögen — da, wo für uns das sichere Geleite der Sterne und Streifen aufhört, hebt der Schutz der schwarz-weiß-rothen Flagge an.... Wir haben Treue der Republik gelobt und in der Stunde der Noth und Gefahr sie erprobt; wir haben Liebe der alten Heimat bewahrt, und in der Stunde ihrer Prüfung sie an den Tag gelegt.... **Deutscher von Herzen, Amerikaner aus Wahl, Weltbürger durch Gesinnung** — das seien die stolzen Prädikate eines **Deutsch-Amerikaners**!"

In eindringlicher Weise bezeichnete Sigm. Kaufmann die künftige Aufgabe der Deutschen in Amerika: „Wir aber, wir Deutsche in diesem Lande, wir sollten von dieser Feier uns alle, von Ost und West, von Süd und Nord des alten Vaterlandes, die Augen öffnen lassen, und sollten an unserer culturgeschichtlichen Bestimmung hier in Amerika ohne Unterschied der Parteikaste und des Parteigeistes weiter arbeiten. Gehen wir nicht so leicht darüber hinweg, stehen wir als eine geschlossene Phalanx da und zeigen wir den Amerikanern, daß wir uns des Zieles, das wir uns gestellt, wohl bewußt sind! Nur dann können wir uns unsern Brüdern im alten Vaterlande zur Seite stellen und uns hier eine Stellung sichern, die der entspricht, welche die Deutschen jetzt in Europa einnehmen."

Gleich beherzigenswerth waren die Ansprachen von Willy Wallach und Dr. Bartelmeß, jene durchdrungen von der wohlthuenden Wärme bürgerlichen Gemeinsinns, diese von patriotischem Enthusiasmus getragen.

Der „Krönungsmarsch" aus dem „Propheten" schloß die Redeacte und bildete den Uebergang zu den von den vier Tribünen aus gleichzeitig von den Herren A. Klamroth, Dr. H. Gercke, Dr. Th. Heidenfeld und Emil Unger verlesenen **Beschlüssen an das deutsche Volk**, welche von der versammelten Menge mit wiederholten Beifallsausdrücken aufgenommen wurden. Sie lauten: ...

„In großer ernster Volksversammlung vereinigt, die Wiederkehr des Friedens festlich zu begehen, sind wir, als freie Bürger der Ver. Staaten, und seiner hohen, weit über die Grenzen Deutschlands und Frankreichs hinausreichenden Bedeutung bewußt, und in diesem Sinne legen wir unsere Gefühle und Erwartungen in den nachfolgenden Beschlüssen nieder:

1) Wir blicken mit Stolz und Bewunderung auf die durch den Frieden gewonnenen Errungenschaften des deutschen Volkes: — die Entwaffnung eines Feindes, welcher in der Verhinderung der deutschen Einheit das Hauptziel seiner Politik erblickte, — die Aufhebung der Mainlinie und die Verbindung der nord- und süddeutschen Staaten mit einem aus dem allgemeinen Stimmrechte hervorgegangenen Reichstage. Das zu schöner Entfaltung gelangte Nationalgefühl und die in allen Schichten der Bevölkerung tief gewurzelte Bildung sind uns eine Bürgschaft für Deutschlands dauernde Einheit und Größe.

2) Wir sprechen unser tiefstes Mitleid mit den Opfern des Krieges aus und hegen die Zuversicht, daß der Reichstag und die Regierungen Deutschlands es als heilige Pflicht erachten werden, die Invaliden und die Wittwen und Waisen der Gefallenen durch umfassende Gesetze in würdiger Weise zu versorgen; wir aber versprechen, die Anstrengungen des deutschen Volkes, die durch den Krieg geschlagenen Wunden zu heilen, nach Kräften zu unterstützen.

3) Wir vertrauen, daß das durch eigene freie That zur klaren praktischen Erkenntniß seiner wahren Bedürfnisse gereifte deutsche Volk den Ausbau seiner politischen Einrichtungen zu einer freien Verfassung mit Einsicht und Entschiedenheit vollenden, und alle Versuche, ihm seine Rechte zu schmälern oder seine innere Entwickelung zu hemmen, mit derselben Kraft und Einmüthigkeit zurückweisen werde, mit der es seine Einheit gegen den äußern Feind gewahrt hat.

4) Wir erwarten, daß die deutsche Nation, deren innerstem Wesen Angriffskriege fremd sind, sich auch jetzt von Waffenerfolgen und Kriegsruhm nicht berauschen lasse, sondern, durch Frankreichs Beispiel gewarnt, ihren Beruf darin erkenne, durch die errungene einflußreiche Stellung im Rathe der Völker eine neue Aera im internationalen Verkehr anzubahnen, in welcher Angriffskriege erschwert, die Abschaffung der großen stehenden Heere ermöglicht und den Grundsätzen der Gerechtigkeit und Humanität die allgemeine Anerkennung gesichert werde.

5) Wir leben der Hoffnung, daß es dem durch Einheit starken, nach außen geachteten und in seiner freiheitlichen Entwickelung stetig fortschreitenden deutschen Volke schon in nächster Zukunft gelinge, die jetzt noch entfremdeten Gemüther der nach Sprache und Sitte deutsch gebliebenen Bewohner von Elsaß und Lothringen dem alten Vaterlande in alter Liebe und Treue wieder zu gewinnen.

6) Wir wünschen und hoffen, daß wie einst für Deutschland die selbstverschuldete tiefste Erniedrigung der Anfang der Selbsterkenntniß und nationalen Wiedergeburt gewesen ist, so auch für das französische Volk die selbstverschuldete tiefe Demüthigung der Anfang ernster Selbsterkenntniß und ruhiger Selbstbeherrschung werde, und daß dasselbe fortan seine wahre Größe, nicht wie in der Vergangenheit in Eroberungs- und Angriffskriegen, sondern im Ausbau seiner inneren Freiheit auf der Grundlage allgemeiner Volksbildung und in der mannhaften Vertheidigung der wahren Volkssouverainität gegen despotische Reaction auf der einen — und blutige Anarchie auf der andern Seite suchen und dauernd begründen möge.

7) Als amerikanische Bürger deutscher Abkunft berufen, die mannichfachen Wechselbeziehungen, welche die Ver. Staaten stets enger und enger mit Deutschland verbinden, klar zu erkennen und kräftig zu fördern, sind wir berechtigt und verpflichtet, unsere feste Ueberzeugung öffentlich auszusprechen, daß die großen Resultate des jetzt in Europa geschlossenen Friedens auch für Amerika von tiefgreifendem, segenbringendem Einflusse sein werden. „Es war die Aufgabe Frankreichs, das alte baufällige Gebäude der europäischen Gesellschaft zu zerstören und abzutragen; es ist die Aufgabe des deutschen Volkes, das neue Gebäude zu gründen und aufzuführen. — Auf dem künftigen Friedenscongresse der Völker Europa's wird einst Deutschland den Vorsitz führen" — und der großen Republik, in welcher Millionen seiner Söhne eine neue Heimath finden, zur Förderung aller höchsten Interessen der Menschheit, über dem Ocean die Bruderhand zum Bunde reichen!"*

Es mag wohl Manchem zu Muthe gewesen sein, als gestaltete sich das in magischem Lichte der untergehenden Sonne schimmernde Firmament zur Wölbung eines gothischen Riesendoms, während die Weihklänge des Gesanges „Nun danket alle Gott" emporschwebten. So schloß die Feier auf Tompkins Square.

Doch nur, um nach wenigen Stunden später in einer feenhaften Illumination wieder aufzuleuchten, die sich über einen großen Theil der Stadt verbreitete und außer unzähligen Privathäusern alle deutschen Vereinslokale, alle Sammelpunkte deutscher Geselligkeit, alle Centralstätten deutscher Intelligenz umfaßte und der überreichen Ausschmückung und Beleuchtung der Gebäude einen erhöhten Reiz verlieh. Die Officinen der „N. Y. Staatszeitung", des

---

*) Dem Präsidium des deutschen Reichstages und dem Fürsten Bismarck wurden diese Beschlüsse in zwei kalligraphisch auf Cartonblättern ausgeführten Abschriften vom Vorstande des Friedensfest-Comité's übersandt. Von ersterem erfolgte folgendes Antwortschreiben:
Hochverehrte Herren!
Das Präsidium des deutschen Reichstags hat, Ihrem Wunsche gerne entsprechend, die mit dem geehrten Schreiben vom 15. v. Mts. eingesandten Beschlüsse der am 10. April c. zu New-York abgehaltenen Volksversammlung zur Kenntniß des Reichstags gebracht.

Das Präsidium ist von dem Reichstage ermächtigt worden, Ihnen den Ausdruck seines innigen Dankes zu geneigter weiterer Mittheilung an Ihren Herrn Auftraggeber zu übermitteln.

Das deutsche Volk bewahrt die ergreifenden Zeugnisse tiefer opferbereiter Sympathie, welche die Stammesgenossen jenseits der Meere ihm in dem weltgeschichtlichen Kampfe um seine Unabhängigkeit und Einheit gegeben haben, in treuem Herzen. Trotz des trennenden Raumes innerlich dem alten Heimathlande verbunden, theilten sie mit ihm die Entrüstung über den frevelhaften Angriff — den Jubel über die beispiellosen Waffenthaten, die Trauer und die Sorge um die Opfer des Krieges, die freudige Genugthuung über den ehrenvollen, die deutsche Westmark sichernden Frieden. Deutschland fühlte sich inmitten seiner gewaltigen Anstrengungen gestärkt und gehoben durch die Treue seiner fern wohnenden Söhne. Es erkannte in ihren Gesinnungen die Tiefe und die weithin wirkende Kraft jenes Nationalgefühls, welches, endlich die Spaltung von Jahrhunderten überwindend, Süd und Nord wieder unter Kaiser und Reich geeinigt hat. Groß und mächtig, seitdem der Bann der innern Zwietracht gelöst ist, — vor dem Mißbrauch seiner Stärke geschützt durch den gerechten Sinn, die Gesittung und Bildung seiner Bürger, wird das neuerstandene deutsche Reich sich der edlen Aufgabe seiner innern freien Entwickelung weihen, — im Rathe der Nationen die Interessen des Friedens vertreten und die freundschaftlichen Beziehungen sorgsam pflegen, die es mit den Culturvölkern der Erde, insbesondere mit der großen Republik verbinden, in welcher Millionen seiner Söhne eine neue Heimath gefunden haben.

Von einer im gleichen Sinne bereits unter dem 5. d. Mts. gefaßten Resolution beehren wir uns eine Anzahl von Exemplaren beizufügen.
Berlin, den 2. Mai, 1871.
Das Präsidium des deutschen Reichstags.
Dr. Eduard Simson, Fürst Hohenlohe, Weber.

„N. Y. Demokrat" und „Journal", die Lokale des „Liederkranz", „Arion", „Beethoven=Männerchors", überhaupt aller Vereine, die Armories, die Turnhalle, das deutsche Theater, die Walhalla, das Prescott=Haus, Steuben=Haus, Germania Assembly Rooms, die Lokale von Werner, Karl, Schwang, Lindemann, Heil, Atlantic= und Bowery=Garden, Sparbanken, Clubs, — die bloße Nennung aller würde Seiten füllen — wetteiferten in geschmackvollen und zum Theil künstlerischen Decorationen, Transparent=Bildern, Inschriften. Ueberall, und vieler Orten treffend und witzig, loderte der Patriotismus auf in Flammenschrift, und vielleicht werden wir, indem wir es uns versagen müssen auf Einzelnes einzugehen, Allen gerecht durch die Bemerkung, daß dem rührenden Wetteifer gerade der Unbemittelten darin die größte Anerkennung zu Theil ward.

Unterdessen gab sich alle Welt, Jeder im Kreise seiner Freunde oder Vereinsgenossen, in gemüthlich deutscher Weise dem heiteren Genusse und der Erholung von den Anstrengungen des Tages hin. Im „deutschen Hauptquartier", dem Liederkranz, und anderer Orten war großer „Commers". Die Wirthe, deren viele wie zur Zeit des amerikanischen Bürgerkrieges, so auch jetzt, sich als gute, zum Theil leitende Patrioten bewährt, hatten sich vorsorglich mit gefüllten Kellern versehen und wurden doch Alle auf's Trockene gesetzt. Es ist berechnet worden, daß an diesem denkwürdigen Tage 10,000 Faß Lagerbier (eine Million Seidel) ausgetrunken wurden.

Die Nachfeier im deutschen Theater am Abend des 11. April erhielt erhöhte Bedeutung durch die Mitwirkung der Frau Marie Seebach. In dem von Victor Precht gedichteten Fest=Vorspiele übernahm sie (neben Fräulein Beneta als „Columbia" und Fräulein Wiese als „Gallia") die Rolle der „Germania", die unter ihrem meisterhaften Spiele zur lebensvollen Erscheinung ward, als sie unter lebhaftem Applaus, mit prophetischer Stimme die Schlußworte sprach:

> „Der Anfang sei es einer großen Zeit,
> In der die Nationen, eng verbrüdert,
> Den Tempel der Humanität erbau'n,
> Daß sich die oft verscheuchte, hehre Göttin
> Aus ihres Himmelssitzes ferner Zuflucht
> In ihrer Mitte bleibend niederlasse
> Und ihr Gebot die höchste Richtschnur sei —
> Und so bedeute dieses hohe Fest
> Dem deutschen Reich des Einheitswerks Vollendung —
> Dem Kaiser der erhabnen Sendung Ziel —
> Dem Volke seiner Freiheit vollen Ausbau —
> Den Deutschen hier des Bürgerthumes Blüte —
> Und aller Welt den künft'gen Völkerfrieden!"

Darauf folgte die Fest=Vorstellung; Rossini's Oper „Wilhelm Tell", und ein patriotisches Schluß=Tableau.

Es ist hier am Orte, der besonderen Verdienste des Finanz=Comité's — Präs. Emil Sauer — und vor allem des Schatzmeisters, Friedrich Kühne, zu gedenken, deren planmäßiges Verfahren und rastloses Bemühen eine der Hauptsorgen fernhielt. Der Schlußbericht des Schatzmeisters ergab an Einnahmen: $7278.96 — Ausgaben: $5479.56 — Ueberschuß: $1799.40, welchen derselbe im Auftrage des Comité's dem Central=Comité in Berlin für die Wittwen und Waisen der gefallenen deutschen Krieger übermachte. Außerdem wurden von den ihre Sammlungen gesondert haltenden Vereinen und Gemeinden verschiedene Beiträge an das deutsche General=Consulat abgeliefert.

Die gesammte amerikanische Presse New=York's, vom „Sun" bis zum „Herald", äußerte sich übereinstimmend dahin, daß das Friedensfest das großartigste Schauspiel gewesen sei, welches New=York je gesehen habe, ja, der Herald geht so weit, zu sagen: „Das größte Schauspiel des Jahrhunderts".

„Die Friedensfeier," berichtet das Journal, „wurde in allen Nachbarstädten in eben so würdiger, wenn auch nicht so großartiger Weise wie in New=York festlich begangen. In Hoboken und Hudson City waren Abends die Häuser erleuchtet und Feuerwerke wurden abgebrannt. Die Hamburger und Bremer Dampfer strahlten in einem Flammenmeer; die bunten Laternen, welche an Masten, Raaen und dem Takelwerk angebracht waren, boten im Dunkel der Nacht einen hübschen Anblick. In Jersey City hielten die Deutschen eine Prozession, an der sämmtliche deutsche Körperschaften Theil nahmen. Abends war in der Sängerhalle eine Vorstellung arrangirt, bestehend aus einem Tableau patriotischen Inhalts.

In **Brooklyn** parabirten die Deutschen in den Vormittagsstunden durch einige Hauptstraßen der Stadt, passirten bei der festlich decorirten City Hall vor dem Mayor Kalbfleisch und dem Stadtrath vorüber und begaben sich dann nach New-York, um sich der dortigen Prozession anzuschließen. Georg Kinkel fungirte als Marschall. In **Williamsburg** waren ebenfalls die Deutschen in voller Stärke ausgerückt. Die Ausschmückung der Häuserfronten sowie die Illuminationen in den deutschen Theilen war eine allgemeine. 60 verschiedene Körperschaften hatten sich zu der Prozession zusammengethan, in der alle Gewerke, Logen und Vereine vertreten waren. Alles war in festlicher Stimmung, zu der das günstige Wetter nicht wenig beitrug."

Eine Menge von Städten im ganzen Gebiete der Union hatten dem New-Yorker Aufruf zur Veranstaltung einer gleichzeitigen Feier Folge geleistet.

Das Friedensfest in **Rochester**, N. Y., war ein vollständiger Erfolg. Vierzehn Gesellschaften rückten aus, denen eine große Anzahl von Bürgern zu Pferde folgte. Der Mayor und der Stadtrath betheiligten sich am Fest.

Ebenso früh feierten die Deutschen in **Norwich**, Conn., und andere nordöstlichen Ortschaften ihren Ehrentag.

In **Cleveland** fand das Fest unter starker Betheiligung der Bevölkerung aus der Umgegend des nördlichen **Ohio** statt. Die Eisenbahnen hatten die Fahrpreise herabgesetzt und zu Tausenden strömten die Leute herbei. Die Decorationen waren prachtvoll, besonders der Triumphbogen am Park, ein imposanter Bau, dessen Herstellung etwa fünfzehnhundert Dollars gekostet hatte. Ueber einem Friedensschilde erhob sich in der Mitte, zwischen den deutschen und den amerikanischen Flaggen, der deutsche Reichsadler. Der Festzug war zwei Stunden lang; bemerkenswerth darin war eine Statue der Germania, die von zwölf Pferden gezogen wurde. Vor dem Triumphbogen hielten Dr. **Meyer** und Hr. **Thieme**, Herausgeber des „Wächter am Erie", Festreden und wurde die „Wacht am Rhein" gesungen. Alle deutschen Geschäfte ruhten während des Tages.

In **Mansfield**, O., hielten die Deutschen ein Fest-Concert in der geschmackvoll decorirten Miller-Hall ab. Herr Chas. Rheinwald sprach ein Festgedicht, die Gesangvereine trugen patriotische Gesänge vor, den Schluß bildete ein Tableau: Der Bund der deutschen Staaten.

In **Baltimore** machte sich zwar einige Opposition gegen eine Friedensfeier geltend, welche als ein „Triumph des Germanismus über den Romanismus" dargestellt worden sei; doch war das Fest ein glänzendes.

„Das Friedensfest fand am Ostermontag nach dem dafür festgestellten Programme statt. Die Häuser waren mit Flaggen geschmückt. Banner, mit passenden Inschriften versehen, überdeckten die Straßen, durch welche sich der Zug bewegte, ebenso waren die städtischen Gebäude mit Flaggen geschmückt. Eine dichte Menschenmasse drängte sich auf den Straßen, um den Zug in Augenschein zu nehmen. Militärische Organisationen und Vereine, in 14 Divisionen eingetheilt, bildeten den Zug, welcher auf dem Monumentplatz vor dem Mayor und den Stadtbeamten Revue passirte. Das Fest schloß am Abend mit Bällen und Illuminationen. An einem der folgenden Sonntage (1. Mai) fand eine kirchliche Nachfeier statt, an welcher sich nicht weniger als 17 deutsch-protestantische Kirchen betheiligten."

In der Bundeshauptstadt **Washington** wurde ein glänzender Umzug abgehalten, der im Schützenpark endete. „Die Prozession der verschiedenen Organisationen passirte auf ihrem Wege an der Wohnung des Barons Gerolt vorbei, welche geschmackvoll mit der deutschen Bundesflagge und verschiedenen Schildern und Bannern verziert war. Das Portal war mit Lorbeerkränzen, Blumen und Wimpeln decorirt. Als die Prozession vorbeipassirte, trat Baron Gerolt hervor und gab durch Verbeugungen seinen Dank für die ihm dargebrachten stürmischen „Cheers" zu erkennen. Die Wohnungen aller Deutschen an der Marschlinie waren mit Flaggen und Guirlanden decorirt. Der Triumphwagen enthielt 18 weißgekleidete, bekränzte junge Damen, welche die verschiedenen deutschen Staaten repräsentirten. Ueber dem Wagen war ein Baldachin von rothen, weißen und blauen Draperien gespannt." Die Prozession passirte am Hause des Präsidenten vorbei, derselbe hielt sich jedoch abwesend; — (wie viel größer würde er sein, wenn er ein Herz für die Deutschen und die deutsche Sache hätte!)

Im Schützenpark hielten die Senatoren **Schurz** und **Patterson** und die Repräsentanten **Cook** und **Ketchum** enthusiastische Reden.

Baron Gerolt richtete folgende Worte an die Versammlung: „Meine Herren! Es gereicht mir zum größten Vergnügen, an dieser durch die deutschen Bürger Washingtons veranstalteten Friedensfeier theilzunehmen und Zeuge zu sein Ihrer getreuen Anhänglichkeit an das gemeinsame glorreiche Vaterland, wo unsere deutschen Brüder nach heldenmüthigen Kämpfen und großartigen Siegen auf Kosten bedauerlicher Verluste die lang ersehnte Einigkeit Deutschlands errungen und dem Vaterlande ein Bollwerk gegen fremde Eingriffe gesetzt haben.

„An der Erlangung dieser großartigen Resultate haben die Bürger der Vereinigten Staaten mit Wort und That theilgenommen und ihre Sympathie bewiesen durch generöse Geldbeiträge für die Verwundeten auf dem Schlachtfelde und zur Unterstützung der Wittwen und Waisen ihrer gefallenen Brüder im Lande ihrer Geburt.

„Als langjähriger Repräsentant Preußens und dann der Bundesstaaten kann ich diese Gelegenheit nicht vorübergehen lassen, ohne im Namen des Vaterlandes Ihnen hier am Sitze der amerikanischen Bundesregierung und allen adoptirten deutschen Bürgern der Vereinigten Staaten, welche mit uns über die Wiederherstellung eines einigen und mächtigen deutschen Reiches jubeln, den herzinnigsten Dank, sowie die Ueberzeugung auszudrücken, daß die Bewahrung und Bestätigung der freundlichen Beziehungen zwischen den Vereinigten Staaten und Deutschland sich als eine wirksame Garantie des Friedens in der ganzen civilisirten Welt erweisen und die Entfaltung der Humanität förderlicher Institutionen beschleunigen werde."

Daß gleich hinterher Senator Patterson am Schlusse seiner Rede die „künftige Republik Deutschlands" hochleben ließ, war eben — amerikanisch. Ungetheilte Sympathie nur um den Preis der „Republik"!

Auch das Friedensfest der Deutschen in Wheeling, W.Va., am 10. April, fiel glänzend aus. „Das Wetter war ausgezeichnet und die veranstaltete Prozession übertraf Alles, was in dieser Beziehung bisher hier gesehen wurde. Der Zug, den ein von zwölf Pferden gezogener Triumphwagen zierte, war zwei und eine halbe Meile lang. Vor dem Triumphbogen, den derselbe passirte, hielt der Prediger Dr. Jacob Mayer eine Rede. Die nach der Stadt führenden Straßen waren schon des Morgens mit festlich geschmückten Wagen und Kutschen angefüllt, und die Eisenbahnen und Dampfboote führten Festtheilnehmer massenweise zu. Die Gebäude waren geschmackvoll mit Fahnen und Immergrün geziert. Am Nachmittag wurden Festreden gehalten und am Abend folgten Bankett und Bälle in der Turnhalle."

Als ein eigenthümlicher Zug der Friedensfeier in Savannah, Ga., wird berichtet, daß das enthusiastische Fest-Comité mit einem Kostenaufwand von $45 Gold folgende Depesche an Kaiser Wilhelm entsandte:

„Versammelt zur Friedensfeier senden die Deutschen von Savannah ihre Gratulation an den Beschützer des Vaterlandes."

In Rock Island, Jll., war das Wetter am 10. April ausnahmsweise ungünstig, so daß das Festprogramm nur theilweise zur Ausführung kam. „Gegen Abend klärte sich jedoch das Wetter auf. Die Feierlichkeit mußte sich auf ein Salut von 36 Kanonenschüssen und ein Fest in der Turnhalle beschränken, wo Reden in deutscher und englischer Sprache gehalten wurden und ein Bankett stattfand.

Auch die Deutschen in Quincy, Jll., begannen ihre Feier in Sturm und Regen. — „Trotz alledem," sagt die deutsche Zeitung vom 11ten, „darf das Deutschthum von Quincy mit Stolz auf sein gestriges Fest schauen, als das größte und zugleich schönste, das je in den Grenzen unserer hübschen Stadt abgehalten wurde. Nicht ein Mißton störte seine Harmonie."

Die Hauptstraße war ein Flaggenmeer, auf- und abwogend im Sturmwinde. Mit dem ersten Salutschuß am Nachmittage legte sich der Regen, und Tausende strömten nun nach der prangenden Festhalle. Die Feier wurde dort mit einer von Herrn L. Kühne componirten „Victoria-Ouverture" eröffnet. In den darauf vom Sekretär des Resolutions-Comité's verlesenen „Beschlüssen" heißt es:

„Wir sind unsern Brüdern im alten Vaterlande zu ewigem Danke verpflichtet für die Vertheidigung der deutschen Gauen und die erfolgreiche Beschützung der deutschen Cultur und Civilisation in dem so eben beendigten Riesenkampfe....

„Wir sehen in dem jetzt begonnenen Einigungswerke Deutschlands den Morgen einer großen Zukunft für unser geliebtes altes Vaterland, die bessere Sicherung des Weltfriedens, die Beförderung der Aufklärung der Menschheit und die Anbahnung einer vernünftigen und wahren Freiheit...."

Abwechselnd mit Chorgesängen der vereinten Gesang- und kunstvollen Kraftstücken und Bilddarstellungen der Turnervereine folgten die Festrede des Herrn Schilling— dessen Auseinandersetzung „wie weltgeschichtlich klein die errungenen Siege der Deutschen sein würden, wenn sie nicht der Freiheit eine neue Bahn geschlagen und die Wege für unbeschränkte Volksherrschaft geebnet hätten," lebhaften Anklang fand — des Rabbiners Dr. Ollendorfer — und des Herrn Bernhard Arntzen mit dem ansprechenden Thema: „Alle Ehre den deutschen Helden und ein gut Wort für die deutschen Frauen"; dann die „Wacht am Rhein" im Chor und ein Ball. Dem patriotischen Fonds brachte dieses Fest $500 ein.

In Nashville, der Hauptstadt Tennessee's, welches bisher schon seiner isolirten Lage wegen als ein verlorener Posten des Deutschthums galt, entwickelte dieses auf Anlaß des Friedensfestes am 10. April eine ungeahnte Stärke und Einigkeit. „Unsere Sieges- und Friedensfeier (Bericht eines Nashviller Deutschen an den „Cincinnati-Volksfreund") übertraf an Glanz und Großartigkeit die kühnsten Erwartungen der Deutschen von Tennessee und erfüllte die amerikanische Bevölkerung mit Staunen und Bewunderung. Anordnung und Leitung befanden sich allerdings in den besten Händen, weder Anstrengungen noch Geldopfer waren kürzlich bemessen worden und auch die Damen hatten sich mit dankenswerther Aufopferung bemüht, das Fest nach Möglichkeit zu verschönern; aber trotz dieser günstigen Vorbedingungen konnte Niemand die imposante Entwickelung ahnen, welche die Feier zu Tage förderte.

„Nashville prangte im schönsten Festtagsgewande, Fahnen und Guirlanden schmückten die Wohnungen der Deutschen von der prachtvollsten Residenz und dem größten Waarenlager bis herab zu der geringsten Hütte und dem unscheinbarsten Kramladen."

Der Festzug zählte 2300 Theilnehmer: Infanterie und Cavallerie, Turner, Vereine, Innungen u. s. w. mit mehreren Musikcorps und Festwagen der Freiheit, Germania's, Jung-Deutschland's und Amerika's und vielen anderen. Daran schloß sich eine Massenversammlung im „Horticultural Garden" mit Festreden und Ansprachen von K. Nelson, J. B. Jung von Lawrenceburg, Gouverneur Foote, D. W. Peabody, Ruhem und General Trauernicht. Am Abend wurden Concerte und Bälle in der „Concordia" und Turnhalle abgehalten.

Wir müssen hier nachträglich der schon am 4. Februar in Cincinnati abgehaltenen Siegesfeier gedenken, über welche der Bericht uns verspätet zuging. Dieselbe bestand in einem glänzenden Fackelzuge unter der Leitung des Großmarschalls Carl A. G. Adae, in welchem alle Gesangvereine vom „Orpheus" bis zum „Jungen-Männerchor", die Milizen, Uhlanen, Turnvereine, Bierbrauer, Buchdrucker der Stadt glänzend vertreten waren und eine Menge sinniger Transparent-Mottos führten, und einem feierlichen Redeact in der geschmackvoll mit amerikanischen, alt- und neudeutschen Flaggen drapirten Sängerfest-Halle. Der erste Redner, Dr. Brühl, gab „der Freude Ausdruck über die Wiedergeburt der deutschen Einheit, über den Sieg der deutschen Waffen, den Sieg des Rechts und der Vernunft... Aber wir hoffen auch, daß Frankreich auf den Trümmern der gestürzten Despotie ein freies und mächtiges Gemeinwesen erbaue... Für uns Deutsch-Amerikaner hoffen wir, daß auch uns der Stern der Einheit erglänze und daß die Differenzen, die Glaube und Partei zwischen uns gezogen, der Eintracht und der Bruderliebe weichen mögen.... Sei das heutige Friedensfest ein Verbindungsfest des deutschen Elements der Ver. Staaten." — Richter Storer's englische Ansprache war voll warmer Anerkennung der Leistungen der Deutschen in Krieg und Frieden. Die Einigung Deutschlands bedeute die Einigung des Menschengeschlechts. Einen tiefen Eindruck habe auf ihn die Thatsache gemacht, „daß die Bildung, welche hinter den deutschen Bayonnetten stehe, Erfolge erzielte, die sonst unmöglich gewesen wären."

F. Hassaurek sagte im Eingange seiner ausdrucksvollen Rede: „Unsere während des großen Unionskrieges bewiesene Anhänglichkeit an unsere neue Heimath kann und wird unsere Liebe für das alte Vaterland nicht aus dem deutschen Herzen verdrängen.... Muß es uns daher nicht doppelt theuer sein in der Zeit seiner Neugeburt, seines Sieges und seiner Größe?" Der Redner entwickelte dann die Bedeutung der Feier, wie des Friedens selbst. „Die Einigung Deutschlands ist auch die Grundsteinlegung zu seiner Freiheit." Pfarrer Schwenniger betonte, daß diese Versammlung keine politische oder religiöse sei, „sondern ohne Rücksicht auf die Verschiedenheit der politischen und religiösen Ueberzeugung ruft uns dieser hehre Moment auf, der patriotischen Stimmung unseres deutschen Herzens Ausdruck zu geben.... An dem Morgenhimmel der Einheit glänzt der Hoffnungsstern, daß bald die Grenzen des einigen deutschen Vaterlandes gehen, so weit die deutsche Zunge klingt". — Wir hoffen, daß dieser Krieg Deutschland das goldene Zeitalter einer neuen Freiheit bringen werde..."

Der Amerikaner Charles P. Taft sprach unverholen seine Sympathie für Deutschland aus: „Ich bedaure die Franzosen in ihrem Unglück; aber sie ernten, was sie vor sechzig Jahren gesäet." Auch er hoffte auf eine „große deutsche Republik". — Pastor Eisenlohr: „...nicht ein Söldnerheer, sondern des deutschen Volkes bester Kern hat die Waffen geführt und den Sieg erfochten... „Alte Liebe rostet nicht" — das hat sich auch in unserer heutigen Feier bewährt. In ihr, der alten Liebe zum Vaterlande, werden alle Unterschiede politischer und religiöser Art vergessen.... Möge das Aufhören des confessionellen Haders eine der schönsten Früchte des Krieges sein!" — E. Rothe sagte: ... „So gleichmäßig ist der Herzschlag der deutschen Nation noch nie gewesen... Zum ersten Male sagen wir, „Wir", die 60 Millionen Angehörige eines aus tiefster Erniedrigung zur höchsten Höhe emporgestiegenen Stammes... Einen Ehrenkranz auf jedes deutsche Heldengrab, eine Lorbeerkrone auf das Haupt eines jeden braven Kriegers, vor Allen auf das des greisen Führers, der mit Jugendmuth und Kraft die Riesenkämpfe Deutschlands focht. Seine Krone blendet uns Republikaner nicht, aber wir achten in ihm den treuen, ehrenfesten, deutschen Mann — So grüßen wir dich im blutigen Morgenroth der Freiheit, im strahlenden Frühlichte der Einigkeit, im milden Sonnenschein des Friedens, im Eichenkranze des Ruhmes, — viel tausend Mal über's Meer, du uns wiedergegebenes, unvergeßliches Vaterland!"

So sind es also die Deutschen Cincinnati's, die eine erste Feier, wenn auch noch nicht eine allgemeine, veranstalteten.

Auch die der Deutschen in Sacramento, Cal., fiel auf den Abend des 10. April. Die Herren C. H. Krebs, J. Stieglitz, J. Fritz, Ad. Heilbronn, G. A. Gatthaler und W. Bartels bildeten das Fest-Comité; Concert, Reden und Ball in der Turnhalle das Programm. Der Festredner H. Lang widmete der Entwickelung des Deutschthums in Californien eine eingehende Betrachtung, warnte vor amerikanischen Einflüssen auf die Erziehung der heranwachsenden Generation und schloß so: „Zur Grundlage unseres Wohlergehens haben wir nur drei Worte zu verwirklichen, und diese sind: Einig, liberal und frei!"

Es würde hier noch eine große Anzahl kleinerer Ortschaften in den nördlichen und westlichen Staaten zu nennen sein, deren deutsche Bevölkerungen eine Feier an demselben Tage veranstalteten; da jedoch nähere Angaben darüber nicht vorliegen, so genüge die Anerkennung, daß der von New-York ausgegangene Aufruf bis in die entlegensten Ansiedelungen unserer Landsleute drang und Widerhall fand. Mochten dann auch lokale Verhältnisse und Rücksichten die Verlegung der Feier mancher Orten auf einen späteren Tag veranlassen, — der nächste 10. April wird zeigen, wie populäre die Idee eines nationalen Festtages ist.

Verschiedene Friedensfeste fielen in die letzte Hälfte des April. So das von den Deutschen von Greenup County, Kentucky, zu Hunnewell Furnace und auf der Farm des Herrn A. Wurdschack am Sonntag, 23. April, abgehaltene. Die Arrangements gingen von den Herren Grahn, Heim und Eich aus. Um 11 Uhr führte der Bahnzug von Greenupsburg über 100 Gäste zu einem Festschmause bei Letzterem zusammen. Dann versammelte man sich auf dem angemessen decorirten Festplatze der Farm. Nach einer Begrüßung durch H. Heim sangen die Frauen von Buena Vista die „Wacht am Rhein"; Pfarrer G. Baum hielt die Festrede und feuerte zu einer patriotischen Collecte an, welche $90 ergab, dann folgte Musik und Tanz bis in die späte Nacht beim herrlichsten Wetter.

Die Deutschen von Madison, der Hauptstadt Wisconsins, und Umgegend „haben bei ihrem Friedensfeste (am 29. April) im Verhältniß zu ihrer Zahl eben so viel geleistet, wie die New-Yorks, und durch eine höchstgelungene Demonstration sich alle Ehre gemacht."

Die Städte Springfield, Middleton, Burke, Dane, Blooming Grove und andere Ortschaften waren dabei durch Delegationen vertreten. Nach 8 Uhr Abends setzte sich ein Zug von 500 Fackelträgern, den zugleich eine Menge von Transparenten und die Personificationen der „Germania" und „Freiheit" auf Triumphwagen zierten, unter Kanonendonner und fortwährend aufsteigenden Leuchtkugeln und Raketen in Bewegung und durchzog, geführt von den Herren Menges, Heyl, Santhoff u. A. die Straßen der in einem Lichtmeer schimmernden Stadt; selbst das Staatscapitol war bis zur Kuppel hinauf illuminirt. Auf dem Festplatze an Washington Avenue hielten H. Atwood, der Herausgeber des State Journal (englisch), und Roeder Reden. Letzterer sagte unter stürmischem Beifall:

„Die Deutschen sollen lernen, in der Union eben so tapfer ohne „Fritz" für Recht und Freiheit zu kämpfen, als es die Deutschen in ihrem Vaterlande mit ihrem „Fritz" gethan haben."

Daran schloß sich eine würdige Feier in der Turnhalle: Reden des Pfarrers Obermüller, Hon. Bailey (englisch) und des Staatsschatzmeisters H. Baetz, untermischt mit nationalen Gesängen; Beschlüsse, „Brudergruß und Glückwunsch der Deutschen Wisconsin's dem einigen, lieben Vaterlande; ihren Dank den deutschen Helden, Frauen, dem greisen Heldenkönige und „unserem Fritz" und den anderen, in Patriotismus geeinten deutschen Fürsten, und den Vertretern der Völker" bietend; endlich festlicher Ball. Zum ersten Male wirkten sämmtliche öffentliche und Privat-Vereine der Deutschen, ohne Unterschied der politischen und religiösen Färbungen, mit gleichem Eifer zu einer würdigen nationalen Demonstration zusammen."

Ueberall erwarben sich die deutschen Gesang- und Turnvereine ein Hauptverdienst um die Verherrlichung des Friedens. So auch am Abend des 24sten in Freeport. Den Beginn machte ein Concert, dann wurde unter patriotischen Liedern und Toasten eine Reihe lebender Bilder gestellt, unter denen die „Herausforderung" und der „Frieden" den größten Beifall ernteten; den Beschluß machte der Festball.

Die Blüthenfülle des Mai bildete eine besondere Zierde der in diesen Monat verlegten Friedensfeste. Wir dürfen dabei die schöne Feier nicht unerwähnt lassen, welche die canadischen Deutschen in den Nachbarstädten Berlin und Waterloo am 2. Mai veranstalteten. Früh Morgens wurden in beiden Städten 21 Kanonenschüsse abgefeuert und war in allen deutschen Kirchen Friedensgottesdienst. Darnach trafen die beiderseitigen Festzüge an der Bahnstation zusammen, wo die Gäste aus Toronto, Hamilton, London, Walkerton, Petersburg, Baden, Hamburg, Preston und den Ver. Staaten empfangen wurden. Am Courthouse in Berlin erfolgten Gesangvorträge, Rede des Herrn O. Klotz, Pflanzung einer Friedenseiche, eine von Wm. Jaffrey überreichte Adresse der englischen Einwohner von Berlin, welche der Fest-Präsident Oelschläger beantwortete, und „Nun danket Alle Gott". Hiernach Versammlung auf dem Marktplatze, Reden der Herren Schunck, der Parlamentsmitglieder Springer und Baumann und des Majors Pipe, und die „Wacht am Rhein". Dann marschirte der Festzug durch Berlin nach Waterloo, wo auf dem Ausstellungsplatze Reden (Pastor Salinger befürwortete unter lebhaftem Beifall bringend die Einführung auch der deutschen Sprache in allen Schulen), Gesang und Musik abwechselten. Nach Berlin zurückgekehrt, bewirthete man dort um 5 Uhr die Sänger und Gäste. Ein großer Fackelzug durch Berlin um 8 Uhr Abends, ein Tableau die Enthüllung der „Germania als Wacht am Rhein", Illumination, ein Feuerwerk und "God save the Queen" vor dem Courthouse machten den Beschluß. Die Zahl der Festtheilnehmer überstieg 10,000. „Es war ein Tag, wie man hier noch keinen erlebt hat und schwerlich bald wieder erleben wird."

Das Deutschthum von Michigan hatte seinen Ehrentag am 1. Mai in der Hauptstadt Detroit. Früh donnerten die Salutschüsse; im Festgewande prangte die Stadt. 3000 Personen waren in dem 3 Meilen langen Zuge — Marschälle: P. Günther, Kaufmann und Burchard — von Kürassieren, Uhlanen, Husaren, Staats- und Festwagen, Musikcorps, Infanterie und Cavalerie, einer Menge Vereine und Gewerke, darunter hervorragend die Gärtner, Gerber, Cigarenmacher, Bäcker, Brauer und Metzger. Im Grand Circus-Park machte der Festpräsident W. Doeltz die Honneurs und hielt Dr. Kiefer eine Festrede an die versammelten „Damen und Herren". Er sagte u. a.: „Wir begehen heute ein Fest, wie es im Leben des einzelnen Menschen, ja wir können wohl sagen, im Leben einer Nation nur einmal in dieser Größe vorkommt, ein Fest hoch und hehr und schön; ein Fest, dem jeder humane Mensch zujubeln muß — ein Friedensfest. . . . Nicht ein Deutschland in Amerika wollen wir bilden, aber das Bewußtsein unseres Deutschthums auf unsere Nachkommen vererben, die noch in spätesten Generationen stolz sein sollen, von Deutschen abzustammen.

Nach der „Wacht am Rhein" folgte Verlesung „Patriotischer Beschlüsse" durch Dr. Kramer. Es heißt darin: „...Wir hoffen, daß nunmehr Deutschland, nachdem es groß, stark und einig geworden, auch bald frei sein möge; daß es seine Gesetze und Einrichtungen auf ruhigem Wege so den Verhältnissen anpasse, wie es von einem auf der höchsten Kulturstufe stehenden Volke zu erwarten ist. — In dem Augenblicke des Triumphes drücken wir die Hoffnung aus, daß das unglückliche Frankreich bald von den Wunden geheilt sein möge, die dieser Krieg ihm geschlagen; . . . daß es in Zukunft sich nicht dem falschen Wahn der

Ero erüng hingebe, sondern sich des Friedens, der Volks=Erziehung, und der wahren Freiheit erfreuen möge."

Der zweite Redner, Herr A. Marxhausen, pries in schwunghafter Rede die Herrlichkeit der lange ersehnten, nnd jetzt erlangten deutschen Einheit.

Am Abend war allgemeine Illumination, Festvorstellung mit Prolog und Ball im Theater.

In Houston, Texas, war es ein zweitägiges Volksfest am 4. und 5. Mai. 5000 texanische Deutsche waren dazu zusammengeströmt. Dem Programm gemäß fand am Morgen des 4ten ein Umzug statt. Auf dem Festplatze wurden Preis=Medaillen an die bestgeschmückten Wagen („Wacht am Rhein; Friede; Sieg" ꝛc.) ausgetheilt; Gesang, Concert, Turnen und Volksbelustigungen, Festreden des Präs. L. Kosse und Herrn G. Löffler, Tanz, Illumination und Feuerwerk füllten den Tag aus. Der zweite Tag wurde mit einer Prozession der Kinder der deutsch=englischen Schulen eröffnet, die sich bei ihrer Ankunft auf dem Festplatze verschiedenen Spielen überließen. Die Galveftoner Liebertafel trug beim Singen den Preis über den Houstoner Quartett=Club davon und erhielt eine goldene Medaille. Abends fand wiederum Feuerwerk statt, und die Vergnügungen dauerten bis spät in die Nacht.

Bei dem Friedensfeste in Middletown, in der Nähe von Cincinnati, hielt Herr Rappaport von Cincinnati eine Rede in englischer Sprache, in welcher er den Amerikanern die dem Feste zu Grunde liegende Idee erklärte und die Deutschen vor der Anschuldigung verwahrte, daß sie ihr altes Vaterland mehr lieben, als ihr neues. Er wies nach, was die Deutschen bereits für dieses Land gethan haben und erwähnte dabei auch die Einführung des Bieres. Die Zuhörer lachten, worauf er bemerkte: — „Lachen Sie nicht! das Bier ist ein Segen für das Land, es wird die Körper und Seele zerstörenden destillirten Spirituosen viel schneller vertreiben, als alle Temperanzgesetze."

Das amerikanische Publikum hatte sich sehr zahlreich an dem Feste betheiligt. Dagegen hatten einige Irländer mit der Niederreißung des auf der Brücke errichteten sehr schönen Triumphbogens gedroht, so daß es nöthig war, Samstag= und Sonntag=Nachts Wachen aufzustellen. Die deutsche Festrede hielt Pfarrer Hermann aus Hamilton. Ein solenner Fackelzug, Illumination und Ball beschlossen das Fest.

Die Deutschen von Central=Illinois hielten ihren „Galatag" zu Peru am 1. Mai ab. Eine eigenthümliche Erscheinung im 2. Festzuge bildeten die Bergwerkvereine und die Kinder der katholischen und protestantischen Schulen. In etwa 18 Abtheilungen marschirten Sänger, Turner, Schützen, Milizen, Musiker, Innungen mit einer Menge von Festwagen und dem Triumphzug der „Germania" (auch der „Deutsche Michel" und „Wilhelm Tell" waren personifizirt) 3000 Personen, von denen viele aus weiter Ferne herbeigekommen waren. Darnach war Massenversammlung in „Burkarts Wäldchen" vor der Stadt; Dr. Ziesing, G. Neitzel und Lehrer H. Kalter von Mendota hielten eindrucksvolle Reden, H. Kaufmann eine humoristische Ansprache, und am Abend folgten Illumination und Bälle in der Apollo= und Concordia=Halle.

Ihrer bereits erwähnten Vorfeier vom 9. März ließen die patriotischen Deutschen von Pittsburg und Umgegend ein Fest im großen Stile am 1. Mai folgen. Ein berittener Herold in der Tracht des Mittelalters eröffnete nebst der ganzen städtischen Polizeimannschaft den von H. Seifarth als Großmarschall kommandirten, nahe an 15,000 Mann starken Festzug, der in 3 Divisionen marschirte: 1. D. Pittsburg, — Marschall Jonas — Militär, Festvorstand (Präs. C. F. Bauer) und Redner in Wagen, Gesangvereine, Turner mit vierspännigem Festwagen, zwei Conclave der „7 weisen Männer", die Tischler, Küfer, Schuhmacher, Bäcker, Metzger der 3 Städte Pittsburg, Alleghany und Birmingham mit Illustrations=Festwagen, ebenso die Presse des „Volksblatt" und „Republikaner", dazwischen Uhlanen, Wagen, Musik, Glasarbeiter, Cigarrenmacher; 2. D. Alleghany — M. Cradel — Uhlanen, City Braß Band, 4 Gesangvereine, geschmückte Delegationen verschiedener Fabriken, Eisenwerken, Gerbereien, Steinhauer, Brauer, Pflasterer, Backsteinbrenner in voller Arbeit, Reiter und Kutschen in Menge; 3. D. Südseite — M. Koch — Birminghamer Turner, Lincoln=Männerchor, 200 Bürger zu Pferde und Wagen, Arbeiter der Glashütten, Monongahela Eisenwerke, Verein „Einheit", Delegationen aus Temperanceville und West=Pittsburgh und die Kohlengräber der Umgegend in corpore. Im „Friendship Grove" begann die Massenversammlung nach 3 Uhr. Pastor Weil hielt die erste Festrede. Er vergegenwärtigte seinen Zuhörern das an demselben Tage stattfindende große Schauspiel des Einzugs des Kaisers, Bismarck's, Moltke's an der Spitze des deutschen Heldenheeres in Berlin, das begeisterte Dankesjauchzen des Volkes den Rettern des Vaterlandes entgegen. „Solch ein Heer hat die Welt noch nie gesehen, solche Schlachtenerfolge wurden noch nie in so kurzem Zeitraum errungen, solche Humanität hat noch nie ein Sieger in Feindesland geübt, so frei von jeder Selbstüberhebung ward noch nie ein Frieden gefeiert — in der That, Berlin zeigt heute eine Friedensfeier ohne Gleichen. . . . Darum durchdrungen von dem einen Hochgefühle brüderlicher Zusammengehörigkeit, durchglüht von einer Freude über den glorreichen Frieden unseres gemeinsamen Vaterlandes, laßt uns heute die Hände in einanderlegen zum Schwure der Treue und des festen Zusammenstehens und herzlichen und innigen Zusammenhaltens! . . . So nur können wir wahrhaft die Aufgabe lösen, die dem deutschen Elemente in diesem Lande gestellt ist und so nur wirklich unsere Mission erfüllen. Ein jedes Volk hat seine Mission in der Geschichte. Das deutsche Volk ist vorzugsweise das Culturvolk, und wir sind seine Missionäre in Amerika." Ein Beifallssturm folgte den begeisterten Worten.

Nach der „Wacht am Rhein" hielt Leop. Becker eine englische Rede, in welcher er die großen Ergebnisse des Krieges entwickelte. Ferner redete O. Ludicke, und Pastor Weitershausen trug ein von ihm verfaßtes Festgedicht „Sieg und Friede" vor. Die Schlußstrophe lautete:

> „Wo stehet auf Erden ein deutscher Heerd,
> Stimmt ein nun, Ihr Deutschen, im Chor:
> Es lebe das Heimathland, lieb und werth,
> Es blühe die Freiheit empor!
> Und was es erwarb mit dem Schwert in dem Krieg,
> Die Freiheit, den Frieden in glänzendem Sieg,
> Gott schütz' es mit segnender Hand,
> Hoch lebe das Vaterland!

Den darauf durch N. Raiber verlesenen Beschlüssen entnehmen wir die folgenden Worte:

„Und wie das deutsche Volk einmüthig die Waffen ergriff und in den Krieg zog für die heilige Idee seiner Einheit, seiner Freiheit, so werden wir, die Söhne Deutschlands in diesem Lande, hier einig und stark in den Krieg ziehen gegen Alles, was die Freiheit der republikanischen Institutionen zu bedrohen wagt."

Auch die Hauptstadt Kentucky's, Louisville, sah das deutsche Friedensfest im Maischmuck. Augenzeugen versichern, daß der Zug, der 4 Meilen lang war, an Mannigfaltigkeit selbst den in New-York übertroffen habe. Es waren darin nicht weniger als 683 Wagen und die Betheiligung vieler Amerikaner, Schotten und Engländer gab demselben eine „kosmopolitische Färbung". Alle Gewerbe und Künste erschienen in voller Thätigkeit. „Die Chöre des Amboses, das Knarren von Rädern, die Streiche der Hämmer, das Getöse von Maschinen jedes Arbeits= und Industrie=Gewerkes in der Stadt mischten sich mit den Freudenrufen von vielen Tausenden von Männern und Frauen, wie der Triumphzug sich die geschmückten Straßen entlang zum „Woodlandgarten" bewegte. Derselbe wurde eröffnet durch Uhlanen und Dragoner, die „Friedenssöhne", den prachtvollen Siegeswagen mit der „Germania", den Marschall Kutzleb mit 13 Adjutanten und das Zug=Comité (A. Rommers, Wehnhoff, Prozeller, Dorn und Simon). Die 1. Divis. — M. Boas — bildeten die Turner, Musik, Festredner, Vorstand, Consul Schwartz, die städtischen Behörden mit berittener Ehrenwache; die Feuerleute und der Germania=Unterstützungsverein. 2. Div. — M. Eckstenkemper — Musik= und Gesangvereine, die Briefträger der Stadt, Vereine, die Buchdrucker und Binder, Fabrikarbeiter, Eiswagen, „Germania und Columbia" und andere Genien in Mädchengestalt auf Festwagen. 3. D. — M. Schillinger — Logen, Germania=Wagen mit 36 jungen Mädchen mit militärischem Geleit, der „Holzhandel", fahrende Barbierstube, Piano= und Möbel=Fabriken, Steinhauerei, Gerberei, eine ganze, den großen Stapelartikel Kentucky's glänzend repräsentirende „Tabaks=Division", dabei ein Baum mit Cigarren als Aesten und Zweigen, zwei mächtige Friedens=Pfeifen, ein Indianer und ein Corps von Tabaksjüngern; die Zunft der Schuster mit einer Personification des Hans Sachs, Kleider=, Besen=, Stuhlmacher und Geflügelhändler. 4. Div. — M. Becker — Schreinervereine, Huß=Loge, die „Göttin der Freiheit", von 50 jungen Mädchen umgeben, Polsterer, Zimmerleute, Möbelmacher; ein Festwagen von H. Finck, Wein aus großen Fässern spendend, mit Musikcorps und hübschen Motto's, wie:

> „Es lebe die Freiheit, es lebe der Wein,
> Es lebe der rechte und linke Rhein!"

Darnach verschiedene schöne Gespanne und Eiswagen. 5. Div. — Verein der Metzger zu Wagen und Roß, Gärtner, Krämer, Mehlhändler, Wirthe, Bäcker (eine Riesenpyramide von Bretzeln), Brauer, den Durstigen schäumendes „Lager" verzapfend, eben so flossen auch Ale und Selzer; — allen diese und andere Industrien mit treffenden Insignien. 6. Div. — M. Bruder — fahrende Restaurants, Druckereien mit Personification Guttenberg's; Küfer, Zinngießer und alle noch nicht genannten Gewerbe in reicher Illustration — kurz, ganz Louisville erschien als lebendige Annonce, und so blieb Keiner im Nachtheil. Auch war dafür gesorgt, daß der ganze Zug in 48 Intervallen in allen Einzelheiten photographirt werden konnte. Zum Schluß: ein Zug der „Rothmänner" mit 2 täuschend nachgebildeten Indianern, auf den Ponies eines Salonbesitzers reitend; ein Wigwam, um den die Rothmänner Friedenspfeifen rauchend im Wagen gruppirt waren und eine „Squaw" mit der Weltkugel in der Hand.— Auf dem Festplatze gab es Musik, Tanz, Erfrischungen und Belustigungen jeder Art. Das Fest war eine Harmonie sämmtlicher Bürger. — Die Massenversammlung eroffnete der Festpräsident Tafel mit einer Ansprache, C. Winter trug ein Gedicht „Deutsche Friedensfeier" vor, G. Fernitz und Rev. Heymood redeten. Ersterer sagte: „ — Is es doch nicht allein die Rückkehr des Friedens, über welche wir uns freuen, sondern die stolze Gewißheit: Deutschland ist eine Nation! vor den Augen der Welt hat es darum gerungen, und es hat sein innerstes Dasein und seine gesammte Weltstellung gerettet", und schloß mit dem Rufe: „Vorwärts! Vorwärts! Des deutschen Reiches ruhmreiche Sturmfahne wird dann die Freiheit für die Welt bedeuten." Am Abend war Feuerwerk und Illumination in der ganzen Stadt in jeder Richtung.

Die „Siegesfeier" der Deutschen in Columbus, der Hauptstadt Ohio's, am 1. Mai, reiht sich würdig den ähnlichen Festen in den größeren Städten des Landes an. „Die Häuser an der Highstraße waren mit den deutschen und den Ver. Staaten Fahnen und Blumengewinden höchst geschmackvoll decorirt. Das „Ambos"=Gebäude war mit einer mit den deutschen Farben geschmückten, sich drehenden Scheibe verziert, auf welcher man die Bildnisse berühmter Deutschen bemerkte und vor dem Gebäude war ein großes Monument von Tricoloren aufgestellt. Am Eingang des Parks erhob sich eine Ehrenpforte. Zahlreiche Delegationen von Lancaster, Newark, Delaware und anderen benachbarten Städten schlossen sich dem 50 Minuten langen Zuge an. Sechs Rappen zogen den Wagen der „siegreichen", 6 Schimmel den der „friedlichen" Germania, die im Kaiserornate zwischen der „Freiheit" und dem „Frieden" thronte. Die Wagen der Gewerke waren geschmackvoll mit grünen Gewinden und Blumen verziert. Andere Wagen waren mit weißgekleideten Mädchen gefüllt. Die Parade endete am Stadtpark, und dort fand die eigentliche Feier statt: Musik, patriotische Lieder, Reden. Gouverneur Hays war der erste Redner. Er bemerkte, wäre er beauftragt, im Namen der Bürger von Ohio zu sprechen, dann würde er sagen: Ohio freut sich mit den Deutsch=Amerikanern des Friedens, der jetzt über das deutsche Vaterland heraufdämmert und der sich bald über alle anderen Länder ausbreiten wird. Er wünsche, Bismark's Aeußerung möge sich bewähren: „Kein jetzt lebender Mensch wird lange genug leben, um Deutschland in einen neuen Krieg verwickelt zu sehen." — Nach ihm sprach Fürst von Lynar, ein Offizier vom Stabe des Kaisers Wilhelm. Er bemerkte, „er sei froh, zu wissen, daß die Deutschen Amerika's ihre Liebe zum alten Vaterlande bewahrt und dennoch solche Anhänglichkeit an ihre neue Heimath haben. Zum Schluß brachte er drei Hochs auf die Ver. Staaten aus, in welche alle Anwesenden einstimmten."

In Lancaster, Pa., Leavenwoth, Kansas, Jefferson City, Missouri's Hauptstadt, wo E. A. Zündt „Sieg und Frieden" in einem längeren Gedichte feierte; in Oswego, N. Y., wo B. Schilling als Festmarschall fungirte, Pastor Dr. Severinghaus die Festrede hielt und ein Ball das Fest beschloß; in Paterson, N. J., und vielen anderen kleineren Städten wurde ebenso der 1. Mai gefeiert. — In Wilmington, Del., ging eine kirchliche Vorfeier am Sonntage vorher. „Der in zwei Divisionen getheilte Festzug setzte sich Vormittags 9 Uhr in Bewegung und zog durch mehrere Hauptstraßen nach dem Schützenpark. Dort angekommen, wurden unter der Leitung des Gesangvereins „Harmonie" und unter Begleitung der Musik die ersten zwei Verse des Chorals: „Eine feste Burg ist unser Gott" gesungen. Professor A. Roebler hielt die Festrede, dann sang die versammelte Menge das Lied: „Nun danket Alle Gott". Hierauf wurden noch viele Reden gehalten und Gesänge vorgetragen. Abends war Versammlung in Stöcke's Hall."

In die nächstfolgende Woche fielen die Friedensfeste in Camden, Elisabeth, N. J., — eine Abendfeier in der mit Flaggen und den Bildern des Kaisers und seiner Paladine verzierten und illuminirten Concordia=Halle, wo A. Gerke die Festrede hielt — und

Zanesville, Ohio, wo sich auch die Amerikaner und die Stadtbehörden daran betheiligten.

„Die Stadt prangte im Festschmucke der deutschen und amerikanischen Fahnen und Flaggen. An der Main=Straße war eine mit den deutschen Nationalfarben verzierte Säule errichtet worden, welche die Namen der in diesem Kriege von den Deutschen gewonnenen Schlachten trug. Um 8 Uhr formirte sich der stattliche Festzug unter der Führung des Chef=Marschalls Wm. Lilienthal; an der Spitze Uhlanen, geführt von Capt. Geiger. Ferner befanden sich im Zuge decorirte Wagen, der Mayor, die Stadträthe und Stadtbeamten, Vereine &c. Nach Ankunft des Zuges auf dem Festplatze hielt der Festpräsident, Mayor Ruth, zuerst eine deutsche und dann eine englische Rede. Darauf sprach der Probatrichter H. L. Korte (englisch), Dr. H. Müller (deutsch) und zum Schluß Herr Achauer, ein Stadtrathsmitglied, englisch. Gegen 6 Uhr begab sich der Zug wieder in die Stadt zurück. Am Abend fand in der Odd Fellows=Halle eine Vorstellung und in der Markthaus=Halle ein Ball statt."

Ebenso in Burlington, Jowa, am 8. Mai: ein Umzug aller deutschen Vereine, Schulen &c. durch die Hauptstraßen und ein allgemeines Picnic im Park, wo Reden, Gesänge und Unterhaltungen abwechselten.

In Tell City, Ind., wurde das Friedensfest am Sonntag, 15. Mai, zum Besten der Freischulen der Stadt abgehalten und bestand in einem, von Dr. Brucker als Marschall geführten Zuge nach dem Festplatze, Gesang der Schulkinder und Reden des Lehrers Bühler dort am Morgen, — der Festrede des Prof. Reschreiter, abwechselnden declamatorischen Vorträgen, Gesang, Musik und Preisspielen der Schulkinder am Nachmittage, und einem Balle in der Turnhalle am Abend. L. Frey war Präsident des Comité's.

In Webster, Mass., hielten die Deutschen an demselben Abend eine allgemeine Feier in der Webster=Halle. Die Herren Falk, Beyer und Schroeder redeten; die Gesangvereine gaben ein Concert, verbunden mit Declamationen, und ein Ball erhielt die Feiernden bis zum andern Morgen in Bewegung.

Die Deutschen in Morrisania, N. Y., verbanden ihre Friedensfeier mit einem Pic-Nic zur Eröffnung des Sylvan Parks am Donnerstag, dem 18. Mai. Viele New=Yorker fanden sich dazu ein.

Am Ende dieser schimmernden Reihe stehen, im Glanze der Vollendung, die großen Friedensfeste in Philadelphia und Chicago, nach Umfang und Großartigkeit der Ausführung dem von New=York sich würdig zur Seite stellend.

Früh am Morgen des 15. Mai verkündeten 37 Salutschüsse den Bürgern Philadelphia's den Beginn eines Festes, welches „bestimmt war, zu beweisen, daß es die erste Fabrikstadt des Landes ist und daß die deutschen Manufacturisten und Arbeiter den numerisch und moralisch maßgebenden Theil der ganzen Bevölkerung bilden.—In glorreicher Weise, sagt der „Phil. Democrat", ist an unseren Blicken vorübergezogen, was Philadelphia und das ganze Land in Handwerk, Industrie, in Kunst und in socialem Wesen Großes und Herrliches leisten kann.... Der ganze Zug trug das Gepräge der von der idealen Kunst durchgeistigten Industrie.... Die Feier war eine Proklamation der Einigkeit des deutschen Elementes ohne Rücksicht auf Religion, Stammesverschiedenheit und Politik."

Der an 30,000 Personen in 10 Divisionen zählende Festzug brach um 11 Uhr Morgens von Broadstreet und Columbia Avenue auf, durchzog die Hauptstraßen, hielt der Tribüne am Standbilde Washington's und erreichte nach 5½ Uhr Abends den Festplatz am Penn=Square. Denselben eröffneten 100 Mann Polizei, dann der Großmarschall J. F. Ballier und Stab; Wagen, eine das Fest einläutende Friedensglocke und 50 Uhlanen. — 1. Division, Marschall C. Kleinz, Husaren, Cavalerie, Milizen mit Musik, deutsche Gesellschaft und Hospital=Verein, — Friedensmonumente, Turner, Schützen, Reiter und Wagen. 2. Div. — M. Stein — Festwagen mit der Wacht am Rhein, Musik und die Mitglieder des Festvorstandes: Festcomité: J. H. Camp, Präsident, M. R. Muckle, Vice=Präsident, F. Albrecht und M. Harr, Sekretäre, M. Laudenberger, jun., Schatzmeister. Arrangements=Comité: Ernst Reistle, Präsident, Rudolph Heinrich, Secretär, Louis J. Lahner, Schatzmeister, L. Hirner, F. L. Decker, G. F. Kolb, Caspar Bönning. Decorations=Comité: Jacob Zilz, A. Nothe, L. Hirner. Ehrengäste; Festredner im Wagen, dann die vereinigten Sänger von Philadelphia; Blumenwagen; Künstler und Bildhauer, Uhr= und Pianomacher, Buchdrucker, Buchbinder, Juweliere. 3. Div.— M. Groß — Metzger (7 Festwagen), Bäcker, Zuckerbäcker, Milchhändler. 4. Div.— M. A. Ladner — Glasfabrikanten, Maurer, Steinhauer, Maschinisten, Schmiede, Blechschläger, Wagenbauer. 5. Div. — M. Schöninger — Weber, Färber, Posamentiere, Nähmaschinen, Schreiner (500), Spielwaarenfabrikanten, Drechsler zc. 6. Div. — M. J. Salber — Brauer mit Triumphwagen zc., Küfer, Cigarrenmacher zc. 7. Div. — M. T. Thomas — Logen und Unterstützungsvereine. 8. Div. — M. Benkert — Gerber, Kürschner, Schuhmacher. 9. Div. — M. G. Getz — Musikzug, Artillerie, Delegaten von Camden, Kohlenhändler zc. 10. Div. — M. Herrmann — Schneider, Kappenmacher und mehrere Clubs.

Von der um das Washington Monument vor der denkwürdigen Independence Hall errichteten Tribüne aus ließen der Mayor, der Stadtrath und Ehrengäste den Zug Revue passiren. Der achtspännige Triumphwagen der Schützen, „Wilhelm Tell und Sohn", von Bogenschützen umgeben, erregte Aufsehen, darnach der „Jahn=Wagen" der Turner, die 20 decorirten Wagen des Fair Hill Friedens=Clubs, darunter ein Triumphwagen der „Germania und Amerika" und „Elsaß und Tyrol"; der „deutsche Michel, wie er war, und wie er jetzt ist" zc. zc. — Im Sängerzuge war der kostbare, 8spännige Triumphwagen, die „Wacht am Rhein". Bei diesem Glanzpunkte wurde Halt gemacht, und der Vorstand verließ den Zug so lange, um die auf der Platform Versammelten zu begrüßen. In seiner Anrede an den Mayor sagte der Festpräs. Camp:

„......Ohne Einheit ist keine Freiheit möglich. Diese Lehre ist von jener Halle dort vor fast hundert Jahren ausgegangen. Ihre Wahrheit hat der Held bewiesen, dessen Standbild auf uns herabsieht."

Mayor Fox antwortete hierauf: „Es gewährt uns die allergrößte Genugthuung mit Ihnen und so viel andern Tausenden unserer Mitbürger an dieser großen Demonstration Theil zu nehmen, welche für die Wiederkehr des Friedens in das große deutsche Land veranstaltet ist, und es ist unser Aller Wunsch, daß der Engel des Friedens seine Schwingen über die ganze Erde ausbreiten möge......"

Lassen wir den glänzenden Zug weiter an uns vorüber! Der nordöstliche Sängerbund führte einen deutschen Bardentempel auf seinem Triumphwagen; die nächste hervorragende Erscheinung war der die 4 Künste mit vielem Geschmack darstellende Wagen der Fresco=Maler Gebrüder Kaiser; dann ein prächtiger Blumenwagen; die Kleinodien der Juweliere unter einem Baldachin, von diesen getragen; der Metzgerzug, in welchem sogar alle Gattungen Schlachtvieh vom Ochs bis zum Lamm figurirten, Würste gehackt, Schinken geräuchert, und vertheilt wurden. Die Bäcker führten das „Backe, backe Kuchen!" zur Freude des Volkes auf; die Zuckerbäcker einen schwerbeladenen Christbaum; die Fischer von Atlantic City und Camden einen die Verbindung des Rheins mit dem Ocean darstellenden Wagen; ihnen folgten die Milchhändler von Egg Harbor und Umgegend; Glasöfen und Schmelzen in voller Arbeit; eine Dampf=Messerschmiede, Wagenschmiede und Stellmacherei und, die Durstigen erquickend, Mineral= und Sodawasser=Apparate; arbeitende Dampfmaschinen der Eisengießereien, Webstühle zc.; ein prachtvoller, terrassenförmiger Triumphwagen der Posamentiere; ein glänzender Gambrinuszug, dem der nicht minder plastische des Bacchus folgte, — zum Schluß, nach vielen anderen glücklich erfundenen Allegorien der Gerber, Kürschner=, Schuster=, Drechsler=Innungen ein sechsspänniger Wagen mit 36 die deutschen Kleinstaaten repräsentirenden Schneidern, unter der Leitung des „Vormannes Bismarck" an einem Rock arbeitend. — Von der von Axenroth erbauten großen Tribüne herab eröffnete Gen. Patterson die Massenversammlung, indem er als erster Redner Dr. G. Kellner vorstellte. Die Bedeutung dieses in seiner Art einzigen Friedens markirend, sagte der Redner: „....Auf ihr Schlachtschwert gestützt, streckt Germania, die Siegerin, den Palmzweig des Friedens aus über die weiten Lande. Das ist Friedensruf, wie ihn die Welt niemals zuvor vernommen. Die frohe Botschaft ist es einer neuen Zeit, welche die Welt schon so lange ersehnte.....Nicht das römische Kaiserreich deutscher Nation alter Zeit ist wiedererstanden, sondern ein neuer Bund der deutschen Volksstämme ist errichtet; ihr Feldruf wird sein: „Durch Einheit zur Freiheit".....Seid einig, einig, einig in Stadt und Land, Deutsch=Amerikaner! Deutsche halfen dieses Land gründen, reich und mächtig machen, und von uns und unseren Nachkommen soll es dereinst heißen: Sie gingen in fester Einigkeit unter sich und mit all ihren Mitbürgern voran in der großen Arbeit der Civilisation und wahren Freiheit, in allen Werken und Künsten des Friedens, zu ihrem eigenen Ruhm und Glück und zum Wohl und Segen der Union."

Nach Vortragung der „Wacht am Rhein" durch die unter Dir. Hartmann vereinten Sänger redete Col. J. W. Forney die Versammelten in englischer Sprache „nicht bloß als Deutsche, sondern als Amerikaner" an und zog von der Großartigkeit dieses deutsch=

amerikanischen Festzuges einen Schluß auf den Umfang und Glanz, welche die Kundgebungen des nationalen Patriotismus bei der nach 5 Jahren bevorstehenden Säcularfeier der Unabhängigkeit der Ver. Staaten entwickeln würden. Nach Worten warmer Anerkennung des Heldenmuthes, der Einigkeit, Treue und Großmuth, welche das deutsche Volk in diesem Kriege an den Tag gelegt, schloß er: „……Heil dem deutschen Stamme! Heil den Männern, Frauen und Kindern des Landes von Guttenberg, Göthe, Schiller, Humboldt und Mozart. Heil dem Lande, in welchem die freie Presse geboren ward, welche jetzt die Welt beherrscht und die Freiheiten Amerikas überwacht und regelt. Heil und Willkommen!"

Auch der letzte Redner, Dr. S ch m i d t, feierte vor allem Deutschlands Wiedergeburt in der Einigkeit und seine dadurch verbürgte große Zukunft. — Der Vicepräsident des Festcomit's, M. R. Muckle, verlas dann die „Beschlüsse", deren letzter lautet: „Wenn das deutsche Reich in der Erfüllung seiner Mission voranschreitet und die Völker Europa's zum Friedensbund der alten Welt vereint, wird ihm die Republik der Ver. Staaten, als Friedensbund der neuen Welt die Bruderhand reichen, und wir als Deutsch-Amerikaner werden es uns zur heiligsten Aufgabe machen, dieses höchste Ziel der Humanität nach allen unseren Kräften fördern zu helfen" — die einstimmig angenommen wurden. — Den Schluß der Feierlichkeiten bildete der „Siegesgesang der Deutschen nach der Hermannsschlacht".

Am Sonntag hatte in den Kirchen eine religiöse Feier des Friedens stattgefunden. Am Dienstag folgte das fröhlichste Volksfest, das die Stadt je gesehen. Im Schützenpark wurde eine Friedenslinde gepflanzt und unter Reden von Dr. Kellner und G. Siegmann ein Friedens-Monument enthüllt. Die Häuser der Deutschen und Amerikaner waren festlich decorirt; ja, auch angesehene Bürger f r a n z ö s i s ch e r Nation hatten sich an diesem Friedensfeste betheiligt und waren im Ehren-Comité vertreten. Die englisch-amerikanischen Zeitungen waren einstimmig in bewundernder Anerkennung der Großartigkeit des Festzuges und voll Lobes über die würdevolle Haltung der Deutschen.

Die Deutschen in C a m d e n feierten am Montag das Friedensfest durch einen großen Umzug und betheiligten sich dann an der Festlichkeit in Philadelphia. Die deutschen und amerikanischen Fahnen wehten von Privat- wie öffentlichen Gebäuden, und an vielen Plätzen waren die Portraits des Kaisers, der Prinzen und der Kriegshelden ausgehängt. Abends war Illumination.

Der 15. Mai wird den Deutschen von C a r l i n v i l l e, Illinois, und Umgegend „noch lange im Gedächtniß bleiben als der Tag des großen Friedensfestes, das in der gelungensten Weise unter den Auspicien des Germania-Vereins (Präsident Allendörfer) verlief. Festzug, Häuserschmuck, Reden, Gesang des Vereins und Musik auf dem Festplatz wirkten harmonisch zusammen. Nach E. Prectorius, der von St. Louis heraufgekommen war, sprachen noch Herr Pittman in englischer und Herr Köster und Staatssekretär Rummel in deutscher Sprache, alle unter begeistertem Beifall. Ein Festball beschloß die schöne Feier."

Bei der Friedensfeier in L a n s i n g, Mich., hielt Pastor Conrad die Festrede, schlicht und populär, wie es dem Charakter der Versammlung angemessen war: „Darum, liebe Landsleute, sagte er zum Schlusse, lasset uns heute als die Festloosung ausgeben: T r e u u n s e r e m e i g e n e n W e s e n! Wie jetzt die Sachen stehen, hat unser Volk in Amerika die Mission, in erster Linie die Menschheit einer höheren Entwicklungsstufe entgegenzuführen. In allen politischen Fragen lasset uns immer fragen: wie gedeiht unser Bürgerwohl? In allen übrigen Aufgaben des Lebens lasset uns darnach trachten, das Unvollkommene zum Vollkommenen hinüberzuführen. An Jeden unter uns ergeht der Ruf: S e i d e s R u h = m e s D e i n e r H e i m a t h w e r t h! Das laßt uns in unserem Leben in Worten und Werken und in Gesinnungen wahr machen!"

Die Deutschen in S p r i n g f e l d, Ohio, hielten ihren festlichen Umzug am 22. Mai. Nicht bloß alle Vereine, Logen, Milizen und Innungen hatten sich dazu vereinigt, —auch der Stadtrath und viele Amerikaner schlossen sich an und die ganze Stadt erschien im Festschmucke. Auf dem Festplatze „Fair Grounds" wurden außer andern patriotischen Liedern „die Wacht am Rhein" in deutscher und englischer Zunge gesungen, und hielten der Prediger Beßler, Congreßmitglied S. Shellabarger, Robert Weiher, Henry Hartmann und M. Knis begeisterte Reden. Das weitere Fest verlief in heiterster Stimmung.

Die Feierlichkeiten des großen deutschen F r i e d e n s = u n d S i e g e s f e s t e s i n C h i = c a g o am Pfingstmontage, 29. Mai, wurden eröffnet durch 101 Kanonenschüsse, abgefeuert am Lake Park, sodann Reveille-Blasen und Trommeln in allen Theilen der Stadt durch berittene Trompeter und Trommler. Der Festzug, welcher eine Bedeckung von etwa 250 Polizisten, davon beinahe die Hälfte beritten, hatte, formirte sich in Canal-Street unter dem Festmarschall Hy. Greenebaum, mit einem Stabe von 3 Assistenz-Marschällen, 3 General-Adjutanten und 58 Adjutanten, dem sich der Vorstand *), Präs. Schneider, Gen.-Sekr. C. Pröbstina, und die nicht anderswo im Zuge fungirenden Mitglieder der 5 Comités in Wagen anschlossen, — in nicht weniger als 17 Divisionen. Wir geben zuerst eine Uebersicht:

Die 1. Division — Marschall Oberst Joseph Lion — enthielt eine Schwadron blaue Husaren, Musikcorps, ein Regiment Nationalgarde, eine deutsche Feldbatterie, eine Schwadron rothe Husaren. Die 2. Div. — D-M. F. Rollshausen — Logen und Ordens-Gesellschaften mit einem in Div. 3—5 folgenden „historischen Zuge: Hermann und Thusnelda, umgeben von 40 Teutonen zu Pferde und 60 zu Fuß (durch die „Hermanns-söhne" dargestellt); Barbarossa, umgeben von 12 Fürsten, 21 Rittern, 9 Pagen, einer sein Pferd führend; Kreuzfahrer, Johanniter und Templer, Lanzenträger, Herolde und Musiker in Costüme der Zeit; das Mittelalter mit den Repräsentanten der Erfindungen (Guttenberg, Berthold Schwarz, dabei eine alterthümliche Druckerpresse durch die „Illinois Staatszeitung"), der Poesie (Hans Sachs) und des Ritterthums" (von Hutten, Berlichingen, Sickingen, Ulrich v. Würtemberg ꝛc.), Bogenschützen, bewaffnete Turner ꝛc.; das Zeitalter der Gründer des preußischen Staates: Zug des großen Kurfürsten; Friedrich der Große und Zeitgenossen; Kunst und Literatur: Händel, Haydn, Beethoven, C. M. v. Weber mit Freischütz-Zug (Gesangvereine) — Schiller und Goethe, Gyps-Abguß des Monuments in Weimar; 30 deutsche Studenten (Ver. „Humor"), Apatheose des Liedes von der Glocke (Illinois Volkszeitung);—Humboldt, 30 Bergleute und 40 Matrosen (Hamburger Club); die Freiheitskriege von 1809—15: Andreas Hofer und Tyroler (Scharfschützenverein) — Schill, Körner, Blücher, Schwarzenberg, Scharnhorst, Arndt, Jahn (Turnverein) — dazwischen 2 Tableaur auf Festwagen: „Loreley" und „Wacht am Rhein" — Kaiser Wilhelm, Kronprinz, Gesolge und 30 Uhlanen. 6. Div. — M. Voß — Veteranen aus dem Unions- und deutschen Kriegen und Patrioten von 1848—49. 7. Div. — M. Grünhut — Arbeiter-, Wards, Clubs. 8. Div. — M. Had — Brauer, Küfer und Metzger. 9. Div. — M. Verdier — Bäcker und Milchleute. 10. Div. — M. Arnberg — Gerber, Sattler, Schuhmacher, Schneider, Kürschner, Hut- und Kappenmacher. 11. Div. — M. Andree — Steinhauer, Maurer, Bildhauer, Schornsteinfeger, Zinngießer, Glashändler, Polsterer ꝛc. 12. Div. — M. Rutishauser — Schützen, Jäger, Fischer ꝛc. 13. Div. — M. Schiretz — Schüler, Gärtner, Feuerleute, Versicherungsgesellschaften, deutsche Bank. 14. Div. — M. Groß — Bürger und Farmer. 15. Div. — M. Feldkamp, 16. Div. — M. Grüdele, und 17. — M. Wolf — Fabrikanten und Handwerker jeder Art.

Diese Skizze genüge, einen Begriff von der grandiosen Ausstattung des Festzuges zu geben. Nach dem ursprünglichen Programme lag demselben, außer der Darstellung „der numerischen und intellectuellen Stärke des amerikanischen Deutschthums und seiner Zusammengehörigkeit, als leitende Idee zu Grunde: Die Verherrlichung der großen staats- und culturgeschichtlichen Ereignisse im Leben der deutschen Nation von Anbeginn bis zur Neuzeit und die Darstellung der gegenwärtigen Blüthe in Kunst, Wissenschaft, Handel und Industrie, sowie in gemeinnützigen Institutionen." Die glänzendste Erscheinung desselben war in der That der ebenso originell erdachte, wie verschwenderisch, wenn auch nicht vollständig ausgeführte „historische Zug. Dann zeichnete sich auch hier der Aufzug der Bierbrauer aus. Der Wagen ward gezogen von 6 Braunen, auf denen Jockeys in weißem Atlaszuge mit blauem Besatz ritten. Auf dem Wagen ruhte ein Riesenfaß, auf welchem „Gambrinus", angethan wie ein König, thronte. „Germania", „Columbia", „Ceres" und „Pomona" umgaben es. Die Costüme waren überaus reich und elegant. Die Küfer böttcherten unterwegs ein colossales Faß zusammen; dann folgte der Reckenzug der Metzger, 800 hoch zu Roß. An der Spitze des Zuges ritt ein Herold auf prachtvoll ausgeschirrtem Schimmel, unmittelbar hinter ihm zwölf mit großen Beilen ausgerüstete Metzger. Die Weinhändler führten 4 decorirte Wagen. Den ersten (sechsspännig) hatte „Vater Rhein" auf dem Loreleyfelsen, zur Seite zwei Pagen mit Pokalen inne — im Hintergrunde „Bacchus" auf einem großen Fasse, den Pokal in der Hand. Im zweiten waren sämmtliche europäische und einheimische Weinsorten in geschmückten Fässern aufgestellt und symbolisirt; auf der

---

*. Auch in New-York hätten angemessener Weise der Vorstand und die Executive von Anfang an officiell im Festzuge vertreten sein sollen.

einen Seite: Rhein, Ohio, Stein, California, auf der andern Ungarn, Rheinland, Mosel, Missouri; auf der Rückseite die Scene aus Auerbach's Keller, Mephisto und Faust auf dem Fasse die Treppe hinauf reitend. Der dritte, vierspännige Wagen stellte einen Destillir-Apparat in Thätigkeit vor, und der vierte war mit geschmückten Fässern gefüllt, in denen die beliebtesten Branntweine und Liqueure bildlich dargestellt waren. — Die Prozession hatte eine Länge von 8 Meilen.

Ein heftiger Regen that der Feier leider großen Abbruch und stellte die Ausdauer der Prozessirenden, wie der Zuschauer auf eine harte Probe. Alle Geschäfte ruhten am Pfingstmontage. Das Courthouse war zur Empfangsfeier eingeräumt. Katholiken, Protestanten, Israeliten, alle nahmen Theil. Ebenso Scharfschützen, Vereine und Delegationen aus der Nähe und Ferne, selbst Gewerbe und Turner aus Buffalo. 150 Musikvereine waren auf die einzelnen Divisionen vertheilt. Die Stadt war, besonders in den deutschen Theilen, prächtig geschmückt und am Abend illuminirt.

„Um 4 Uhr Nachmittags begann die Feier auf dem Festplatze „Grove", der sich trotz seines großen Umfanges als zu klein erwies. Die Tribüne war 40 Fuß breit und 60 Fuß tief. Auf jeder Seite der Tribüne befanden sich Tanzböden, 41 bei 50 Fuß. Auf der Haupttribüne nahmen gegen 1500 Personen Platz. Fünfzehn Bier-Bars waren durch den Grove vertheilt und an 200 Speisetischen fanden auf einmal 10,000 Hungrige Platz. Außer den vielen Tausend in verschiedenen Farben brennenden Lampen wurde der Platz am Abend noch durch 8 Calciumlichter auf's Brillanteste beleuchtet. Natürlich litt der Besuch etwas durch das Wetter." Nach der unter Leitung des Herrn O. Lob von den vereinigten Orchestern Chicago's ausgeführten großen Ouvertüre und dem von den vereinten Sängern vorgetragenen „Bundesliede" von Mozart, hielt der Festpräsident G. Schneider die Eröffnungsrede, welcher Festreden von J. Arnold, Ex-Mayor Rice, Mayor Mason und L. Wahl folgten, abwechselnd mit Abt's Alldeutschland, der Wacht am Rhein und dem Schlußgesange „Nun danket Alle Gott". Das darauf folgende gesellige Vergnügen währte bis tief in die Nacht.

Aus der Eröffnungsrede citiren wir den schönen Festgruß:

„.... Ich grüße Euch alle herzlich, die Ihr dem Vaterlande treu geblieben und deutsches Wesen und deutsche Treue bewahrt und genährt habt. Ich grüße Euch, Kinder Alldeutschlands... Auch Euch grüße ich, von dem Bruderstamme der Elsasser und Lothringer, die Ihr nach jahrhundertlanger Trennung wieder den Weg in das Vaterland gefunden habt. ... Und auch Euch grüße ich, deutschgesinnte Schweizer, die Ihr in der Wiedergeburt Deutschlands keine Gefahr, sondern nur eine Stütze erblickt. Ich grüße besonders Euch Alle, welche in dem großen Kampfe und dem Siege der deutschen Waffen die Rettung der heiligsten Güter der Menschheit: Wahrheit, Recht und Freiheit erblicken!"

Der Festredner Franz Arnold gab nach den Worten:

„Wir feiern heute die seit 500 Jahren verloren gewesene und stets vergeblich erstrebte Einheit Deutschlands; wir feiern den größten Sieg, den die Weltgeschichte kennt, über einen Erbfeind, der unser Vaterland seit Jahrhunderten nie zur Ruhe und friedlichen Entwickelung kommen ließ. Wir feiern die Befreiung des Rheins, unseres symbolischen Stromes, und die Wiedereroberung unserer zwei herrlichsten Provinzen, und wir feiern vor allen Dingen die Emancipation des deutschen Namens, der von jetzt an bei allen Nationen geachtet und gefürchtet ist, wie er vorher verachtet und verspottet wurde" —

einen vergleichenden Ueberblick über die Geschichte Frankreichs und Deutschlands in den letzten Jahrhunderten. In kräftigen Zügen faßte er die Geschichte der Entwickelung „Brandenburgs" und in ihm Deutschlands zu seiner jetzigen Machtstellung zusammen und verglich dann das Wenige, was die Franzosen während der langen Zeit des Uebergewichts Frankreichs auf dem Felde der Kunst und Wissenschaft geleistet, mit der weltumfassenden culturhistorischen Arbeit Deutschlands. „Die Welt gehört den Germanen! Auf den Trümmern römischer Weltmacht regierte einst die deutsche Nation; aus der Nacht des Aberglaubens erhob sie sich zur Glaubensfreiheit; die Erfinderin der Druckerpresse wird sich aus ihrer Bevormundung erheben und, ein freies und starkes Bürgervolk, werden wir wieder vorangehen den Völkern der Erde." — Mayor Rice sagte im Eingange seiner Rede:

„Mitbürger der Vereinigten Staaten von Amerika! Aus ganzer Brust stimme ich in Ihr gut Heil an diesem glorwürdigen Tage ein, an dem sich die Massen versammelt haben, um die Wiederkehr des Friedens zu feiern. Ein würdiger Anlaß zum Jubel! Der Angreifer ist schmählich zu Grunde gegangen. Die vielen Königreiche und Fürstenthümer sind vereinigt. Die Freiheit Aller wird der krönende Schlußstein Zu Werkes sein!"

Er schloß mit den Worten: „Möge die Kriegswolke für immer verscheucht werden! Die ganze Welt wird dann jubeln und rufen: „Friede sei der Erde, Liebe den Menschen!"

Ein ganzer Reigen von Mai=Festen schließt sich hier an. „Würdig der großen Grund=Idee wurde das Fest auch von allen Deutschen Buffalo's gefeiert. Da war bei aller Festfreude keine Spur von Uebermuth, kein Zug von Ironie auf Kosten des geschlagenen Feindes".

Am Pfingstmontag begann die Feier in Häusern und Kirchen, ohne Unterschied der Confession. Dröhnender Kanonendonner grüßte den anbrechenden Hauptfesttag; bald waren die Hauptstraßen in einen Wald von Festschmuck verwandelt. Felder, Wälder und Gärten hatten Grün und Blumen in Fülle gespendet; friedlich flatterte das Sternenbanner neben der deutschen Fahne, ja, auch die französische Tricolore fehlte nicht. Am Niagara=Square formirte sich der 5000 Personen zählende Zug. Der Festpräsident S t a r k eröff=nete die Feier im Stadtrathssaale, wo er die versammelten Väter der Stadt mit dem Ma=yor, die County=Beamten und andere Ehrengäste und die Vertreter der deutschen und eng=lischen Presse in englischer Rede willkommen hieß. Stadtrath Evans sagte einige Worte sympathischer Erwiederung. Die Gäste schlossen sich dann der Prozession in Wagen an. Den Vortrab bildeten die Polizeimannschaft, Fest=Marschall Flach und Stab. In 7 Di=visionen folgten einander Militär, Turner, Sänger, Logen, Vereine, Schulen und Ge=werbe. „Der kostbarste Wagen in der Prozession war der aus New=York verschriebene Triumphwagen der Germania." Die Turner hatten ihren Vater Jahn, die Sänger Her=mann den Cherusker, Barbarossa und Orpheus, die Brauer Gambrinus verherrlicht. Am Arsenal=Platze fand die Massenversammlung statt. Eine Fest=Ouvertüre von Federlein und „Nun danket Alle Gott", die „Wacht am Rhein" und "Star-Spangled Banner" wech=selten mit Reden ab. Präs. Stark hieß die Versammlung willkommen. Hr. G. B a l t z sagte:

„... Nur durch unsere E i n i g k e i t konnten wir d a s zu Stande bringen, was unsere Augen heute jubelnd bewundern, nämlich diese großartige, für Buffalo beispiellos dastehende Demonstration deutscher Männer.... Möge aus der blutigen, opferschweren Saat für Deutschland die goldene Freiheit aufgehen! Möge es belohnt werden für seine Opfer!

Vielen Beifall erntete Dr. B r u n k mit einer englischen Rede; er sprach voll Begeiste=rung und mit gerechter Freude über den Glanz des deutschen Reiches, dessen Neuersteken ihm in seinen alten Tagen zu schauen vergönnt sei."

A n n A r b o r , Mich., feierte ein „Turn= und Friedensfest durch Vereinigung der Turn=, Gesang=, Arbeiter= &c. Vereine der Stadt und von Detroit im „Relief=Park", dem Ziele des Festzuges, welchen ein Wagen mit Damen, „Germania und die Union" dar=stellend, zierte. D. Cramer, E. A. Frazer (englisch) und (von Detroit) W. Kopp rede=ten. Musik, Gesang, Turnen und Tanz füllten den Abend aus.

Auch in der Umgegend von New=York gab es Pfingstfeste dieser Art.

In C o l l e g e P o i n t , Long Island, ging die Feier, sowie der Festzug selbst von A. Poppenhusen's — des Festpräsidenten — Institute aus. Herr L. Brand trug auf dem Festplatze einen Prolog vor, die Gesangvereine Germania und Krakelia die „Wacht am Rhein", die von allen Anwesenden mitgesungen wurde. Darnach redete Herr Schröter von New=York. Er hob besonders hervor, daß in den tiefen Erniedrigung Deutschlands in den Jahren 1806 bis 1813 die Ursache seiner jetzigen Größe zu suchen sei. In richtiger Wür=digung derselben sei durch wissenschaftliche und militärische Erziehung das Volk herange=bildet, welches jetzt die Schmach vergangener Jahrhunderte gesühnt. Die Pflicht der in die=sem Lande lebenden Deutschen sei, durch Wort und That ihre Anhänglichkeit an das alte Vaterland zu beweisen. Ein Hoch dem wiedererstandenen deutschen Reiche schloß den Vor=trag. Die nächsten Redner waren District=Attorney B. W. Downing aus Flushing in englischer, F. Bailand in deutscher und W. Talmadge aus Whitestone in englischer Sprache. „Was ist des deutschen Vaterland?" und der Choral „Nun danket Alle Gott", ein Hoch als Dank für alle Theilnehmer, ausgebracht vom Festpräsidenten, sowie Illumi=nation der Häuser am Abend, schlossen die allgemeine Feier.

Auch die Feier der vielen Deutschen von S t a t e n I s l a n d , deren Mittelpunkt S t a=pleton bildete, war vom herrlichsten Frühlingswetter begünstigt. Was Blumen, Laub=gewinde, Fahnen und Transparente thun konnten, um die Wohnungen der Menschen mit der sie umgebenden Naturpracht in Einklang zu bringen, war geschehen. „Den Haupttheil des Festes, um dessen Gelingen sich vornehmlich A. Warth verdient gemacht hat, bildete der Festzug unter dem Festmarschall George Bechtel und den Div.=Marschällen A. Hormann,

D. Klein, Wm. Stahl und J. Schön. Der Zug, welcher in 4 Divisionen arrangirt war, bewegte sich von der Fingerboard=Road durch New=York Avenue, Baystreet, Richmond Turnpike, Jersey Str., Tompkins Avenue, Bay Str. nach dem „Park" in Stapleton. Alle deutschen Turn=, Gesang= und Unterstützungs=Vereine der Insel, die Metzger und Brauer zu Pferd und Wagen, die verschiedenen Gewerke mit decorirten Wagen und viele andere Bürger zu Wagen und zu Fuß betheiligten sich daran. Den Schluß bildete eine Artillerie=Abtheilung. In der zweiten Division befand sich der sinnreich arrangirte Festwagen. In einem Tempel thronte die Germania, und zu ihren Füßen saßen Handel und Industrie, Kunst und Wissenschaft. In einem darauf folgenden Wagen führten Damen Standarten mit den Bildnissen von Humboldt, Schiller, Goethe und Mozart als den Vertretern deutschen Geistes mit sich. Die Wagen der Gewerke erregten durch ihre Ausschmückung gerechte Bewunderung. Um 11 Uhr aufgebrochen, langte der Zug gegen 2 Uhr im „Park" an. Nachdem das Musikchor den Choral „Nun danket Alle Gott" gespielt und die Gesangvereine Liederkranz und Quartett=Club „Die Wacht am Rhein" gesungen, hielt Herr Warth die Festrede, in welcher er in kurzen, aber beredten Worten auf die Bedeutung des Tages hinwies. Am Abend veranstalteten die verschiedenen Vereine in ihren Kreisen Festlichkeiten und viele Gebäude waren illuminirt."

Bei der Feier in Orange erwiesen sich der Turn= und der Gesangverein besonders thätig. R. Katzenmeier von New=York und Dr. Ebert von Newark redeten. Viele Amerikaner nahmen Theil. 200 Dollars wurden für den patriotischen Hülfsverein erübrigt.

Das gleichzeitige Friedensfest in Troy, N. Y., war „eine der großartigsten Demonstrationen, die man jemals hier gesehen hat. C. Döring fungirte als Festpräsident, C. Waldheim als Marschall. Die Prozession war sehr lang, und die allegorischen Bilder, die Decorationen und die Eintheilung waren mannigfaltig und vollständig. Sehr viele Gebäude waren decorirt. Eine Massenversammlung fand im Reusselaer=Park statt, in der Nationalgesänge vorgetragen und Reden gehalten wurden; unter Anderen sprachen Prof. Barman und Mayor Caroll. Abends war die Stadt illuminirt."

Die Pfingst=Friedensfeier in der Staatshauptstadt Albany hatte einen großartigen Anstrich, und auch die amerikanische Presse interessirte sich lebhaft dafür. Sechs Divisionen bildeten den von Marschall W. Schindler commandirten Festzug. Voran Polizei und Militär, dann 1) Vorstand (Fr. Marschall, F. Hans, T. Krumholz, F. Ackermann, S. Stroebel), Festredner, Dirigent Singer, Arrangements=Comité; Marschall und Suite; Husaren, Logen, Germania=Wagen, Schüler, Bau= u. a. Vereine. 2) Sänger und Turner; Presse des „Albany Herold" mit der gelungenen Allegorie „Die Erbswurst kommt"; Damen, Bürger. 3) Gesellschaften und Delegationen von Amsterdam, Schenectady, Canajoharie und Umgegend; Spinnerinnen; Wagen der „Arbeit" mit riesigem Bienenkorbe; „Kaiser Wilhelm, Bismarck, preußische Cavalerie und Infanterie". 4. Vereine, Prachtwagen „Wacht am Rhein", Aufzug der Fleischer, Bäcker, Mehlhändler, Gambrinus=Zug, Essig= und Eishändler. 5) Schüler; Blumen=, Frucht= Landbau, Jagd, Tyroler, Sänger und Schützen; Fabrikanten. 6) Freimaurer; „Göttin der Freiheit"; Werkstätten, viele Wagen. — Auf dem Festplatze war der Mayor eingeladen zu präsidiren, und hielt Gouverneur Hoffman die erste Rede. Er sagte:

„Freunde und Mitbürger! Es gereicht mir zur außerordentlich'n Freude, bei Euch zu sein. Ich bin nicht gekommen, um eine Rede zu halten, sondern als der Gouverneur Eures Staates, als Euer Nachbar, Euer Freund mich mit Euch über die Rückkehr des Friedens zu freuen. ... Nach den Andeutungen des Präsidenten des deutschen Reichstags an das New=Yorker Executiv=Comite laßt uns hoffen, daß das neugegründete deutsche Kaiserreich sich der noblen Aufgabe würdig werde, den inneren Frieden zu entwickeln, und daß es im Rathe der Nationen die Interessen des Friedens beschützen und vorsichtig das Band befestigen werde, welches es an die civilisirten Völker der Erde bindet. Ganz besonders aber zu dieser großen Republik, in der Millionen seiner Söhne eine neue Heimath fanden. Diesen Söhnen, die eine neue Heimath in dieser großen Republik gefunden, die so viel zu ihrer Größe und ihrem Ruhm beigetragen haben, ihren Weibern, ihren Kindern und d'en theuren Freunden, die sie daheim im Vaterlande zurückgelassen haben, entbiete ich meine aufrichtigsten, herzlichen Gratulationen!"

Hochpoetisch war die Krieg und Sieg feiernde Rede von H. Wertheim; die Erstürmung des Mont Valérien vergegenwärtigte er mit den Worten:

„Die deutschen Krieger stürmen hinauf zur hohen Spitze, die in die Wolken ragt. Aufschaut mit thränenumflortem Auge Frankreich's Genius; aufschaut in ungebändigter Spannung das deutsche Heer! Ein Germane erscheint auf der höchsten Zinne des Thurmes; — der Adler sinkt, die Fahne fliegt! — Heil dir, mein Volk, du hast gesiegt!"

Es folgten poetische und musikalische Vorträge, Nationallieder, C. Schmidt's englische Rede und Verlesung von „Resolutionen der Festversammlung." — Die Decorationen der Stadt und d~~ übrigen Festlichkeiten verwirklichten, wie der „Albany Herold" bemerkt, in schönster Weise der „Forderung des Festdichters W. Looschen:

„So lasset u~~ den Tag der ~~ ~~weihen,
Und ihm des Friedens und der Fr~~ ~~almen streuen!"

In Easton, Pa., veranstalteten die Herren Schön, Rau~~ ~~ Friedens-Volksfest im nahen „Odenwälder's Wald"; in Erie, ~~nd Eich ein ländliches Brandt, F. Semmelmann u. A. ähnliche Festlichkeiten; ebenso die Deut~~ die Herren C. don, Ontario, und Umgegend am Nachmittage des 29. Mai — Das Deutsch~~ Lon-Paterson, N. J., und Umgegend „erschien in einem ähnlichen Festzuge vereinigt,"~~ welchem die verschiedenen Künste und Gewerbe, auf Wagen zur Darstellung gebracht, mit den Angehörigen der verschiedenen deutschen Vereine abwechselten." Der Humboldt-Fortschrittsverein erschien im Zuge zu Wagen, mit der Humboldt-Büste und Buchdruckerpresse. Unter den Gewerken sind als Specialitäten anzuführen: Arbeiter aus Watson's Fabrik Feldschmiede und Modellfeuerspritze, der Wagen der Steinhauer, ein fertiges Haus, Locomotivenbauer aus Rogers' Fabrik, Kupferschmiede, vor Allem aber der Zug der Seidenarbeiter, der auf drei Wagen die Seidenzucht und Seiden-Manufactur repräsentirte. Den Schluß bildete der Zug der Gärtner und berittene Landleute. — In „Croot's Wäldchen" hielt im Laufe des Nachmittags Dr. v. Holst von New-York die Festrede. Er sagte:

„Lieb' Vaterland magst ruhig sein!" — Manch' Jahr ist in's Land gegangen, da ein deutscher Sänger dieses Lied sang, dessen Klänge so eben im Rauschen dieser Bäume verhallt sind. Der Sänger ruht im Grabe, aber sein Lied wird unvergessen bleiben, so lange Deutsche leben...... Als das Lied im vorigen Jahre zuerst wieder erscholl, da ging es wie ein Wetterschlag durch die ganze Welt ... Da war auch nicht Einer im deutschen Heere, der nach Deutschland hätte zurückkehren mögen, ehe das ganze Werk vollbracht war. Das war der Charakter dieses furchtbarsten aller Kriege, und darum mußte sein Verlauf sein wie er ist. — Dem Deutschen ist der Krieg ein Greuel, weil er zerstört, was mühsam aufgebaut war. Und nicht das Schwert hat Deutschland einig gemacht; die Saat war schon lange, lange zuvor gestreut. Das Schwert hat nur das Einheimsen der Ernte beschleunigt....Die berechtigte Siegesfreude schweigt vor der Freude über den Frieden. Durch den Frieden ist Deutschland groß geworden, und kein blutiger Erfolg ist groß genug, um es schwindlig zu machen auf seiner Höhe. Auch wir wollen den Frieden. Unsere Aufgabe ist, unsere Söhne zu erziehen für die erhabene Bestimmung der Menschheit, und durch dieses Friedensfest schwören wir, daß wir sie würdig machen wollen des deutschen Namens......"

Rühmend ist auch die Friedensfeier in Tamaqua, Schuylkill County, Pa., zu erwähnen. Tausende aus Stadt und Land gingen im Festzuge; Marschall: B. T. Hughes. „Germania" war auf ihrem Triumphwagen von 36 jungen Mädchen als Repräsentantinnen der deutschen Staaten umgeben. „Kaiser Wilhelm, Bismarck, Unser Fritz" fehlten nicht. J. F. Boyer und Kurtz hielten deutsche Ansprachen, C. F. Schindel eine englische.

Das Programm zur Feier in Galena, Ills.: Abmarsch Morgens 9 Uhr; Musik, Festmarschall und Uhlanen, Deutsche Gesellschaft, Germania-Wagen, Logen, Sänger, Delegationen, Gewerbe, Bürger zu Fuß und zu Pferde, den Vorstand, Redner, Mayor und Stadträthe in die Mitte nehmend; Umzug, Massenversammlung und Festlichkeiten wurden auf's Beste ausgeführt. Gegen Mittag langte der Zug auf dem Festplatze an und sah sich zuerst nach zubereiteten Erfrischungen um." Dann folgten Chorgesang, Reden des Festpräs. C. Barner und Herrn C. Wullweber's von Dubuque, Unterhaltungen und ein vergnügter Ball.

Marshall, die 3te Stadt Michigan's, riefen Glockengeläut und Kanonendonner zum Feste. Aus dem langen Zuge der Vereine, Bürger und Soldaten ragten leuchtend die Darstellungen der Germania und Columbia hervor. Auf den „Fair Grounds" wurden deutsche und englische Reden gehalten; Concert und deutsch gemüthliches Genießen währten bis tief in die Nacht.

In Milwaukee, Wisc., war am Abend des 27sten „theatralische, musikalische und gymnastische Festvorstellung der Gesangvereine und Turner im Stadttheater; am Montag, 29. Mai, großer Festzug, allgemeine Illumination und Festbälle in den Turnhallen." —
Die Feier in Sheboygan, Wisc., ging besonders vom Schützenverein aus. Im Zuge erschienen außerdem der landwirthschaftliche Verein, die Cadetten-Compagnie, vereinte Logen, Sänger zc. und Delegationen der Ortschaften Mosel, Wilson, Hermann, Rhine, Glen Falls, Plymouth, Greenbush, Lima, Holland, Scott und Abbott. Unzählige Kränze wurden von schönen Händen gewunden.

Umfassende Vorbereitungen zur Friedensfeier waren in **Pottsville**, dem aufblühenden Centralplatz der Schuylkill-Regionen, getroffen und die Ausführung um so großartiger, als die ganze Umgegend theilnahm." Schon am Samstag vor dem Pfingstfest waren alle Häuser der Stadt festlich geschmückt; in der Townhall auf der Spitze des Hügels, an welchem sich die schön gelegene Stadt hinzieht, war das Hauptquartier des Anordnungs-Committees. Am Pfingstsonntag, Abends, wurde Friedensgottesdienst in der deutschen lutherischen Kirche von Pastor G. A. Hinterleitner gehalten und am Montagmorgen hielt in der deutschen katholischen Kirche der Ehrw. B. Baumeister eine Hochmesse. Der Festzug am Montagmorgen, zu dem Tausende von nah und fern herbeigeströmt waren, setzte sich Punkt 10 Uhr in Bewegung und brauchte eine Stunde, um einen gegebenen Punkt zu passiren. Es marschirten an 5000 Menschen darin, sowie 130 Wagen und eine große Anzahl Berittener." Den 5 Feuer-Compagnien der Stadt nebst der Gowen-Garde und der Pottsviller leichten Infanterie folgten starke Delegationen von Minersville, aus Tremont, Schuylkill Haven, Cressona, Girardville, Ashland, St. Clair, Port Carbon, Palo Alto ꝛc.; dann Gewerbe, Maschinenarbeiter, Vereine u. s. w.; Festwagen der „Germania", „Columbia", „Wacht am Rhein" und „Göttin der Freiheit." — Im Park war Nachmittags großes Volksfest. Der Festpräsident Herr L. Stoffregen führte Herrn M. Strauß ein, welcher „im Namen der Friedensgöttin alle Anwesenden, Deutsch= sowohl wie Anglo-Amerikaner und alle anderen Nationalitäten, willkommen hieß. „Seien wir nicht versammelt, um ein Triumphfest über einen geschlagenen Feind zu feiern — vielmehr blicken wir mit tiefer Trauer auf den Verlust vieler tapferer Männer und die Verheerung eines schönen Landes! Unsere Absicht sei, uns über die glücklich erfolgte Einigung Deutschlands zu freuen." Reden in englischer Sprache hielten sodann die HH. B. Haywood, Lin Bartholomew, Thomas und James Wren, M. Strauß und J. W. Hughes. Der deutsche Schlußredner, Herr Schalck, verglich den ruhigen, ordentlichen Einzug der Deutschen in Paris mit den blutigen empörenden Scenen, welche die Pariser selbst aufgeführt. — Die vereinten Sänger trugen viel zur Erhöhung der Feier bei, welche mit einer Illumination schloß.

Die Deutschen von **Reading** und Umgegend in Berks County, Pa., rühmen sich eines prachtvollen Umzugs von 3 Meilen Länge. Die Beschreibung in der „Reading Post" füllt nicht weniger als 11 Spalten. Das Fest war des bedeutenden deutschen Elements dieser Stadt würdig und einzig in seiner Art." Am Sonntag Nachmittag wirkte der Gesangverein „Harmonie" und ein Musikcorps mit bei der von Pastor Kundig veranstalteten religiösen Feier. Am Montagmorgen fand ein feierliches Hochamt in der katholischen St. Paulskirche statt, während die ganze Stadt schon in festlicher Bewegung war und Tausende von Gästen per Bahn und Wagen hereinströmten. Viele Anglo-Amerikaner schlossen sich der Prozession an, die von Capt. Bissinger als Festmarschall geführt wurde. Ein Thurmwagen trug die Friedensglocke mit dem Schiller'schen Motto. Dem folgten die Fest-Comités (Präs. J. Koppelmann, Sekr. Götz, Schatzm. Ziegler, Dirigent Wonneberger, Dr. Behm ꝛc.), Redner, Geistliche, Mitglieder des Stadtraths ꝛc. in Kutschen. Eine Aufzählung aller Organisationen, welche die 5 Divisionen füllten, würde nur eine Wiederholung früherer Berichte sein. Die Presse von Reading hatte einen sinnvoll und reich ausgestatteten, eine 24 Fuß hohe Pyramide darstellenden Friedenswagen gestellt, diesem folgte der Triumphwagen der Germania, von der „Harmonia" dargestellt, „das deutsche Volk im Frieden", und der „Junge Männerchor" mit „Columbia". Eine malerische Gruppe bildete der „Turf": auserlesene Pferde, Phaëton, Damen einen Globus haltend, Reiter, Jockeys ꝛc. Brauer, Weinhändler, Bäcker ꝛc. erschienen in glänzendem Aufzuge, und sämmtliche bei dem Bau und der Einrichtung von Wohnhäusern wirkende Gewerbe waren in einem 20 Fuß hohen und breiten rollenden Hause repräsentirt. Das Volksfest in Laura's Park begann nach 3 Uhr. Die Versammelten bewillkommend, sagte Herr **Kappelmann**:

„......Das Fest, das wir heute feiern, beweiset, daß auch uns die lautersten Beweggründe in unserer tiefen Freude leiten. Wir wollen offen vor aller Welt darlegen, daß wir, obwohl getrennt vom heimathlichen Boden und jetzt Bürger dieser großen Republik der Vereinigten Staaten, noch würdige Söhne und Töchter unserer Mutter Deutschland sind...."

Herr **Nees** rühmte die Großartigkeit des Festzuges und meinte, daß schwerlich, dem Verhältniß nach, die größte Stadt Amerika's so Herrliches aufweisen könne. Nach einem geschichtlichen Rückblicke ermahnte er zu bleibender Einigkeit. — Hon. J. L. Getz, ein geborener Amerikaner deutscher Abkunft, schloß seine englische Rede mit den Worten:

„Lang' möge dieses glorreiche Land der Freiheit, unser durch Geburtsrecht, Euer durch Adoption, bl..yen und gedeihen unter den gegenseitigen Vortheilen, welche so reichlich gereift sind unter der Vermischung zweier großer Stämme, welche die Apostel der Civilisation und der Freiheit in der Alten Welt wie in der Neuen gewesen sind, und möge das Deutsche Reich über dem Meere Hand in Hand gehen mit der großen Republik dieser westlichen Welt in der Erfüllung ihrer segensreichen Mission, nämlich der Verbreitung der Segnungen der bürgerlichen und religiösen Freiheit und des allgemeinen Friedens über beide Hemisphären!"

Dann pflanzten die Mitglieder des Harugari=Ordens unter entsprechenden Feierlichkeiten eine Friedenseiche im Parke. W. Rosenthal sagte in der Weiherede: „So gilt mir denn diese heute gepflanzte Eiche als schönes Symbol der deutschen Kraft und Einheit im neuen deutschen Reiche, und zugleich als Symbol meines Strebens und Charakters als Deutsch=Amerikaner!"

Wie das 13. Maifest der Allgemeinen Deutschen Unterstützungs=Gesellschaft in San Francisco sich unter den Eindrücken der Gegenwart zugleich zu einer Nachfeier des Friedensfestes gestaltete, so wurde eine solche auch in Peoria, Indianapolis und andren Orten mit Turn= und andren Festen im Juni verbunden. Jedem deutschen Herzen wird es wohlthun wahrzunehmen, wie die Bewegung zuletzt selbst auf die Wurzeln des Deutschthums im Lande zurückging. Im Mohawk=Thale, dem historischen Boden der ältesten deutschen Ansiedelungen im Staate New=York, wurden die Friedensfeste zu einer Erinnerungsfeier, wie sie bald auch so dem Vaterlande wiedergewonnenen Elsässer und Lothringer begehen mögen. Die festliche Prozession der Deutschen in Canajoharie am 13. Juni wird von dem dortigen „Radii" für die großartigste erklärt, welche je in Montgomery stattgefunden. Der Festredner war Herr Andreas Willmann von Sharon Springs. Illumination, Feuerwerk und Ball schlossen das Fest. „Dasselbe kann von Utica, der Stadt des Steuben=Monuments gesagt werden. Der dortige Festzug war eine Manifestation deutschen Gewerbfleißes, der Energie und Geschicklichkeit, womit das deutsch=amerikanische Element sich in den besten Hauptgewerben des Landes nützlich macht und nicht wenige derselben förmlich beherrscht. Natürlich fehlte es aber auch nicht an idealen Zügen; so erschien die von einer Tochter des Prof. Sutorius dargestellte Germania, die auf einem Triumphwagen des dortigen Männerchors thronte, welcher u. A. eine Abbildung der Hauptburgen des Rheins vorführte. Nachher fand sich eine ungeheure Menschenmenge auf dem Festplatze ein. Mayor Comstock selbst eröffnete dort, nachdem er vom Festpräsidenten Biedermann vorgestellt worden, die Festlichkeiten durch eine kernige Anrede, in welcher er Deutschland's Einigung feierte. Der Glanzpunkt der Reden war jedoch die des Exgouverneurs Horatio Seymour. Er bemerkte:

Für die Bewohner des Mohawkthales habe der letzte europäische Krieg, während dessen die ganze Welt mit Staunen und Bewunderung auf die gewaltigen Siege der deutschen Heere blickte, ein doppeltes Interesse und eine doppelte Bedeutung gehabt; denn schon vor anderthalb Jahrhunderten sei dasselbe ein deutsches Thal — besiedelt von Deutschen, die durch Frankreich's Raubkriege aus der Heimat vertrieben wurden — geworden; deutscher Fleiß habe die dichten Wälder des Mohawkthales schon zu jener Zeit gelichtet; deutsche Kraft und Ausdauer habe mit allen Mühen und Gefahren des damaligen Grenzerlebens gerungen; deutscher Muth habe unerschüttert und unerschütterlich angekämpft gegen alle Schrecken eines Krieges mit den verwegensten den Indianerstämme, die auf diesem Continente lebten; deutscher Patriotismus sei den wilden und den disciplinirten Streitkräften Britannien's in den schwierigsten Zeiten des amerikanischen Unabhängigkeitskrieges entgegengetreten; der Kampf dieser Deutschen bei Oriskany sei in der That ein Theil der Schlacht bei Saratoga gewesen, welche die Unabhängigkeit Amerikas sicherte.

„Könnten wir heute" — so fuhr der Redner fort — „die patriotischen Aeußerungen oder das begeisternde Kriegsgeschrei der Soldaten Herkheimer's hören, als sie angesichts dieses jetzigen Festplatzes zum blutigen Kampfe von Oriskany anrückten, so würden diese Aeußerungen und Rufe nur von Denen in dieser großen Versammlung verstanden werden, welche „Deutsch" verstehen; denn nur „Deutsch" sprachen jene Helden und sie erhoben hier den Schlachtruf ihres Vaterlandes. Dort drüben aber auf jenem Hügelzuge, der dies Thal überschaut und seine nördliche Grenze bildet, befindet sich das Grab des deutschen Kriegers, des Adjutanten Friedrich's des Großen, des Barons Steuben, der unseren Revolutionshelden die Disciplin einpflanzte, durch welche sie in den Stand gesetzt wurden, mit Großbritannien's geschulten Soldaten zu ringen. Durch diese Thatsachen gewinnt die Festfeier hier eine doppelte Bedeutung..... Die Welt preist die Fähigkeit deutscher Staatsmänner und die Geschicklichkeit, und den Muth deutscher Krieger; aber das größte Lob zollt sie dem deutschen Volke. Alle sehen und fühlen, daß Deutschland's Triumphe errungen wurden durch die Herzhaftigkeit und Intelligenz der Masse der deutschen Bürger. Und gewiß werden diese bedächtigen und guten Bürger einer Tyrannei oder Ungerechtigkeit zu Hause ebenso gut zu widerstehen vermögen, wie sie Siege auswärts zu erringen verstanden. Deutschlands Einheit hat mächtig zur Stärke der deutschen Regierung beigetragen!"........Er erinnerte an die Greuel in Frankreich, in denen sich das französische Volk vollends selbst zerfleischte. Zugleich äußerte er die Hoffnung, daß Frankreich nach so schrecklichen Prüfungen sich erustlich bessern werde. Er schloß mit herzlichen Wünschen für künftigen Frieden zwischen Frankreich und Deutschland und für Frieden, Freiheit und Glück der Menschheit überhaupt."

Und so wird die Allen gemeinsame Erinnerung auf lange hin nachklingen als Jedem vernehmbares Festgeläute zu jeder volksthümlichen Feier, welche Landsleute vereint. Ja, wir dürfen sagen, „in der friedensfestlichen Stimmung ist ein neuer Geist über die Deutschen Amerika's gekommen." In ihm hat unsere Nationalität die Weihe der Wiedertaufe erhalten; in der Begeisterung dieser Tage ist sich das Deutschthum Amerika's über sich selbst und seine Bestimmung klar geworden. Mochte es den Leser ermüden, Kenntniß zu nehmen von so vielen, überall, wenn auch in origineller Verschiedenheit, sich wiederholenden Aeußerungen eines von allem Nativismus und eitlem Stolze freien Nationalgefühls, einer die Treue gegen das Adoptivland verbürgenden Liebe zum alten Vaterlande, der Hochhaltung unsres unveräußerlichen nationalen Fideicommisses in Sprache, Bildung und Charakter, des Verständnisses für die allen Deutsch-Amerikanern gemeinsamen Interessen, Bürgerpflichten und Bildungsziele, und endlich der unter dem Banner dieser Riesenrepublik entfesselten Freiheitsidee, in welcher auch Deutschland, ja, die Welt sich verjüngen wird: erst die Allgemeinheit und Einstimmigkeit dieser Kundgebungen vermochte den Eindruck hervorzurufen, daß eine lebensvolle und folgenreiche Entwickelung des Deutschthums in der Union begonnen hat. Das rasche Gedeihen derselben hängt wesentlich davon ab, daß das Band, welches die Friedensfeste um alle Deutschen geschlungen, erhalten und durch eine bleibende Organisation befestigt werde. Das lebendige Material zu einer solchen ist in den rasch sich mehrenden und in das ganze Gebiet der Union hinauswachsenden Millionen Deutscher vorhanden, die wie einer der Festredner es schön ausdrückte, „von jetzt an der Ehrgeiz beseelen wird, des Landes ihrer Väter werth zu sein!" Hierin liegt die Bedeutung des aus dem Friedensfest in New-York hervorgegangenen, am 31. Mai 1871 constituirten **deutsch-amerikanischen Vereins**. Der Hauptzweck des Vereins ist „die Herbeiführung einer innigeren Verbindung der Deutschen Amerika's zur Wahrung und Förderung aller ihnen gemeinschaftlichen Interessen", und derselbe soll deshalb besonders dahin wirken, „daß die Deutschen sich an den öffentlichen Angelegenheiten und politischen Bestrebungen möglichst thätig betheiligen und daß die deutsche Sprache, deutsche Volksbildung und deutsche Literatur unter uns gepflegt und gefördert werden" — und als Gegenstände der Vereinsthätigkeit bezeichnen die Statuten „die Pflege des Bürgersinns und des politischen Einflusses der Deutsch-Amerikaner, der deutschen Sprache in Schule und Haus, der Volksbildung und der deutschen Literatur, endlich des Vereinswesens." Und dieser große Zweck wird erreicht werden, wenn die Deutschen nur überall, wo sie Friedensfeste gefeiert haben, mit derselben Einmüthigkeit durch Begründung von Anschlußvereinen dahin wirken, daß sich die Organisation bald über das ganze Gebiet der Ver. Staaten erstrecke.

Die patriotischen Frauen-Vereine und Bazars.

Für den Schluß dieser geschichtlichen Skizze haben wir uns die anmuthigste Erscheinung der deutschen Bewegung aufbehalten, — die von Vereinigungen deutscher Patriotinnen in einer Menge von Städten der Union zum Besten der Verwundeten, sowie der Wittwen und Waisen der gefallenen deutschen Krieger veranstalteten "Ladies=Fairs" oder "Bazars."

Die Initiative ging von deutschen Frauen New-Yorks und der Umgegend aus. Das im September 1870 organisirte "Damen=Comité" bildeten: Frau Gen.=Consul Dr. I. Nösing, Frau Gen.=Consul Schmidt, Frau M. Heidelbach und Frau Friedr. Kühne als Präsidentinnen, Frau Ed. Salomon und Frl. M. Lemcke als Schriftführerinnen; Frau E. Barth, Geo. H. Beyer, Frl. Bodemann, Frau E. Cordes, Chas. Knoblauch, Geo. W. Krüger, Prof. F. Lieber, Fred. M. Maas, Frl. Elise Schütze, Frau Wm. Steinway; für Hoboken: Frau L. J. Stiastny, Frau Bunzl; für Staten Island: Frau Hugo Wesendonck, Frau H. R. Baltzer, Frau Menicke; für College Point: Frau Rauch, Frau Graef, — und 40 an den Tischen und Ständen der Fair mitwirkende Damen. Ihnen zur Seite stand ein aus über 250 der namhaftesten Deutschen der Stadt und Umgegend gebildetes "General=Comité", als dessen unermüdliche Schriftführer die Herren B.=Consul Dr. E. Stammann und Raymond Schramm fungirten, während die ganze kolossale und verantwortliche Arbeit der geschäftlichen Organisation und Rechnungsführung von Herrn Friedrich Kühne als Schatzmeister übernommen wurde.

Am 26. September erließen die vereinten Comités einen Aufruf in englischer Sprache zur freiwilligen Lieferung von Beiträgen in Geld und Geschenken für die beabsichtigte Fair, für welche die großen Räumlichkeiten der am Broadway und der 36sten Straße belegenen "Armory" des 37sten Regiments von diesem und den Stadtbehörden bereitwilligst eingeräumt waren. Daran schloß sich ein deutscher Aufruf des Damen=Comités, welcher die Worte enthielt:

"Ueber hunderttausend Verwundete und die gleiche Zahl von Wittwen und Waisen gefallener Krieger in Deutschland sind der Hülfe bedürftig. Oeffentliche und Privatmittel drüben sind selbst bei den äußersten Anstrengungen unzureichend, die augenblickliche Noth zu lindern; da ist es Pflicht eines Jeden zu helfen. Wir wenden uns deshalb mit Zuversicht an die so oft bewährte Mildthätigkeit der Einwohner von New-York und Umgegend mit der dringenden Bitte, mit allen Kräften unser humanes Unternehmen zu unterstützen. Jeder Beitrag in Geld oder sonstigen Gaben wird dankbar entgegen genommen. Die Fair wird am 17. October eröffnet, und vom 12. October an wird die Armory des 37. Regiments zur Annahme von Gaben geöffnet sein."

welchem ein zweiter "an die deutschen Frauen Amerika's" folgte, die Aufforderung enthaltend, in jeder größeren Stadt der Union, mit Heranziehung der Umgegend, Ausstellungen zum Besten einer amerikanischen Stiftung für die deutschen Kriegerwittwen und Waisen zu veranstalten."

Das Unternehmen des "Patriotischen Frauen=Bazars" erwies sich als ein glücklicher Gedanke. War es von vornherein der Landessitte gemäß, alle Welt zu rascher Verwirklichung eines wohlthätigen oder gemeinnützigen Zwecks vermittelst einer "Fair" heranzuziehn, so gewann das patriotische Opferbringen unter dieser Form einen neuen Reiz und Impuls. Gleichwohl wäre der Erfolg nicht so glänzend gewesen, wenn sich die Damen nicht selbst (und wie in New-York, so übten deutsche Frauen überall diese patriotische Selbstverleugnung) mit rührender Kühnheit und Ausdauer dem sauren Geschäft des Sammelns von Subscriptionen und Schenkungen unterzogen hätten.

Nun ergoß sich ein Strom reicher, ja großartiger Spenden nach der "Armory". Wenn wir, soweit es der Raum erlaubt, einige verdientermaßen hervorheben, so geschieht dieses hauptsächlich, um einen Begriff von dem edlen Wetteifer zu geben, der die Geber beseelte, und sei damit zugleich gesagt, daß Aehnliches in allen Sammelpunkten der großen deutschen Diaspora der Union ist. Vor allem aber gedenken wir der Liberalität drei großer amerikanischer Bankhäuser (Jay Cooke & Co., Henry Clews & Co. und ein ungenanntes), deren jedes $1000 schenkte. Desgleichen Sen. W. Tweed 500, Thos. Lord 300, Geo. Opdyke & Co., T. C. Durant, E. S. Jaffray & Co., H. B. Claflin & Co., E. E. Loew, Hillard Martin & Bach — je $250; — und gern constatiren wir, daß fast die Hälfte der im Ganzen etwa $15,000 betragenden Geldbeiträge von amerikanischen Mitbürgern bei gesteuert wurde — ein der einflußreichen Verwendung des Schatzmeisters Kühne wesentlich zuzuschreibendes Ergebniß.

Wie ferner bei diesen eine Menge deutscher Import= und Bankhäuser (Ed. Luckmeyer $250, Amsinck & Co. $200 ꝛc.) liberal betheiligt erscheinen, obgleich dieselben schon bedeutende Beiträge zum Fonds des patriot. Hülfsvereins geleistet hatten, so sind in den Beisteuern in **Waaren** und **Kunstgegenständen** — wiederum unter vielen Amerikanern — fast alle hervorragenden deutschen Fabrikanten, Groß= und Klein=Industriellen in einem Umfange vertreten, der die Herstellung eines Bazars in des Wortes weitester Bedeutung ermöglichte. Da finden wir Steinway & Sons, Decker Bros., Alb. Weber, Behning & Klix, J. Bauer mit Schenkungen von Pianos im Werthe von $500—1500, A. Hammacher ($1000 in Kurzwaaren), Ph. Bissinger ($500) und andere Juweliere; Lawrence & Cohen (Spielkarten) A. Möser (Schreibmaterialien), G. Schirmer (Musikalien), W. Wallach, E. Faber (Papiere, Bleistifte ꝛc.), Mason & Hamlin (Orgeln), Straßburger, Fritz & Pfeiffer (Spielwaaren), D. Appleton & Co., E. Steiger, Gerhard, L. W. Schmidt, B. Westermann und andere Buchhändler (selbst Schenkungen von Kunstwerken und werthvollen Autographen aus Deutschland gingen ein) und viele Andere, jeden mit Stiftungen im Werthe von Hunderten. Groß war die Zahl der anonymen Gaben, darunter ein kostbarer Brillantschmuck von einer deutschen Patriotin in Boston; 16 große Compagnien übernahmen unentgeltlich eine Gesammt=Feuerversicherungssumme von $100,500; Künstler und Kunstfreunde liehen ihre Werke und Schätze zur Ausstellung (Verein Palette, Dr. Wiener u A.); Blumen, Früchte, Wein, Materialwaaren wurden täglich frisch von einigen der hervorragendsten Handlungen geliefert; unerschöpflich sprudelten die Soda- und Mineralwasser=Fontainen von Schultz & Warker, und ganz besonderer Erwähnung verdient die Aufopferung, mit der sich die Restaurateurs und der Conditor=Verein dazu vereinten, das „Erfrischungsdepartement" zu einem der ergiebigsten Anziehungspunkte des Bazars zu machen. Nach der schaffenden folgte die ordnende Thätigkeit, und hier erwies sich die Organisation in 12 Special=Comités (für Empfang, Flur, Arrangement und Decoration, Musik, Blumen, Kunst, Druck, Presse, Erfrischungen, Specereien, Empfangnahme der Geschenke und Finanzen) unter dem Vorsitze der Herren General=Consul Dr. J. Rösing, H Oelrichs, Chr. Herter, C. Amann, H. Beste, E. Fylau, C. Tag, H. J. Bang, S. Kapff, A. Heidelbach, C. Hauselt so wirksam, daß „das krönende Resultat der aufopfernden und energischen Bemühungen der patriotischen Unternehmer und Unternehmerinnen und der allseitigen Opferwilligkeit, in der sie selbst vorangingen, eine Ladies' Fair war, wie sie New=York noch nicht gesehen."

Die feierliche Eröffnung des Bazars fand unter ungeheurem Andrange des Publikums am Abend des 17. Oktobers statt. General=Consul **Rösing** fungirte als Präsident. **Wm. Cullen Bryant** und **Dr. E. Krackowizer** redeten; der „Arion" und „Liederkranz" sangen „Das deutsche Vaterland" und die „Wacht am Rhein". Alt und Jung fühlte sich ergriffen und freudig bewegt —

„Und mit des Kindesaug's Verklärung
Bewundern wir die Christbescherung."

Eine solche war der Bazar im großen Style; drei große Säle oder Hallen und mehrere anstoßende Zimmer füllend. In der Mitte des Eingangssaales erhob sich ein geschmackvoller Blumentempel, im Hintergrunde sprudelten die „Fontainen"; nach rechts trat man in ein Curiositäten=Cabinet; gegenüber waren die Eingänge zur zweiten Halle, fast verdeckt durch die Schätze des Tisches der Damen von Hoboken; in dieser die erhöhte Tribüne der Sänger, welche, nach Vereinen abwechselnd, an den meisten Abenden Concerte gaben, dem mit kunstvollen Tafelaufsätzen, Schöpfungen der Pasteten= und Zuckerbäcker, auf dem schimmernden Schenktische und einer reizenden Fruchtlaube einladend decorirte Restaurant gegenüber, dessen anziehendste Zierde die unter der Waltung der Frau Gov. E. Salomon aufwartenden jungen Mädchen waren; die dritte Seite füllte Sixtus Kapff's Grocery=Stand; der 3. Salon enthielt ein ganzes Lager von Musikalien und musikalischen Instrumenten, das „General=Postamt" und das Bureau des von B. Precht, unterstützt durch Zeitungs= und Paß=Comité und die beitraglustigen Mitglieder des Bazars, herausgegebenen „Patriotischen Frauen=Bazars". Daran schloß sich eine Gemäldegallerie, natürlich gegen Eintrittsgeld zu sehen. Die Wände der drei Hauptsäle wurden in ihrer ganzen Ausdehnung durch 22 bunt gruppirte Tische oder Verkaufsstände bedeckt, jeder das vollkommene Bild

eines reich assortirten Kleingeschäfts und hinter jedem die patriotischen Prinzipalinnen mit
ihren schalthaften Gehilfinnen, deren Manche sich außerdem als hausirende, Loose verkaufende
Genien in den Sälen bewegten. Erstere dürfen wir nicht ungenannt lassen: Tisch No. 1 Frau
M. Heidelbach und Frau E. Knoblauch. 2. Frau Dr. F. Hoffmann. 3. Frau Gen.-Consul
D. J. Rösing. 4. Damen des Turnvereins, Frau H. Merz, Frl. Jenny Hesse. 6. Frau Dr.
Henschel. 7. Frau H. Gramm. 8. Die schon genannten Damen von College Point, Fr.
Popperhusen. 9. Prof. F. Lieber und E. Hauselt. 10. Frau H. Ritz. 11. Frau Hasse
und H. Richard. 12. Frau E. Barth, 13. Frau Wolff, Dremel und v. Biema. 14.
Damen von Hoboken. Frau Lahn, Stiastny, Frau Bunzl. 15. Frau C. B. Richard.
16. Damen des Liederkranz. Frl. Bodemann 17. Frau Alb. Hammacher. 18 Frau
G. H. Beyer. 19. F. Kühne, G. W. Krüger, und Frau A Klamroth. 20. Damen
von Staten Island. Frau H. Wesendonck. 21. Frau Gen.-Consul Leop. Schmidt·
22. Frau Glaubensklee, Frl. Fanny Rabbe und Frau Golsch.

Im Blumentempel und an den Blumentischen walteten Frau de Neufville und Frau Nie=
mann.

Mit welcher Ausdauer sie Alle während der 14tägigen Dauer des Bazars sich der unge=
wohnten Anstrengung als Verkäuferinnen unterzogen, und in welchem Maße es ihnen
gelang:

> „Mit Schmeichelworten, Schelmenblicken
> Die Welt der Männer zu berücken,
> Daß Jeder theu r mußte kaufen —
> Dann dankten sie schön und ließen ihn laufen,
> Daß von gerupfter Männer Zoll
> Der Schatz mit jedem Tage schwoll…"

welch' poetische Seite sie den improvisirten Detailgeschäften bei Anpreisung ihrer Waare
abzugewinnen wußten und zu welchem Fluge sich die poetische Reclame der „Tische" in
der Bazar-Zeitung erhob, das versuchen wir nicht zu schildern, denn:

> „Was sie gewirkt, ist unermeßlich;
> Was sie gethan, bleibt unvergeßlich…

Folgende Einzelposten aus dem Berichte des Schatzmeisters geben eine Vorstellung von
der Größe des Umsatzes einiger „Tische". No. 3 realisirte $6624, der Hoboken=Tisch
$6082, No. 1 $4392; Staten Island $3500; No. 3, an welchem der von der „Arion" ge=
stiftete Sängerpreis zur Verloosung kam, $3113; Blumentempel und Tische $3037; No.
6 $2216; College Point $2124; No. 21 $1638. Der Restaurant brachte $4240 ein, die
Specereien $1490, Sodawasser nahezu $1000, Gemäldegallerie und Raritäten=Cabinet
$1284, Verkauf und Anzeigen der Bazar-Zeitung an $600. Für Eintrittskarten wurden
$11,368 gelöst; aus dem Verkaufe der Tische und Decorationen an den Vorstand
des französischen Bazars $1500.— Die Total-Einnahmen betrugen $82,175.32, Unkosten
$7861 32, somit Reinertrag nahezu $75,000, welche dem Central=Comité in Berlin über=
mittelt wurden.

Gleich auf die New Yorker Fair folgte die von einem Vereine deutscher Frauen B r o o k=
l y n' s und in Verbindung mit der Gesellschaft „Germania" im „Athenäum" veranstal=
tete, welche $26,000 eintrug. Nie hatte man eine solche Menschenmenge in diesen Räumen
beisammen gesehen; nie war ein gemeinsames Unternehmen von so allgemeiner Begeisterung
getragen worden. Dr. Barthelmeß hielt die Eröffnungsrede am 9. November. Der Ba=
zar währte 4 Tage. Das Präsidium bestand aus den Damen: Frau Ch. Achelis, E.
Magnus, F. A. Dreyer, H. Styberg, E. Pfizer, O. Heintze, H. W. G. Taaks, E. Greve
(Schatzmeisterin), A. Schmidt und Fr. Caemmerer (Schriftführerinnen). Frl. Amend
war „Postmeisterin". In den 6 Hülfs=Comités waren besonders die Herren H. Haas,
C. Müller, G. W. Taaks, Magnus, Th. Rose, Arnold, E. Wattenberg, R. Victor, H.
Rüger, F. Schwedler, O. Stropp, H. A. Graeff, Fr. Ulrichs, C. F. Schmidt, u. A.
thätig. An 16 „Tischen" walteten außer bereits genannten, die Damen: Frau Steins,
Müldener, Rüszits, Walther, Arminz, Kahl, Dittmar, Eggers, Quillfeld, v. Moces,
Hoffmann, Hammer, Frl. Kuttruff, Frl. Koch, Grepel 2c.

Auch die Frauen=Bazars in N e w a r k und W i l l i a m s b u r g hatten einen verhält=
nißmäßig glänzenden Erfolg. Ueber $10,000 kamen in den beiden Orten zusammen. In
Newark war der „deutsche Kriegsverein" dafür besonders thätig gewesen (Präs. L. Grei=
ner). An der Spitze standen die Damen: Frau O. Gerth, Kugler, Sanders und Dr.

Lehlbach. — Die spätere Friedensfeier bestand hauptsächlich in einem großen Concert im „Mint".

Mehr oder weniger gleichzeitig entstanden deutsche patriotische Frauen-Hülfsvereine und Bazars in Philadelphia, Baltimore und allen größeren Städten des Westens und Südens bis nach San Francisco, New Orleans und Galveston hin. Die deutschen Consuln wetteiferten in anregender Mitwirkung.

Die erste Versammlung der deutschen Frauen von Milwaukee in der Musikhalle am 7. September eröffnete der Consul des Norddeutschen Bundes, A. Rosenthal, mit einer begeisterten Ansprache. In dem darauf organisirten Damen-Comités fungirten Frau Kemper als Präsidentin, und die Frauen Waulber, Rosenthal, Viersach, Gosch, Dohmen und Dittmarsch als Vice-Präsidentinnen. Sekretärinnen waren Frau Spangenberg und Frau J. Stern. Diese und andere Patriotinnen ernteten so erfolgreich in den zugleich gebildeten 7 Ward-Comités, daß außer einer glänzenden Fair mehrere Concerte und Bälle zu Stande kamen, deren erheblicher Ertrag dem Hülfsfonds zufloß. Wir erwähnen an dieser Stelle eines großen Vocal- und Instrumental-Concerts am 15. Februar 1871 in Steinway-Hall, New-York, zum Besten der Nothleidenden in Straßburg, bei dessen Veranstaltung sich Deutsche, Amerikaner und Franzosen, u. A. die Herren H. Wesendonck, Paul W. Cäsar, H. Bellows, Wm. C. Bryant, E. Charlier, P. Maris, W. Steinway, Ch. Lasalle, H de Mareil, J. Lienau, C. Hauselt, R. Schramm, Dr. Keßler u. A. die Hände reichten.

Die Damenwelt New Yorks bildete die größere Hälfte des Auditoriums. Ueber $3500 wurden für den edlen Zweck erübrigt.

In Washington, D. C., machten sich besonders die Damen L. Ruppert, S. Schimmelpfennig, W. Weyl, L. Kahlert, Rothe, Caron, Schmiedberger, Hockenmeyer, Korn, Holzschuh, Jung, L. Kandler, W. Mölisch und B. Käferstein für den gleichen Zweck verdient. Außerdem wurde ein großes Concert unter den Auspicien des Washington Sängerbundes und unter Mitwirkung des Arion Quartett-Clubs und vorzüglicher Solisten veranstaltet.

Die deutschen Familien von Baltimore vereinigten sich zu einem großen patriotischen Picnic auf L. Muth's Schützenhof am 16. September. An freiwillig von allen Seiten gelieferten Getränken, Speisen ꝛc, war Ueberfluß. Niemand fehlte beim Feste, welches in schönster Harmonie verlief und Jeder trug sein Scherflein für die verwundeten Helden oder die Wittwen und Waisen der Gefallenen bei.

Die Damen-Fair in St. Paul, Minn., wurde durch Reden der Herren Senator Ramsey und C. Scheffer am 8. Oktober und Gesang des St. Paul Männerchors eröffnet. „Der Bazar bestand aus einer Anzahl von Tischen, welche mit schönen, zierlichen und künstlichen Damen-Arbeiten aller Branchen des weiblichen Fleißes reich beladen waren. Außerdem waren eine Menge werthvoller Geschenke beigesteuert, von denen eine Anzahl verloost wurde. Im anstoßenden Zimmer befand sich der Speisesaal. Auf den Tafeln prangten in schönster Harmonie die vielfältigsten Spenden deutscher Koch- und Backkunst. Die deutschen Frauen und Jungfrauen in St. Paul und im ganzen Staate hatten sich viele Mühe gegeben, um dieser Fair einen glänzenden Erfolg zu verschaffen".

Der „deutsch-patriotische Frauen-Verein" in Chicago, als dessen Schatzmeister Consul H. Claussenius fungirte, brachte durch eine große Fair in Farewell Hall $17,000 auf. Concerte und eine Schlußfestlichkeit in der Turnhalle wurden damit verbunden. Der Ertrag der Fair in Philadelphia belief sich auf $25,000; nicht minder erfolgreich war das Liebeswerk der deutschen Frauen in San Francisco, St. Louis ꝛc. In Ermangelung näherer Angaben und mehreren Raumes müssen wir uns auf diese Einzelnheiten beschränken. Sie werden genügen diese besondere Erscheinung patriotischer Hülfsthätigkeit zu charakterisiren und von der tiefen und innigen Theilnahme der Deutsch-Amerikanerinnen an der Sache des Vaterlandes zeugen. Ihnen Allen galten die schönen Worte, welche die erhabene Beschützerin der deutschen Hülfsvereine, Kaiserin Augusta, in Erwiederung der ihr zugesandten Berichte an den Herausgeber des „Patriotischen Frauen-Bazars" von New York richtete:

„Ich habe die Erinnerungsblätter an den Bazar, welchen die Deutschen in New York mit so reichem Erfolge für die Verwundeten und Angehörigen unserer tapferen Armeen veranstaltet haben, mit tiefer Rührung entgegengenommen... In dieser ernsten Zeit fallen alle Schranken des Raumes, alle Unterschiede des Standes und der Confession; alle

Deutschen fühlen sich **als eine große Familie** und nur von einem Gedanken beseelt, dem Gedanken für die Wohlfahrt des theuren Vaterlandes. — Berlin, den 1. Dezember 1870."

Die deutschen patriotischen Vereine, die Friedensfeste und Frauen-Bazars haben, von den Vereinigten Staaten ausgehend, die Runde um die Welt gemacht. Wir dürfen stolz darauf sein, daß das patriotische Beispiel nicht bloß unter den Deutschen London's wie Rom's, ja in ganz Italien, in Madrid, Oporto, Konstantinopel, in Jerusalem, Kalkutta und anderen Städten Ostindien's, in Hongkong und Batavia, in Australien und Süd-Amerika — ja in allen Theilen der Welt, wo die deutsche Zunge klingt, Nachahmung gefunden, sondern auch im deutschen Vaterlande selbst vielfach anregend gewirkt hat.

III.

Amerikanische Beiträge für die im Deutsch-Französischen Kriege verwundeten Krieger, sowie für die Wittwen und Waisen der Gefallenen.

Die nachfolgende Liste macht keinen Anspruch auf Vollständigkeit. Nur in Beziehung auf die durch den Schatzmeister des deutsch-patriotischen Vereines der Vereinigten Staaten, Herrn H. Sauer in New-York, sowie auch die durch den Herrn Generalconsul Dr. Rösing, nach Berlin gesendeten Beiträge lagen vollständige Listen vor. Von den in den Berliner Zeitungen veröffentlichten Berichten des Herrn von Sydow, welche die direct nach Berlin an den Centralverein gesendeten Beiträge aufführen, war in ganz New-York kein vollständiges Exemplar aufzutreiben, und werden sich also in dieser Classe von Beiträgen manche Lücken finden. Doch auch in dieser unvollkommenen Form ist die nachfolgende Liste bei weitem die vollständigste, welche bis jetzt veröffentlicht ist.

Zur Erläuterung bemerken wir noch, daß a die Beiträge bedeutet, welche durch den Herrn Generalconsul Dr. Rösing abgeschickt sind; b, Beiträge, welche Herr E. Sauer, Schatzmeister des deutsch-patriotischen Hülfsvereins der Vereinigten Staaten übermittelt hat; c, Beiträge, welche direct nach Berlin geschickt wurden; und d, die Totalsumme der Beiträge aus Einer Stadt.

A. Vereinigte Staaten und Britisches Nordamerika.

			Doll.	Cts.				Doll.	Cts.
Adrian, Mich.		a	1303	58	Bloomingdale, Ill.		a	570	—
Akron, O.			1024	27			b	262	28
Alabama, ohne nähere Angabe		b	9	—	Blue Island, Ill.	Pr. Thlr.	c	247	—
							d	107	10
Albany, N. Y.		a	2660	80	Boonville, Ind.		a	70	—
Alexandria, Va.			2.0	—	Boston, Mass.			26.0	—
" Iowa	Pr. Thlr.	c	121	10 Sgr.		Pr. Thlr.	c	125	—
Allentown, Pa.		a	365	—	Boise City, Terr. Idaho	P. Th.	c	302	—
Alton, Ill.		b	187	40	Boydmanville, P.		d	40	—
Altoona, Pa.		a	260	—	Bridgeport, Ct.		a	2132	62
Amboy, Ill.		d	400	—	Brooklyn, N. Y.		a	36,015	66
Ann Arbor, Mich.		a	14	—			b	7700	—
Ansonia, Ct.		a	62	—	Broad Brook, Ct.		a	5	—
Arago, Neb.		a	20	—	Brookville, Ind.		a	81	25
Ashland, Ky.		a	100	—	Buena Vista, Ky.		a	152	—
Astoria, N. Y.		a	65	—	Bunker Hill, Ill.	Pr. Thlr.	c	303	—
Astoria, Oreg.	Pr. Thlr.		70	—	Cairo, Ill.	Pr. Thlr.	c	393	22 Sgr.
Atlanta, Ga		b	412	75	Caledonia, O.		a	2	—
Auburn, N. Y.		b	174	—	California, Mo.	Pr. Thlr.	c	370	—
Augusta, Ga.		a	500	—	Canada, ohne nähere Angabe		a	5	—
Aurora, Ind.		a	25	—	Canajoharie, N. Y.		b	112	85
Aurora, Ill.	Pr. Thlr.	c	420	5 Sgr.	Cannelton, Ind.		a	600	—
Austin, Texas	Pr. Thlr.	c	481	—	Carlinville, Ill.		a	240	—
Avon, O.			1	—	Carlisle, Pa.		a	20	—
Bay City, Mich.	Pr. Thlr.	c	302	—	Carlstadt, N. J.			48	01
Baltimore, Md.	Pr. Thlr.	c	30,809	—	Cannon City, Oreg.		c	155	10
			6500	—	Cedar Falls, Iowa		e	1	—
Beacon Falls, Ct.		a	40	—	Central City, mit Blackhawk und Nevada in Colorado zusammen		a	905	73
Belleville, Mo.			3100	—					
Belleville, Ill.		d	4022	20					
Bentonsport, Iowa	Pr. Thl.	c	151	—	Centralia, Ill.		a	212	—
Berlin, N. Y.		b	17	5			b	2	—
Bethlehem, Mich.		a	45	35	Chenoa, Ill.		d	143	—
Bethlehem, Pa.		a	325	—	Chicago, Ill	Pr. Thlr.	d	39,496	95 Sgr.
" "		b	25	—			c	137	—
Beverly, O.		b	20	—	Chinova, Ill.		a	131	—
Binghamton N Y.		b	167	75	Charleston, Ill				
Blackhawk, Colorado f. Central City					Charleston, S. C.	Pr. Thlr.	c	996	12 Sgr.
					Chillicothe, O.		a	621	75
Bloomfield, N. J.		a	140	—	Chinese Camp, Cal.	Pr. Thlr.	c	610	21 Sgr.
					Cincinnati, O.		a	22,508	—

Ort			Doll	Cts.
City Nevada, Ca.	Pr. Thlr.	c	675	—
Cleveland, O.		a	6	—
"	Pr. Thlr.	c	11,080	—
Clinton, Iowa		b	290	—
Clinton, Mass.			87	45
Colchester, Ct.		a	117	—
College Point, N. Y.		a	2375	11
Collinsville, Ct.		a	120	—
Columbia, Ill.		c	20	15
Columbia, O.	Pr. Thlr.	c	1370	—
Columbus Village, Wisc.		b	70	—
Cortland, N. Y.		b	350	..
Covington, Ky.		a	323	85
Cranston, N. J.		b	10	—
Crawfordsville, Ind.		a	260	—
Dalton, Ga.		a	50	—
Danville, Ill.		c	240	67
Davenport, Iowa	Pr. Thlr.	c	916	28 Sgr.
Dayton, O.		a	2137	70
Deerfield, Ill.		d	1	—
Delphos, Ill.		b	232	75
Denver, Colorado		a	1600	—
Des Moines, Iowa		b	277	50
Detroit, Mich.		c	3469	63
Dixon, Ill.		d	200	—
Dover		a	23	25
Dubuque, Iowa		a	1000	—
"	Pr. Thlr.	c	337	5 Sgr.
Dunkirk, N. Y.		b	233	—
Dutchville, Ill.		d	210	63
Douglas Co., Nebr.		b	983	—
East Hampton, Mass.		b	5	—
East New York, N. Y.		a	42	—
Easton, Pa.		a	334	35
East Saginaw, Mich.	Pr. Thlr.	c	511	19 Sgr.
East Wheeling, Ill.		d	13	50 "
Eau Claire, Wisc.	Pr. Thlr.	c	16	—
Edgeville, Iowa	Pr. Thlr.	c	67	—
"		b	135	50
Elcroy, Ill.		c	70	50
Egg Harbor, N. J.		b	139	60
Elisabeth, N. J.		d	826	04
Elmira, N. Y.		a	200	—
Erie, Pa.		b	1900	—
"	Pr. Thlr.	c	5535	—
Evansville, Ind.		a	457	75
"		b	635	50
Fernandina, Fl.		b	30	—
Florence, Mass.		a	153	—
Fort Lee, N. J.		b	70	—
Fort Leavenworth, Kans.		b	10	—
Fort Plain, N. Y.		b	178	—
Fort Smith, Ark.		b	300	—
Fort Wayne, Ind.		a	1036	22
Frankenlust, Mich.		a	159	47
Freeport, Ill.		d	40	—
Fremont, Nebr.	Pr. Thlr.	c	480	—
Freelandsville, Ind.		c	46	—
Frontenac, Minn.		a	34	50
Freeport, Ill.		b	490	—
Galena, Ill.,	Pr. Thlr.	c	652	— Sgr.
Galesburg, Ill.		d	202	—
Galloway Township, Atlantic County, N. J.		a	5	—
Galveston, Texas.	Pr. Thlr.	c	3750	—
Geneseo, Ill.	Pr. Thlr.	c	72	—
"		d	130	—
Georgetown, D. C.		a	70	—
Elnham, N. Y.		a	70	—
Gloversville, N. Y.		b	136	—
Greenfield, Mass.		a	125	—

Ort			Dell.	Cts.
Greenpoint, N. Y.		a	789	—
Greenburgh, Ind.		a	23	50
Greenville, N. Y.		a	333	—
Guttenberg, s. Union Hill				
Guadalupe Co., Texas.		a	209	32
Hamilton.	Pr. Thlr.	c	197	27 Sgr.
Harlem, N. Y.		b	220	50
Harrisburg, Pa.		a	1270	75
Hartford, Ct.		a	1064	—
Hastings, N. Y.		a	5	—
		b	338	25
Houston, Tex.		a	770	74
Hawley, O.		a	19	—
Hawley, Pa.		a	150	—
Hays City		b	132	—
Hazleton, Pa.		a	850	—
Hedwigshill		b	2	22
Helena, Ark.	Pr. Thlr.	c	81	—
Helena, Montana	Pr. Thlr.	c	712	25 Sgr.
Henderson, Ky.			305	—
Hville, O.			21	—
Hicksville, N. Y.		a	50	..
Highland Falls, N. Y.		a	5	—
Hoboken, N. J.		a	7099	54
		b	40	20
Hokendauqua, Pa.		a	130	—
Holland, Ind.		c	35	—
Holyoke, Mass.		a	391	95
Honesdale, Pa.		b	550	—
Hudson City, N. J., s. Jersey City.				
Jackson, Mo.			80	—
Jacksonville, Ill.	Pr. Thlr.	c	330	8 Sgr.
Jacksonville, O.	Pr. Thlr.	c	374	20 "
Jasper Co., Iowa		a	23	—
Jefferson, Mo.		a	4	—
"	Pr. Thlr.	c	914	20 Sgr.
Jeffersonville, Ind.		a	478	—
Jersey City, N. J.		a	11044	28
Indianola, Tex.		a	1446	80
"	Pr. Thlr.	c	151	11 Sgr.
Indianapolis, Ind.		a	4625	—
Johnstown und Gloversville, N. Y.		a	381	31
Johnstown, Pa.		a	370	50
Joliet, Ill.	Pr. Thlr.	c	670	—
Ironton, O.		c	170	—
Kansas City, Mo.		c	500	—
Kasson, Ind.		c	2	—
Kendallville, Ind.		a	230	—
Kenton, O.		a	270	—
Keokuk, Iowa,	Pr. Thlr.	c	2514	1½ Sgr.
Knoxville, Tenn.	Pr. Thlr.	c	391	—
La Crosse, Wisc.	Pr. Thlr.	c	3035	—
Lagrange, Mo.		a	100	—
Lafayette, Ind.		a	2540	75
Lake Mills, Wisc.		b	54	57 .
Lake Brew, Ill.		d	16	50
Lancaster, Pa.	Pr. Thlr.	c	605	—
La Salle, Ill.		c	500	—
		d	1400	—
Laurel Hill, N. J.		b	200	—
Lawrence, Mass.		a	316	75
Lawrence Co., Ind.	Pr. Thlr.	c	102	—
Lawrence, O.		a	50	—
Leavenworth, Kansas		b	1338	—
Lexington, Mo.		a	455	20
Lincoln, Ill.		c	185	—
Linn Grove, Ill.	Pr. Thlr.	c	—	—
Lisbon Falls		b	66	—
Little Rock, Ark.		a	417	10
Liverpool, O.		c	2	—

		Doll.	Cts.
Livingston Co., Mich.	a	5	—
Logansport, Ill.	a	175	—
Loran, Ind.	c	11	70
Louisville, Ky.	a	17,108	74
	c	2	—
Madison, Ind.	a	119	23
Madison, Wisc. Pr. Thlr.	c	1071	5 Sgr.
Mansfield, Ill. Pr. Thlr.	c	111	15 Sgr.
Marietta, O.	a	6.5	10
Marion, Mich.	a	53	90
Marysville, O.	a	308	35
Matamoras, Pa.	a	35	—
McLeansville u. Succasunna, N. J.	a	23	50
Medina, Minn. Pr. Thlr.	c	26	5½ Sgr.
Melrose, N Y	a	205	50
Menard Co., Ill.	a	350	—
Meriden, Ct.	a	270	—
Middletown, Ct.	a	44	—
Middleton, Wisc. Pr Thlr	c	84	20 Sgr.
Millburgh, D.	a	2	50
Milburn und Springfield, N. J.	a	2 3	12
Millstadt, Ill.	c	2	25
Milwaukee, Wisc. Pr. Thlr.	c	498	25 Sgr.
Mineral Point, Wisc.	a	221	70
Mishawaka, Ind.	a	15	75
Missouri (ohne nähere Angabe)	c	5	—
Mobile, Ala.	b	650	—
Moline, Ill. Pr. Thlr.	a	184	—
Monroe, Mich.	a	1	50
Morrisania, N. J.	a	1095	50
Monterey, Cal. Pr. Thlr.	c	95	5 Sgr.
Montgomery, Ala. Pr. Thlr.	c	1545	22 "
Motthaven, N.Y.	a	40	—
Mount Vernon, N. J.	a	453	45
Nashville, Tenn.	a	1578	20
Natchez, Miss. Pr. Thlr.	c	212	12 Sgr.
New Albany, Ind.	a	858	87
Newark, N. J.	a	10226	31
New Bedford, Ct.	a	300	—
Newbern, Jowa	a	6	65
New Braunfels, Tex.	a	1964	15
New Britain, Ct.	a	654	36
New Brooklyn, N. J.	a	115	25
New Brunswick	b	151	—
Newburg, Ind.	a	100	—
Newburgh, O.	a	157	90
Newburgh, N. J.	a	211	25
New Hamburg, Canada	a	222	13
New Haven, Ct.	a	4263	69
New Orleans, La. Pr. Thlr.	c	9206	13 Sgr.
New Philadelphia, O.	a	630	—
Newton, N. J.	a	40	—
Newton, N. J.	a	15	—
New York, N. Y.	a	135,042	38
	b	102,676	36
" " Pr. Thlr.	c	10,000	—
Ueberschuß vom Friedensfeste	c	1799	40
Frauen-Bazar		74,244	—
Niagara Falls	b	215	—
North Bergen, s. Union Hill			
North Attleboro, Mass.	a	178	—
North Shore, St. Isl., N.Y.	b	439	9
North Vernon, Ind.	a	31	65
Norwich, Ct.	a	203	50
Omaha City, Nebraska	b	500	—
Orange, N. J.	a	623	50
Oshkosh, Wisc.	a	359	—
Oswego, N. Y.	b	200	—

		Doll.	Cts.
Ottawa, Ill.	d	1000	—
Owensboro, Ky.	a	300	—
Pacific, Franklin Co., Mo.	c	3	—
Paducah, Ky	a	320	—
Parker's Landing, Pa.	b	1	—
Passaic, N. J.	a	148	—
Paterson, N. J.		750	—
Peoria, Ill.	d	2124	—
Pern, Ill.	c	2	—
Petersburg, W. Virg. Pr. Thlr.	c	1580	—
Philadelphia, Pa.	a	110	—
	b	5	—
" Pr. Thlr.	c	45.2 2	79
Piqua, O.	a	500	—
Pittsburg, Pa. Pr. Thlr.	c	3030	—
Pittston, Pa.	a	251	87
Plainfield, N. J.	a	168	—
Plantsville, Ct.	a	125	—
Pomeroy, O.	b	1	—
"	a	580	—
"	c	20	—
Pontiac, O.	a	4	—
Portage, Wisc.	a	300	—
Portchester, N. Y.	a	126	—
Port Jervis, N. Y.	a	525	—
	b	219	30
Port Richmond, s. N. Shore			
Portland, Oregon. Pr.Thlr.	c	2658	—
Pottsville, Pa.	a	1000	—
Poughkeepsie, N. Y.	a	437	50
Prince Edward Island, Can.	a	600	—
	b	535	—
Providence, R. J.	b	375	—
Quincy, Ill.	d	4020	25
Ravenswood, N. Y.	a	88	—
	b	34	—
Reading, Pa.	b	400	—
Red River, Ill.		5	80
Retreat, Ind.	c	17	—
Richmond, Va.	a	1635	55
Ridgeville, Wisc.	b	26	—
Ripon, Wisc. (Gesangver.) Pr. Thlr.	c	204	21 Sgr.
Rochester, N. Y.	a	2639	15
Rock Island, Ill.	a	702	25
Rockland Co, N. Y.	a	130	—
Rockport, Ill.	a	15	—
Rockville, Ct.	a	310	—
Rolla, Mo.	a	100	—
Rondout, N. Y.	a	150	—
Roseville, Mich.	a	21	—
Sabula, Jowa	a	106	—
" Pr. Thlr.	d	250	—
Salem, O.	a	1	—
San Antonio, Tex.	a	772	41
	c	1371	—
San Bernardino, Cal. Pr. Thlr.	c	53	10 Sgr.
Sandusky, O. Pr. Thlr.	c	1402	—
San Francisco, Cal.	d	118,000	—
(Californien überhaupt)		130.253	—
Santa Fé, Mexico	a	732	—
San Josè, Cal. Pr. Thlr.	c	601	20 Sgr.
Sarpy Co., Nebr.	b	15	—
Sageville, South River, N. J.	a	29	—
Savannah, Ga.	a	2013	60
Sawall, Ill.	a	158	55
Schenectady, N. Y.	b	100	—
Scranton, Pa.	a	805	—

		Doll.	Cts.
Sebewa, Mich.	a	25	—
Sellersburg, Ind.	a	147	—
Severance, Ky.	a	5	—
Seymour, Ct.	a	43	—
Shelburne Falls, Mass.	a	120	—
Sico, bei Ann Arbor, Mich.	c	1	—
Sigourney, Iowa		24	75
Silver City, Terr. Idaho Pr. Thlr.	c	325	—
Sonora, Cal. "	c	1350	—
South Bend, Ind. "	a	125	—
South Brooklyn, N. Y.	a	12	—
South Hadly Falls, Mass.	a	140	—
South Norwalt, Ct.	a	68	—
Spencer, Ind.	a	5	—
Springfield, Mass.	a	851	13
Springfield, O.	a	700	—
Stanford, Ct.	a	50	—
Stapleton, St. Isl., N. Y.	b	1365	16
Staten Island, N. Y.	a	107	—
	b	655	16
St. Charles, Mo.	b	200	—
	c	1	—
Stillwater, Minn.	a	241	—
St. Louis, Mo.	a	72,665	60
Pr. Thlr.	c	2589	—
St. Paul und Minn. überhaupt	d	11,000	—
Stratford, N. Y.	a	10	—
Sullivville bei Honesdale, Pa.	b	178	—
Suspension Bridge, N. Y.		30	85
	b	275	93
Susquehanna " "	b	78	50
Syracuse, N. Y.	a	1441	15
Tamaqua, Pa.	b	1253	25
Taunton, Mass.	a	287	—
Tiffin, O.	a	391	—
Tell City, Ind.	a	700	—
Terre Haute, Ind.	a	5	—
Thomasville, Ga.	b	228	—
Toledo, O.	a	129	50
	b	1390	—
Tonawanda, N. Y.	a	28	50
Topeka, Kans.	b	400	—
Town of Rhine, Wisc. Pr. Thlr.	c	76	— Sgr.

		Doll.	Cts.
Trenton, N. J.	b	650	—
Troy, Mo.	a	115	15
Troy, N. Y.	b	2550	—
Troy, O.	a	352	—
Troy Ill.	c	36	—
Tuscarawas Co., O.	a	155	—
Upper Sandusky, O. Pr. Thlr.	c	78	—
Union City, Ind.	a	45	—
Union Hill mit West-Hoboken Weehawken, Guttenberg, North Bergen	b	4000	57
Utica, N. Y.	a	1011	30
Vancouver, Washington Terr.	c	130	—
Verden, Ill.	a	46	25
Vicksburg, Miss.	a	425	—
Walla-Walla, Terr. Washington P.. Thlr.	c	560	26 Sgr.
Wanatah, Ind.	a	65	—
Wapakoneta, O.	a	172	—
Warren, Pa.	b	100	—
Warsaw, Ill.	a	556	—
Washington, D. C.	a	3300	—
" " Pr. Thlr	a	75	—
	c	1320	—
Washington Co", N.C. "	b	102	—
Waterbury, Ct.	a	790	47
Waterloo, Jackson Co, Mich.	a	1	50
Watertown, N. Y.	a	309	—
Waukegon, Ill.	d	165	10
Webster, Mass.	a	101	—
Weehawken, s. Union Hill			
West Hoboken, s. Union Hill			
West Meriden, Ct.	a	530	—
West Salem, Ill.	a	29	85
Wheeling, W. Va.	b	614	60
Whippany, N. J.	b	10	—
Willburg, O.	a	2	50
Williamsburg, N. Y.	a	65	57
Wilkesbarre, Pa.	a	900	66
Winsberg, O.	a	10	-
Woodville, O.	a	50	—
Worcester, Mass.	b	450	—
Wartsborough, N. Y.	b	170	—
Xenia, O.	a	100	—
Youkers, N. Y.	a	610	—
Zanesville, O.	b	10	—

B Andere Theile Amerikas.

Antillen.
		Doll.	Cts.
Curacao	Pr. Thlr.	247	15 Sgr.
Havanna	„	19,362	18 „

Argentinische Republik.
| Buenos Ayres | Pr. Thlr. | 7827 | — |

Bolivia.
| La Paz, Cochabamba, Potosi, Sorata | | 1081 | 5 |

Brasilien.
Bahia	Pr. Thlr.	1815	11 Sgr.
Donna Francisca	„	307	14 „
Neu Freiburg	„	548	23 „
Orange	„	18	27 „
Petropolis	„	315	27 „
Porto Allegre und benachbarte Colonien bis zum 8. März	Pr. Thlr.	28 000	—
Rio de Janeiro	„	3362	23½ „
San Jago	„	195	16 „
Santa Clara	„	1350	—
Santos	„	32	—
San Paulo	„	2602	15 Sgr.
	Reis.	3447	—

Chili.
Osorno	Mark Banco	380	—
San Jago	Pr. Thlr.	826	18
Valparaiso		8486	21

Ecuador.
| Guayaquil | | 1529 | 5 |

Ecuador & Bolivia.
		Doll.	Cts.
	Pr. Thlr.	2153	—

Guatemala.
| Guatemala | Pr. Thlr. | 2085 | 11 Sgr. |

Haïti.
| Cap Haïti | Pr. Thlr. | 760 | — |

Mexico.
Chihuahua		366	8
Colima	Pr. Thlr	598	10 Sgr.
Guadalajara	„	329	— „
Jalisco	„	339	16 „
Matamoras	„	154	— „
Mexico	„	371	— „
Monterey	„	143	8 „

Nicaragua.
| Leon | Pr. Thlr. | 218 | — |

Peru.
Arequipa		1657	4
Callao		3698	4
Junin Departement		1745	—
Lima		54,249	1
Iquique, Mejillones, Pipagua		5671	6
Arica		1860	—
Departement Trujillo [Jacala, Lambayeque, Chiclayo]		6680	6

Uruguay.
| | Pr. Thlr. | 1215 | — |

New York Spar-Bank,
Organisirt im Jahr 1854.
Ecke Achte Avenue und 14. Straße.

Die Bank ist täglich von 10 bis 3 Uhr, und Montag, Donnerstag und Sonnabend von 6 bis 8 Uhr Abends offen, mit Ausnahme der Sonnabende im Juli und August.

Gesammtvermögen $2,446,826.00
Ueberschuß . . . . $ 189,415.37

Sechs Prozent Interessen.

Alle Depositen, welche am oder vor dem ersten jeden Monats gemacht werden, tragen Interessen von dem Tage an.

Es wird deutsch gesprochen.
Richard H. Bull, Präsident. James R. Keeler, Vice-Präsident.
C. W. Brinkerhoff, Sekretär.

WESTON, BROWN & Co.,
Bankiers.
No. 92 Broadway. New-York.

Ausländische Wechsel werden gekauft und verkauft. Drafts auf alle Theile Europa's gezogen. Händler in Bullion, Gold, Bonds, Stocks und Gouvernements-Sicherheiten.

Specielle Aufmerksamkeit wird den Collectionen in allen Theilen Europa's und Amerika's gewidmet.

6000 Aktien auf 6000 Acker!
Capital, Arbeit und Grundeigenthum!!

Wer noch von dem Reste des vierten Tausend der obigen Aktien, zu $25 die Aktie, haben will, möge sich beeilen, da die CO-OPERATIVE MANUFACTURING & LAND COMPANY von Potter County in West Pennsylvania das 5. Tausend zu $50 die Aktie und das 6. Tausend nicht unter $100 die Aktie verkaufen wird. Denjenigen Mitgliedern, welche sich dieser Gesellschaft bereits angeschlossen haben, wird es angenehm sein, dies zu hören, und in Wirklichkeit sind $100 nur eine Kleinigkeit gegen den großen Werth des Nutzholzes, welches zur Anfertigung von Möbeln und zum Häuserbau auf wenigstens $200 per Acker abgeschätzt wird. Außerdem muß der Werth eines jeden Stadtlots, welches auf eine Aktie kommt, in der Fabrikstadt "Co-operative City", welche die wichtigste Centrallage von ganz West-Pennsylvanien hat, in Kürze auf $200 und höher steigen. Ebenso sichern die reichen Lager der besten Bituminous-Kohlen welche die 6000 Acker enthalten, und nicht monopolisirt werden können diesem ehrlichen Unternehmen das beste Gelingen und die glänzendsten Erfolge. Karten, Beschreibungen und nähere Auskunft bei den Herren Mackay, No. 187 Washingtonstr.; Dr. F. Seeger, 157 E. 56 Str.; Wm. Boeckel, 214 Broomstr.; H. E. Sackmann, 39 Centrestr.; Chs. Magnus, und in der Office des Schatzmeisters, Wm. Radde, 550 Pearlstr., N. Y.

ALLEN & BROWN,
Real Estate Brokers und Auctionatoren.
No. 96 Broadway. New-York.
Gegenüber der Trinity Church.

Indem die Unterzeichneten dem Publikum ihre Dienste zur Besorgung aller in das Real Estate-Fach einschlagenden Geschäfte anbieten, ersuchen sie dasselbe achtungsvoll um dessen Kundschaft und versichern, daß sie ihre Kunden mit der größten Gewissenhaftigkeit bedienen und allen Interessen derselben in jeder Weise Rechnung tragen werden. Langjährige und unausgesetzte Beobachtung aller Angelegenheiten, welche sich auf Ländereien beziehen, eine genaue Kenntniß des Eigenthumwerthes der Stadt, ihre Erfahrung als Tax-Commissionärs, sowie die hohe Achtung, in welcher Mr. Brown als alter Auctionator steht, setzen sie ni den Stand, ihrer Aufgabe vollständig zu entsprechen. Sie hoffen auf ein freundliches Entgegenkommen und auf die Unterstützung ihrer Freunde und des Publikums im Allgemeinen und geben die Versicherung, daß sie dasselbe durch Eifer und Redlichkeit zu verdienen wissen werden.

Jonathan W. Allen. Josiah W. Brown. Horatio Henriques.

In Deutschland besitzt jede gebildete Familie und jeder nach Bildung strebende Mensch ein Conversations-Lexicon, in dem er zu seiner Belehrung nachschlagen kann, wenn ihm beim Lesen der Zeitung oder eines Buches, im Geschäftsleben oder im Gespräch mit Freunden irgend Etwas aufstößt, worüber er Auskunft oder Belehrung wünscht. Hier war das bisher nicht der Fall, und zwar deshalb nicht, weil die in Deutschland erschienenen Conversations-Lexica und Encyclopädien über Alles, was amerikanische Verhältnisse betrifft, entweder ungenügend sind, oder gänzlich im Stich lassen, während doch der in Amerika lebende Deutsche in einem solchen Werke ganz besonders auch genügende und volle Auskunft über Alles, was amerikanische Verhältnisse betrifft, finden will. Deshalb konnte es nicht fehlen, daß das seit Sept. 1869 hier erscheinende Werk:

Deutsch-amerikanisches
Conversations-Lexicon,

mit specieller Rücksicht auf das Bedürfniß der in Amerika lebenden Deutschen,

mit Benutzung aller deutschen, amerikanischen, englischen und französischen Quellen,

und

unter Mitwirkung vieler hervorragender deutscher Schriftsteller Amerika's

bearbeitet von

Prof. Alexander J. Schem.

sich sehr bald einer so großen Verbreitung zu erfreuen hatte, wie sie bis dahin noch keinem in den Vereinigten Staaten erschienenen deutschen Werke zu Theil geworden war. Aber diese große und schnelle Verbreitung ist nicht dem bisherigen Mangel an einem solchen, das Bedürfniß der in Amerika lebenden Deutschen befriedigenden Werke allein zuzuschreiben, sondern vielmehr seinen verschiedenen Vorzügen vor allen in Deutschland erschienenen Werken der Art, und diese Vorzüge bestehen in Folgendem:

1) Zunächst in vollständiger Berücksichtigung der amerikanischen Verhältnisse in geographischer, statistischer, historischer, politischer, kirchlicher, socialer, biographischer, naturwissenschaftlicher, juristischer, technischer und gewerblicher Beziehung, sowie in Beziehung auf Handel und Wandel, Kunst, Literatur u. s. w., so daß darin der Leser über Alles, was die Vereinigten Staaten betrifft, die vollständigste Auskunft findet; sodann

2) in Vollständigkeit aller historischen, statistischen, geographischen Artikel bis auf die allerneueste Zeit;

3) In treuer Schilderung deutschen Lebens und Wirkens nicht blos in den Vereinigten Staaten, sondern auch in allen andern Ländern und Welttheilen;

4) In voller Objectivität und Unpartheilichkeit in allen Fragen, welche Kirche oder Politik berühren, so daß Niemand, er gehöre dieser oder jener Kirche, oder dieser oder jener politischen Parthei an, in dem Werke irgend Etwas ihm Anstößiges finden kann. Endlich zeichnet sich dieses Werk vor allen ähnlichen

5) durch eine von pedantischer Trockenheit weit entfernte, ansprechende Darstellungsweise aus, welche dasselbe zu einer unterhaltenden Lectüre macht.

Das Werk erscheint in acht Bänden oder 80 Lieferungen von je 80 Seiten compressen Druckes in groß Octav; es wird am 1. und 15. jeden Monats eine Lieferung zum Preise von 25 Cents ausgegeben, und drei Bände oder 30 Lieferungen sind bereits erschienen und können sofort entweder in Lieferungen oder in Bänden (jeder Band zehn Lieferungen enthaltend, sauber in Leinen gebunden $3. 25 Cents) bezogen werden.

Wenn nun das Werk, wie vorhin erwähnt, sich auch bereits einer großen Verbreitung erfreut, so leben in den Vereinigten Staaten doch noch viele Tausende, welche das Werk entweder noch gar nicht kennen, oder bei Beginn desselben noch zögerten es zu bestellen, theils, weil sie sich über das Wesen und den großen Nutzen dieses Werkes noch nicht klar waren, theils, weil sie erst abwarten wollten, ob das Werk wirklich so tüchtig werden würde, wie die Ankündigung es verhieß; während Sie jetzt, da bereits 30 Lieferungen erschienen sind, die Ausgabe dafür auf einmal scheuen. Um nun auch allen Diesen noch Gelegenheit zu geben, sich das Werk durch kleine halbmonatliche Zahlungen von 25 Cents anzuschaffen, eröffne ich hiermit ein

neues Abonnement,

in welchem vom 15. April d. J. ab wiederum halbmonatlich eine Lieferung ausgegeben werden wird. 25 Cents halbmonatlich macht

nicht voll 2 Cents pro Tag

und das ist in der That ein so geringfügiger Betrag, daß dessen Verausgabung selbst Jedem, der von seiner Hände Arbeit lebt, leicht möglich ist, und diese kleine Ausgabe Jeden ohne Ausnahme in den Stand setzt, sich dieses für's ganze Leben werthvolle Werk anzuschaffen.

Selbstverständlich werden die Wünsche eines jeden Bestellers, der zwar nicht alles bisher Erschienene auf einmal zu nehmen wünscht, es aber vorzieht, das bereits Erschienene in kürzerer Frist als im neuen halbmonatlichen Abonnement zu erhalten (d. h. bis zum Anschluß etwa 4, 6 oder 8 Lieferungen monatlich zu nehmen), gern und pünktlich berücksichtigt werden und bitte ich in solchen Fällen nur bei der Bestellung gefälligst zu bemerken, wie die Ablieferung gewünscht wird.

Für Diejenigen, welche das Werk in Lieferungen beziehen, werden, wenn es gewünscht wird, Einbanddeckel à 50 Cents pro Band, geliefert.

Alle Bücher- und Zeitungsagenten nehmen Bestellung an.

New-York, den 1. März 1871.

Der General-Agent der German Cyclopedia Publishing Comp.

Friedr. Gerhard.

15 Dey Str. (Post Box 4001.)

Was die Presse einstimmig über das Deutsch-Amerikanische Conversations-Lexicon sagt.

Die nachfolgenden Urtheile der Presse über das Deutsch-Amerikanische Conversations-Lexicon beweisen unumstößlich und unwiderleglich, welchen hohen Werth und Nutzen dieses Werk für jede in den Ver. Staaten lebende deutsche Familie und für Jeden hat, der sich fortzubilden und sein Wissen zu bereichern strebt.

(Aus dem N. Y. Journal, vom 5. Februar 1870.

Der erste Band des deutsch-amerikanischen Conversations-Lexikons liegt nunmehr vollendet vor. Ward das Werk schon bei dem Erscheinen der ersten Lieferung von der gesammten deutschen Presse Amerika's in höchst anerkennender und ermuthigender Weise begrüßt, so darf es jetzt in erhöhtem Maße die nachdrücklichste Empfehlung von derselben erwarten. Die **Idee** des Werkes verdiente Anerkennung, denn es lag ihr der Gedanke zu Grunde, daß die Deutschen Amerika's an den Früchten der Geistesarbeit des Mutterlandes nicht mehr Genüge finden könnten und auch nicht Genüge zu finden brauchten, sondern ihre besonderen geistigen Bedürfnisse hätten und im Stande wären, dieselben zu befriedigen. Jetzt ist der thatsächliche Beweis geliefert worden, daß dem wirklich so ist: es ist dem Publikum ein **selbstständiges**, und zwar ein durchweg **gediegenes** selbstständiges Werk geboten worden; und das Publikum hat trotz der schweren Zeiten praktisch bewiesen, daß es das Werk hierfür anerkennt und ein wirkliches Bedürfniß dadurch befriedigt wird. Und nicht nur insofern hat die **Ausführung** das aufmunternde Willkommen gerechtfertigt, welches der **Idee** zu Theil ward. Verleger und Redaktion sind offenbar unablässig und mit dem besten Erfolge bemüht gewesen, das Werk in jeder Hinsicht zu vervollkommnen. Jetzt, da die Redaktion in der Arbeit und durch dieselbe den Plan zu voller Klarheit durchgearbeitet hat, darf man dreist sagen, daß in zweifacher Hinsicht das Werk in der Geschichte der Encyklopädien epochemachend ist: ohne der deutschen Gründlichkeit und peinlichen Gewissenhaftigkeit zu entsagen, hat es sich doch von Vätern und Großvätern ererbten Zopfes entledigt, und sich auf eine breite **demokratische** und eine wahrhaft amerikanische d. h. eminent **praktische** Basis gestellt; durchweg ist es von ächt wissenschaftlichem Geiste erfüllt, und dabei doch nicht für den kleinen Kreis der Fachgelehrten und Höchstgebildeten, **sondern für das nach Belehrung verlangende Volk** geschrieben. Nicht der grauen Vorzeit, sondern der Neuzeit und der allerjüngsten Vergangenheit; nicht vergessenen Gelehrten, deren Namen selbst dem Fachmann kaum erinnerlich sind, sondern den Männern des letzten Jahrhunderts; nicht den unfruchtbaren Luftgefechten halbbürtiger Philosophen, sondern dem wirklichen Leben; nicht dem Asien des Herodot und dem Griechenland des Homer, sondern Deutschland und **Amerika**, und ganz besonders den **Deutschen Amerika's ist die wesentlichste Berücksichtigung** geschenkt worden. Ueberall sind die neuesten statistischen Materialien benutzt; die Literaturangaben sind bis auf die jüngste Zeit fortgeführt, wir finden schon eine beträchtliche Anzahl von Werken erwähnt, die erst 1870 erschienen sind oder sich gar im Augenblicke noch unter der Presse befinden; die geographischen Entdeckungsreisenden in Asien, Afrika und Amerika werden bis in den Herbst 1869 auf ihren Zügen begleitet; den historischen Ereignissen und den bedeutenden Männern der Jetztzeit wird bis auf die unmittelbare Gegenwart gefolgt (s. Argentinische Republik, Arkansas, Alexander II., Arago, Armenische Kirche, Assiniboin); in allen allgemeinen Artikeln rechtswissenschaftlichen, volkswirthschaftlichen, politischen u. s. w. Inhalts, ist ganz besondere Rücksicht auf die amerikanischen Verhältnisse genommen, wenn dieselben in irgend einer Hinsicht eigenthümliche Züge darbieten (s. Administration, Amnestie, Anerkennung, Anleihen, Auslieferung, Agio, Departement of Agriculture u. s. w.); die Zahl der Artikel über amerikanische Geographie, die sich in keinem europäischen Conversations-Lexikon finden, ist sehr groß, und dabei ist in ihnen, namentlich was die Verhältnisse der Deutschen anlangt, sehr viel statistisches und anderes Material verwerthet worden, was überhaupt nicht gedruckt vorliegt, sondern durch die äußerst ausgedehnten brieflichen Verbindungen der Redaction beschafft worden ist. Der erste Band enthält gegen 1300 Artikel amerikanischen Inhaltes, welche sich in keinem deutschen Conversations-Lexikon finden, und **alle** Amerika betreffenden Artikel sind zugleich viel eingehender und gründlicher behandelt, als in den umfangreichsten deutschen Encyclopädien. Ferner ist nicht nur den Deutschen der Vereinigten Staaten, sondern den Deutschen in **aller Herren Ländern** eine Aufmerksamkeit zu Theil geworden, deren sie sich auch nicht entfernt in irgend einem deutschen Werke der Art zu erfreuen gehabt. Wir sagen „zu erfreuen **gehabt**," weil die spätesten Ausgaben der bekannteren deutschen Encyclopädien aus den Jahren 1864 und 1865 herrühren. Selbst wenn dieselben das gleiche Interesse an den Stammesbrüdern auf dem ganzen Erdenrund bekundet hätten, so würde ihnen immerhin das deutsch-amerikanische Conversations-Lexikon doch den Rang ablaufen, denn auch hier muß es wiederum anerkannt werden, daß sich dasselbe überall die neuesten Daten zu verschaffen gewußt hat (s. Abyssinien, Adelaide, Afrika, Aegypten u. s. w.). Zum Schlusse sei noch rühmend hervorgehoben, daß die Redaction es vortrefflich verstanden hat — namentlich was die umfangreicheren Artikel betrifft — das Werk nicht nur zu einer trockenen Nachschlag-, sondern zu einem anziehenden Lesebuch.e zu machen, ohne jedoch darüber zu vergessen, daß in einer Encyclopädie möglichst viel Wissenswerthes in einem beschränkten Raum zusammengebrängt werden muß.

(Aus der N. Y. Staatszeitung, vom 5. Februar 1870.)

Von dem durch Prof. Alex. J. Schem bearbeiteten, im Verlage von Friedrich Gerhard dahier erscheinenden „Deutsch-amerikanischen Conversations-Lexikon" ist jetzt die erste von den acht Bänden, die das Werk umfassen soll, complet, und man ist hiernach vollständig befähigt, sich ein Urtheil darüber zu bilden, wie die dem Werke obliegende Aufgabe gelöst wird. Das Werk ging aus der Erkenntniß hervor, daß die ausgezeichneten encyclopädischen Werke, welche Deutschland geliefert hat, nicht allein die Geographie, Geschichte, die politischen, socialen und anderweitigen Verhältnisse Amerika's und speziell der Ver. Staaten nicht genügend berücksichtigt haben, sondern auch in gar vieler anderer Hinsicht zu den Anschauungen der Bewohner dieses Landes nicht passen. Wenn wir daher zunächst unser Augenmerk bei Beurtheilung des „D. A. Conv. Lex." auf diesen Punkt richten, so unterliegt es für uns nach der vorliegenden Probe keinem Zweifel mehr, daß dieses Werk die Gunst unserer diesseitigen Landsleute vollkommen verdient. Es ist in der vollsten Bedeutung ein amerikanisches Buch, insofern das vorwiegende Interesse an amerikanischen Angelegenheiten und Verhältnissen überall zu Tage tritt, ohne daß dies Verdienst durch Einseitigkeit geschmälert würde. Denn gleichzeitig liegt dem Buche jener anglo-amerikanische Dünkel vollkommen ferne, der alles Einheimische unter dem Vergrößrungsglase ansieht. Wie der Hauptredakteur des Werkes gründliche europäische Bildung mit dem vollkommensten Erfassen amerikanischen Geistes und der seltensten Kenntniß hiesiger Verhältnisse vereinigt, hat er schon früher durch seine journalistische Thätigkeit bewiesen und beweist es durch das vorliegende Werk wieder.

Hunderte von Artikeln zeigen uns im ersten Bande, daß ein solches Lexikon für die Deutsch-Amerikaner ein wirkliches Bedürfniß war, insofern sie uns eben nur ein hier entstandenes Werk liefern konnte. Der für diese Besprechung bestimmte Raum gestattet uns nicht, dies durch Einzelheiten zu erhärten. Wir müssen uns mit dem Zeugniß begnügen, daß was Fleiß, Umsicht, Sorgfalt und Takt der Redaktion und Kenntniße der Mitarbeiter thun konnten, gethan worden ist, um in dieser Beziehung das Beste zu leisten.

Im Uebrigen sind offenbar alle Quellen benützt worden, welche die encyclopädischen Werke und die übrige Literatur der alten und neuen Welt darboten, um etwas aufzubringen, was die Vorzüge ähnlicher Werke vereinigt. Die Artikel, deren Bearbeitung Fachkenntnisse erheischt, sind auch augenscheinlich aus der Feder mit solchen Kenntnissen ausgerüsteter Mitarbeiter hervorgegangen, und die Liste derselben für den ersten Band zeigt in der That, daß der Redakteur sich viele Mühe gab, tüchtige Kräfte zu gewinnen.

Daß ein Conversations-Lexikon in diesem Lande doppeltes Bedürfniß für jede „gut regulirte Familie" ist, bedarf nicht erst eines Nachweises. Darum, und bei dem wirklichen Werth des „D. A. Conv. Lex." freut es uns sehr zu vernehmen, daß es schon eine außerordentliche Verbreitung gefunden hat und täglich eine größere findet. Es ist keine Frage, daß es in der deutsch-amerikanischen Literatur Epoche machen muß.

(Aus dem N. Y. Demokrat, vom 1. Februar 1870.)

D ı s Deutsch-amerikanische Conversations-Lexikon. Mit dem am 1. Februar ausgegebenen 10. Hefte ist das Deutsch-amerikanische Conversations-Lexikon Herrn Friedr. Gerhard's seinen 1. Band vollendet. Mit Recht machen Herausgeber und Bearbeiter (Prof. Alex. J. Schem) bei dieser Gelegenheit von Neuem auf die eigenthümlichen Vorzüge aufmerksam, welche ihr Werk vor allen anderen Werken der Art, selbst die besten und berühmtesten, wie das Brockhaus'sche nicht ausgeschlossen, auszeichnen, und den Umständen nach auszeichnen müssen. Es ist das vor Allem der reiche Stoff an amerikanischen Artikeln, welcher keinem ähnlichen Werke in derselben Ausdehnung geboten wor, und von keinem anderen unter so günstigen Umständen bearbeitet werden konnte. Der nun vollendete 1. Band des D. A. C. L. umfaßt auf 800 Seiten an 1300 Artikel amerikanischen Inhaltes, und außerdem ist bei einer

In der Verlags Expedition des deutsch-amerikanischen Conversations-Lexikons erschien im Juni 1871, und ist durch alle Buch- und Zeitungs-Agenten zu beziehen:

Die Deutschen in Amerika
und
die deutsch-amerikanischen Friedensfeste
im Jahre 1871.
Eine Erinnerungsschrift
für die Deutschen diesseits und jenseits des Oceans.
48 Seiten in groß Octav. Preis 25 Cents.

Während die Zeitungen der einzelnen Orte immer speciell nur über die dort stattgehabte Friedensfeier berichtet haben, und also nur ein kleines Bruchstück dieses großen und allgemein gefeierten deutschen Festes zeigten, rollt die obige Schrift das ganze große Bild dieser schönen, gewaltigen und imposanten deutsch-amerikanischen Bewegung vor den Augen des Lesers auf, denn sie enthält erstens eine Beschreibung der bedeutendsten Friedensfeste **in der ganzen Union**; sodann zweitens: einen statistischen Nachweis der von den einzelnen Städten und Staaten für die Unterstützung der verwundeten Krieger und der Wittwen und Waisen der Gebliebenen nach Deutschland gesendeten Beiträge; und endlich drittens: eine zusammenhängende Geschichte der deutschen Bewegung in den Vereinigten Staaten vom Anfang des Krieges bis zur Gegenwart.

Welche deutsche Familie in den Ver. Staaten bewahrte nicht gern für sich und ihre Kinder eine solche Erinnerungsschrift auf, und wer, der noch in Deutschland Verwandte oder liebe Freunde hat, möchte ihnen diese Schrift nicht gerne zusenden, die ein glänzendes Zeugniß für das Deutschthum Amerika's und für die treue Anhänglichkeit ist, welche die Deutschen der Ver. Staaten dem Vaterlande bewahren!

Der Gen. Agent Frdr. Gerhard, 15 Dey Str., P. O. Box 4001, in New York, ist bereit, gegen Einsendung von 25 Cents, die Schrift **postfrei** hier oder mit dem ersten Steamer nach Deutschland zu versenden, bittet aber bei solchen Bestellungen um **genaue** Angabe der Addresse, an welche die Schrift gesendet werden soll.

Ich wünsche in jedem, wenn auch noch so kleinen Ort der Ver. Staaten, wo Deutsche leben, und noch kein Agent thätig ist, einen Agenten für das deutsch-amerikanische Conversations-Lexikon anzustellen und bitte um gefällige Offerten. Von diesem ausgezeichneten Werke ist allenthalben ein lohnender Absatz zu erzielen und die Bedingungen für die Agenten sind liberal.

Frdr. Gerhard,
15 Dey Str., P. O. Box 4001.

In der Verlags-Expedition des deutsch-amerikanischen Conversations Lexikons ist erschienen, und durch alle Buch- und Zeitungs-Agenten zu beziehen:

Frankreich
und der
Deutsch-Französische Krieg
in den Jahren 1870 und 1871.
90 Seiten groß Octav; Preis 30 Cents.

Diese Schrift enthält nach authentischen Quellen eine gedrängte Geschichte des jüngst beendigten großen Krieges zwischen Deutschland und Frankreich, von seinem Anfange bis zum Friedensschluß, und außerdem einen Abriß der Geographie und ganzen Geschichte Frankreichs bis zum April 1871. Große Ereignisse, wie der deutsch-französische Krieg, können in ihrer vollen Bedeutung nur gewürdigt werden, wenn man sie im Zusammenhange mit der Geschichte des Landes betrachtet, welches der Schauplatz desselben war. Die gedrängte Beschreibung der geographischen und statistischen Verhältnisse Frankreichs, so wie der kurze Abriß der Geschichte des Landes, namentlich der großen Epochen in seiner neueren Geschichte, wie der Geschichte Ludwigs XIV, der ersten Revolution, des ersten Napoleon, Louis Philipp's, Louis Napoleon's, der Revolution 1870 und des Bürgerkriegs von 1871, gibt deßhalb dieser kurzen Kriegsgeschichte einen Vorzug vor allen andern Werken über den Krieg. Die gedrängte Fassung gibt außerdem eine zusammenfassende Uebersicht von dem ganzen Verlauf des Krieges, den die größern Werke und Zeitschriften nicht gewähren können; eine Eigenschaft, welche diese Schrift auch denen werth machen wird, welche sich ein größeres Werk über den Krieg anzuschaffen wünschen. Die Broschüre ist ein Separatabbruck aus dem vierten Bande des deutsch-amerikanischen Conversations-Lexikons.

Ich wünsche in jedem, wenn auch noch so kleinen Orte der Ver. Staaten, wo Deutsche leben, und noch kein Agent thätig ist, einen Agenten für das deutsch-amerikanische Conversations-Lexikon anzustellen und bitte um gefällige Offerten. Von diesem ausgezeichneten Werke ist allenthalben ein lohnender Absatz zu erzielen und die Bedingungen für die Agenten sind liberal.

Fdr. Gerhard,
15 Dey Str., P. O. Box 4001.

Bank- und Incasso-Geschäft,
Knauth, Nachod & Kühne,
51 Broad Street, New York.

Wechsel
auf Deutschland, Oesterreich, die Schweiz, Frankreich, Holland, Belgien, Italien, Schweden, Norwegen, Dänemark, Rußland, England.

Einkassirung von Erbschaften
gegen Vollmacht und von anderen Forderungen in allen Theilen Europa's.

Creditbriefe
für Reisende zur Benutzung in allen größeren Städten Europa's.

Schultz & Warker,
No. 112 Ost Vierzehnte Straße, New-York.
Künstliche Mineralbrunnen
in
Siphons, großen Glas-Fontainen und Flaschen.

Kohlensaures Wasser,
Selters,
Emser Krähnchen,
Obersalzbrunnen,
Saratoga,
(Congress Empire etc.),
Kissingen (Rakoczy,),
Homburg
Eisenwasser,
Py mont,
Schwalbach (Stahlbrunnen),
Bromkaliumwasser,

Vichy,
Vichy mit Lithia,
Lithiawasser,
Bilin,
Kissinger Bitterwasser,
Pullna,
Saidschütz,
Karlsbad (Sprudel),
Marienbad (Kreuzbrunnen),
Citronensaure Magnesia,
Magnesiawasser,
etc etc.

Dies sind die einzigen künstlichen Mineral-Brunnen, die von den ersten chemischen Autoritäten des Landes analysirt und mit den natürlichen Brunnen übereinstimmend befunden worden sind, und die von der medizinischen Facultät ausschließlich verordnet werden.

Siphons von bestem französischen Glase und vom feinsten Zinn, zehn Gallonen haltige Glas-Fontainen unter einem Druck von 300 Pfund auf den Quadratzoll probirt, Soda- und Mineralwasser-Apparate und Füllmaschinen, sowie anästhetische Apparate ꝛc. sind stets bei uns vorräthig.

In der Pariser Industrie-Ausstellung wurde uns der erste Preis für unsere Mineralwasser-Apparate zuerkannt.

GERMANIA

Feuer Versicherungs Gesellschaft.
New-York.

Haupt-Office: Germania Gebäude, No. 175 Broadway, New York.

Capital und Ueberschuß:
Ueber eine Million Dollars.

~~~~~~~~~~
Agenturen in allen Theilen der Union.
~~~~~~~~~~

Rud. Garrigue, Präsident.   John Edw. Kähl, Vice-Präsident.

Hugo Schumann, Sekretär.